Kohlhammer

Brennpunkt Schule

Hrsg. von Fred Berger, Doris Lindner, Wilfried Schubarth, Sebastian Wachs und Alexander Wettstein

Schule ist nicht nur Unterricht. Das Miteinander von Schülerinnen und Schülern, Eltern sowie Lehrerinnen und Lehrern ist entscheidend für gelingendes Lernen und ein gutes Schulklima. Was in der Schule auch außerhalb des Klassenzimmers allen Beteiligten auf den Nägeln brennt, wird in dieser Reihe zum Thema.

Eine Übersicht aller lieferbaren und im Buchhandel angekündigten Bände der Reihe finden Sie unter:

 https://shop.kohlhammer.de/brennpunkt-schule

Die Autor:innen

Prof. Dr. Julia Asbrand hat den Lehrstuhl für Klinische Psychologie des Kindes- und Jugendalters an der Universität Jena. JProf. Dr. Steve Kenner leitet das Fach Politikwissenschaft und ihre Didaktik an der Pädagogischen Hochschule Weingarten. Dr. Felix Peter ist Schulpsychologischer Referent im Landesschulamt in Halle (Saale) in Sachsen-Anhalt. Prof. Dr. Claudia Calvano ist Professorin für Klinische Kinder- und Jugendpsychologie und -psychotherapie an der Freien Universität Berlin. Prof. Dr. Julian Schmitz hat die Professur für Klinische Kinder- und Jugendpsychologie an der Universität Leipzig.

Asbrand/Kenner/Peter/
Calvano/Schmitz

Schule in gesellschaftlichen Krisenzeiten

Resilienz und Partizipation von
Kindern und Jugendlichen
fördern

Verlag W. Kohlhammer

Dieses Werk einschließlich aller seiner Teile ist urheberrechtlich geschützt. Jede Verwendung außerhalb der engen Grenzen des Urheberrechts ist ohne Zustimmung des Verlags unzulässig und strafbar. Das gilt insbesondere für Vervielfältigungen, Übersetzungen, Mikroverfilmungen und für die Einspeicherung und Verarbeitung in elektronischen Systemen.

Die Wiedergabe von Warenbezeichnungen, Handelsnamen und sonstigen Kennzeichen in diesem Buch berechtigt nicht zu der Annahme, dass diese von jedermann frei benutzt werden dürfen. Vielmehr kann es sich auch dann um eingetragene Warenzeichen oder sonstige geschützte Kennzeichen handeln, wenn sie nicht eigens als solche gekennzeichnet sind.

Es konnten nicht alle Rechtsinhaber von Abbildungen ermittelt werden. Sollte dem Verlag gegenüber der Nachweis der Rechtsinhaberschaft geführt werden, wird das branchenübliche Honorar nachträglich gezahlt.

Dieses Werk enthält Hinweise/Links zu externen Websites Dritter, auf deren Inhalt der Verlag keinen Einfluss hat und die der Haftung der jeweiligen Seitenanbieter oder -betreiber unterliegen. Zum Zeitpunkt der Verlinkung wurden die externen Websites auf mögliche Rechtsverstöße überprüft und dabei keine Rechtsverletzung festgestellt. Ohne konkrete Hinweise auf eine solche Rechtsverletzung ist eine permanente inhaltliche Kontrolle der verlinkten Seiten nicht zumutbar. Sollten jedoch Rechtsverletzungen bekannt werden, werden die betroffenen externen Links soweit möglich unverzüglich entfernt.

1. Auflage 2026

Alle Rechte vorbehalten
© W. Kohlhammer GmbH, Stuttgart
Gesamtherstellung: W. Kohlhammer GmbH, Heßbrühlstr. 69, 70565 Stuttgart
produktsicherheit@kohlhammer.de

Print:
ISBN 978-3-17-045325-8

E-Book-Formate:
pdf: ISBN 978-3-17-045326-5
epub: ISBN 978-3-17-045327-2

Inhalt

1	Einleitung	9
2	Status quo: Schule und gesellschaftliche Krisen	12
2.1	Funktion und demokratischer Bildungsauftrag von Schule	12
2.1.1	Allgemeine Funktionen von Schulen	14
2.1.2	Auftrag der Schule in einer demokratischen Gesellschaft	17
2.1.3	Bildung für nachhaltige Entwicklung und transformative Bildung	30
2.2	Psychische Gesundheit von Kindern und Jugendlichen in der Schule	33
2.2.1	Psychische Gesundheit und psychische Erkrankung	34
2.2.2	Modelle psychischer Gesundheit	38
2.2.3	Wie geht es Schüler:innen aktuell?	40
2.2.4	Fehlende Hilfsangebote als Belastungsfaktor	52
2.3	Gesellschaftliche Krisen und ihre Auswirkungen	54
2.3.1	Das Wesen gesellschaftlicher Krisen	54
2.3.2	Auswirkungen gesellschaftlicher Krisen auf die regionale und lokale Ebene	56
2.3.3	Bedeutung von Resilienz im Kontext von Krisenauswirkungen auf die Schule	59
2.3.4	Mehrfachbetroffenheit von Kindern und Jugendlichen in gesellschaftlichen Krisen	62

2.3.5	Die Rolle von Bildungseinrichtungen in gesellschaftlichen Krisen	63
2.4	Unser Bildungs- und Gesundheitssystem zusammengefasst	65
3	**Schulische Prävention und Krisenbewältigung**	**67**
3.1	Von schulischer Prävention bis Intervention	67
3.2	Ganzheitliche Prävention in der Schule	71
3.2.1	Warum »ganzheitlich«?	72
3.2.2	Ganzheitliche Prävention und ganzheitliche Resilienz	75
3.2.3	Verhältnisprävention als Kern schulischer Präventionsansätze	77
3.2.4	Bedürfnisorientierung als Grundlage der Präventionsarbeit	79
3.3	Ein Bewältigungsmodell für gesellschaftliche Krisen	82
3.4	Zusammenfassung: Psychosoziale Krisen in einer globalen Welt	90
4	**Grundlagen der Transformation und der Partizipation in der Schule und darüber hinaus**	**91**
4.1	Transformation und Partizipation: Eine Begriffsklärung	91
4.1.1	Transformation und Bildung	91
4.1.2	Partizipation	96
4.2	Partizipation als Balanceakt zwischen Adultismus und Parentifizierung	108
4.2.1	Zu wenig Partizipation: Adultismus	108

4.2.2	Zu viel Verantwortungsübertragung: Parentifizierung	111
4.3	Partizipation und psychische Gesundheit	114
4.3.1	Psychische Gesundheit als soziales Geschehen	114
4.3.2	Die Rolle von Partizipation und Teilhabe für psychische Gesundheit	116
4.3.3	Ein partizipatives Salutogenesekonzept für die Schule	120
4.3.4	Partizipative Bewältigung gesellschaftlicher Krisen	124
4.4	Partizipation und Gesellschaft	126
4.4.1	Rechte des Kindes – Gesetzliche Grundlagen für Young Citizens	128
4.4.2	Mehr als Schüler:innen? – Kinder und Jugendliche als Young Citizens	132
4.5	Fazit: Warum Partizipation?	139
5	**Umsetzung von Partizipation in der Schule**	**141**
5.1	Einführung: Zur Umsetzung von Partizipation in der Schule	141
5.2	Gestaltung der Lernumgebung und des Lebensorts Schule	145
5.3	Kommunikation auf Augenhöhe	148
5.3.1	Gesprächsführung für eine Kommunikation auf Augenhöhe	151
5.3.2	Rahmenbedingungen für Kommunikation auf Augenhöhe	153
5.3.3	Herausforderungen von Kommunikation auf Augenhöhe	155
5.4	Partizipationsprozesse in der Schule vorbereiten	158

5.5	Partizipation praktisch umsetzen	163
5.5.1	Ebenen der Partizipation in der Schule	163
5.5.2	Methoden und Formate zur Förderung von Partizipation	168
5.5.3	Herausforderungen und Lösungsansätze zu schulischer Partizipation	187
5.5.4	Evaluation und Weiterentwicklung von Partizipation	192
5.6	Wie stelle ich die Systemfrage?	193
6	**Fazit und Ausblick**	**196**
7	**Literaturverzeichnis**	**199**

1 Einleitung

Die Bewältigung gesellschaftlicher Krisen – von den Auswirkungen der COVID-19-Pandemie über den Klimawandel, Kriege und sozioökonomische Ungleichheit bis zur Krise der (parlamentarischen) Demokratie – stellt sowohl Kinder und Jugendliche als auch Erwachsene vor enorme Herausforderungen. Insbesondere in der Schule, wo junge Menschen und Erwachsene aufeinandertreffen, stellen sich drängende Fragen, die auch uns als Autor:innen beschäftigen: Wie können Kinder und Jugendliche wirksam und sinnstiftend unterstützt werden, wenn doch auch die Erwachsenen keine (ausreichenden) Lösungen parat haben? Sollten Erwachsene ihre Unsicherheit und Begrenztheit offen eingestehen? Oder wäre es besser, solche Themen auszuklammern und sich – im schulischen Kontext – als Lehrkräfte strikt auf den Lehrplan zu konzentrieren? Und schließlich: Kann, darf oder soll Schule in Zeiten rechtspopulistischer Debatten und einer wachsenden Infragestellung grundlegender Werte Haltung zeigen?

Dieses Buch bietet keine Ad-hoc-Lösungen für diese komplexen Fragen, sondern wählt einen anderen Ansatz: Wir wollen interdisziplinär (d.h. bildungswissenschaftlich, pädagogisch, schulpsychologisch, schulpraktisch, klinisch-psychologisch) Impulse geben, Diskussionen anstoßen und dazu ermutigen, gemeinsam mit Kindern und Jugendlichen lokal und individuell passende Ideen, Ansätze und Konzepte zum Umgang mit gesellschaftlichen Krisen zu entwickeln – *Bewältigung* heißt für uns im Bildungskontext dabei nicht zwangsläufig auch *Lösung*. Das wäre eine Überforderung des Systems Schule und der dort handelnden Personen sowie eine ungerechtfertigte Verlagerung von politischer Verantwortung in einen sensiblen Entwicklungskontext. Nichtsdestotrotz hat Schule die Aufgabe und das Potenzial, junge Menschen darauf vorzubereiten, in ihrem Leben außerhalb und nach der Schule an Lösungen für Herausforderungen

1 Einleitung

und Krisen mitwirken zu können. Aus unserer Sicht ist Partizipation dafür ein wichtiger Schlüssel.

Der Zusammenhang zwischen globalen Krisen, psychischen Belastungen und der aktiven Teilhabe, ja der vollwertigen Partizipation von Kindern und Jugendlichen, mag auf den ersten Blick weit hergeholt erscheinen, doch wir sind überzeugt, dass er eine vielversprechende Möglichkeit bietet, dieser Herausforderung ganzheitlich und nachhaltig zu begegnen. Dabei soll es nicht zu noch mehr Belastungen junger Menschen in der heutigen Zeit kommen. Eine der Grundannahmen dieses Buchs ist vielmehr, dass echte Partizipation auch der Entlastung dient. Dafür stellen wir u.a. ein Bewältigungsmodell für den Umgang mit gesellschaftlichen Krisen vor, das wir mit einem partizipativen Gesundheitsverständnis verbinden.

Kinder und Jugendliche erben eine Welt, auf die sie – selbst in Demokratien – während ihrer frühen Lebensjahre kaum Einfluss nehmen können. Sie lernen von und mit Erwachsenen, wie mit dieser Welt umzugehen ist, doch die Erwachsenen selbst sind oft weder im Umgang mit der Natur und Umwelt noch im Umgang mit sich selbst und anderen überzeugende Vorbilder. Dennoch liegt gerade im Miteinander zwischen Heranwachsenden und Erwachsenen eine Chance: Es eröffnet die Möglichkeit, die Welt gemeinsam aktiv zu gestalten und Lebenszufriedenheit, gesellschaftliche Teilhabe und Partizipation zu stärken. Das setzt allerdings voraus, dass eine echte Mitbestimmung junger Menschen von den Erwachsenen gewollt ist – schon der Blick in deutsche Schulen, die zwar einen demokratischen Bildungsauftrag haben, jedoch gleichzeitig vielerorts immer noch sehr hierarchisch und mitunter geradezu autoritär organisiert sind, lässt dies fraglich erscheinen.

Bei der Entstehung dieses Buchs haben wir als Autor:innen versucht, das Projekt zumindest in Ansätzen partizipativ zu gestalten: Basierend auf einer Umfrage unter Lehrkräften, Schulleitungen, Eltern und Sorgeberechtigten, Sozialarbeiter:innen sowie Schüler:innen wurde die Struktur des Buchs nach ihren Anregungen entwickelt. Die finale Version musste sich erneut dem Feedback und der kritischen Prüfung unserer Zielgruppen stellen. Auch darüber hinaus bleiben wir offen für Rückmeldungen, Praxiserfahrungen und einen weiterführenden Austausch. Lassen Sie uns gemeinsam an diesem wichtigen Thema weiterarbeiten!

Wir bedanken uns für den Input von Menschen, die dieses Werk Korrektur gelesen bzw. mit wertvollen Rückmeldungen bereichert haben, insbesondere Bärbel Kracke, Phillip Gutberlet und Fabian Chmielewski. Wir bedanken uns abschließend bei dem Team der Herausgebenden, bestehend aus Alexander Wettstein, Doris Lindner, Fred Berger, Wilfried Schubarth und Sebastian Wachs, für die große Freiheit der inhaltlichen und strukturellen Gestaltung sowie bei allen unterstützenden Personen im Prozess. Wir hoffen, dass wir alle Anregungen, Forderungen, Bedenken und Denkanstöße korrekt wiedergegeben und integriert haben, und freuen uns auf den weiteren Austausch.

Berlin, Halle (Saale), Jena, Leipzig, Weingarten
Juli 2025

2 Status quo: Schule und gesellschaftliche Krisen

2.1 Funktion und demokratischer Bildungsauftrag von Schule

Bildung ist den Vereinten Nationen zufolge der Schlüssel für mehr Nachhaltigkeit, für die Verringerung von Armut und sozialer Ungleichheit, für Geschlechtergerechtigkeit und Gesundheit (Vereinte Nationen, 2015). Bildung ist somit der Dreh- und Angelpunkt unserer Gesellschaft, unseres Zusammenlebens und der Ausrichtung auf die Zukunft.

Bedeutung von Bildung und Erziehung
Laut UNESCO (o. J.) ist *Bildung* ein »Menschenrecht und der Schlüssel zu individueller und gesellschaftlicher Entwicklung. Bildung befähigt uns dazu, ein erfülltes Leben zu führen. Sie stärkt Demokratie, fördert Toleranz und eine weltbürgerliche Haltung. Zugleich ist Bildung Voraussetzung für globale Nachhaltigkeit. Sie ermöglicht es, die Auswirkungen des eigenen Handelns auf die Welt zu verstehen, mit Wandel und Risiken umzugehen und verantwortungsvolle Entscheidungen zu treffen.«
Erziehung zielt dagegen darauf ab, »Individuen mit Verhaltensregeln, gesellschaftlich relevanten Handlungsfähigkeiten und Wissensbeständen auszustatten« (Grundmann 2009, S. 65), und kann als »eine von Erwachsenen organisierte, immer asymmetrische Interaktion« verstanden werden, »die vor allem die Anpassung der kindlichen Persönlichkeit an die Anforderungen der

> Gesellschaft der Erwachsenen leisten soll« (El-Mafaalani et al., 2025, S. 118 f.).

Im weitesten Sinne findet Bildung überall da statt, wo Menschen aller Altersgruppen neue Erkenntnisse gewinnen, (gemeinsam) Erfahrungen sammeln oder ihre Fähigkeiten weiterentwickeln und dabei Prozesse der Selbst- und Welterschließung erleben. Dies kann in informellen Zusammenhängen geschehen und an unterschiedlichsten Orten durch persönliche Interaktionen zwischen Menschen vor Ort und im digitalen Raum. Die Schule nimmt hierbei eine herausragende Rolle ein: als zentrale Institution zur Erfüllung des demokratischen Bildungsauftrags und als Ort der formalen Bildung von Kindern und Jugendlichen[1]. Sie ermöglicht es im idealen Fall, Grundsteine für das demokratische, solidarische, gemeinwohl- und nachhaltigkeitsorientierte Miteinander in einer Gesellschaft zu legen und dabei alle Menschen zu erreichen (Thüringer MBJS, 2019).

Im ungünstigen Fall kann Schule bei vielen Menschen jedoch auch Spuren hinterlassen, die ein ganzes Leben lang negative Folgen haben. Dieses Risiko ist gerade dann hoch, wenn die Schule nicht als »Lernort der Demokratie« (Kenner & Lange, 2019), sondern nur als Lehranstalt wahrgenommen wird und wenn sie als gesellschaftliche Institution in Krisenlagen stark unter Druck gerät und dabei schulische Schutzfaktoren nicht greifen oder gänzlich versagen.

Im Spannungsfeld zwischen den aktuellen Erwartungen an die Schule – insbesondere im Hinblick auf gesellschaftliche Krisen und Transformationsprozesse –, den ihr zugewiesenen Aufgaben und ihren tatsächlichen Möglichkeiten beginnen wir unsere Betrachtungen mit den eher dominant-traditionellen Funktionen der Schule. Dabei wollen wir jedoch nicht stehen bleiben, sondern mit der demokratiespezifischen Funktion von Schule anschließen, die

---

1 Wir sprechen sowohl von Kindern und Jugendlichen als auch von Schüler:innen, um der Rolle der jungen Menschen über die Schule hinaus gerecht zu werden.

aus unserer Sicht besonders relevant ist, um gesellschaftliche Krisen im schulischen Kontext wirksam zu berücksichtigen. Das Kapitel schließen wir mit einem Blick auf Bildung für und als nachhaltige Entwicklung (BNE) bzw. transformative Bildung, die angesichts der sozial-ökologischen Krisen gemeinsam mit Demokratiebildung (Kenner & Lange, 2022a) als Querschnittsaufgabe eine moderne Funktion von Schule darstellen.

2.1.1 Allgemeine Funktionen von Schulen

Der Schule als formalem Teil des deutschen Bildungssystems werden traditionell verschiedene Funktionen zugesprochen. Dabei gibt es sowohl nicht-demokratiespezifische Funktionen (z.B. Erwerb berufsrelevanter Fertigkeiten, Allokation und Selektion auch mit Blick auf spezifische berufliche Laufbahnen; Fend, 2011) als auch einen explizit demokratischen Bildungsauftrag. Im Fokus des Buchs soll der *demokratische Bildungsauftrag* stehen, allerdings ist zunächst auch ein Blick auf die weiteren, traditionelleren Funktionen von Schule erforderlich: zum einen, weil sie den schulischen Alltag bis heute sehr stark prägen, zum anderen, weil die Erfüllung dieser komplexen Aufgaben die Schulen und alle in ihr wirkenden Menschen in der täglichen Realität nicht selten herausfordern.

Unabhängig von der staatlichen Ordnung steht das Bildungssystem immer in einem funktionalen (Abhängigkeits-)Verhältnis zum politischen, sozialen bzw. sozio-kulturellen und sozio-ökonomischen System. Die Wirtschaft erwartet von der Schule die Vermittlung grundständiger Fertigkeiten und Qualifikationen, von der Grundbildung bis hin zur Ausbildungs- und/oder Studierfähigkeit, sowie eine Einpassung in den Arbeitsmarkt. Die Schule nimmt hiermit die Funktion der *Qualifizierung* wahr. Dies steht unmittelbar im Zusammenhang mit der Vorbereitung auf die Arbeitswelt. Dieser Auftrag der Schule ist in dieser Klarheit auch in Schulgesetzen verankert.

Eng verbunden mit der Qualifikationsfunktion sind die Allokations- und damit einhergehend die *Selektionsfunktion* der Schule, kurz ausgedrückt zu verstehen als Zuordnung zu einer beruflichen Laufbahn. Mit dieser Aufgabe nimmt die Schule direkt Einfluss auf die Sozialstruktur einer Gesellschaft. Der Staat berücksichtigt dabei verschiedene Produktionsfaktoren und volkswirtschaftliche Bedarfe. Optimale Allokation bedeutet den bestmöglichen Einsatz der begrenzt verfügbaren Ressourcen, sodass möglichst weder Fachkräfte fehlen noch eine hohe Arbeitslosigkeit vorherrscht. Im staatlich verantworteten Bildungssystem wird darauf durch Selektion Einfluss genommen. Der Zugang zu bestimmten Berufen und Positionen wird ermöglicht oder verhindert, basierend auf Leistungsmessung und Zertifikaten (Zeugnisse) sowie daraus resultierenden Zugangsbarrieren und -berechtigungen (bspw. Empfehlung für die weiterführende Schule; Hochschulreife).

In einem demokratischen Sozial- und Rechtsstaat, als welcher die Bundesrepublik Deutschland nach Artikel 20 des Grundgesetzes verfassungsrechtlich bestimmt ist, muss die Allokations- und Selektionsfunktion verbunden sein mit dem Anspruch auf höchstmögliche Chancengerechtigkeit. Die Verteilung von Positionen in Gesellschaft und Wirtschaft sollte von individuellen Talenten, Fähigkeiten und Fertigkeiten abhängen und nicht vom sozioökonomischen Status. Allerdings zeigen Studien immer wieder auf, dass das deutsche Bildungssystem diesem Anspruch nicht gerecht wird und der Bildungsabschluss stark von den Ressourcen des Elternhauses abhängt. Es kommt folglich zu einer Reproduktion der Positionsverteilung und einer unzureichenden Chancengleichheit. Modellrechnungen deuten darauf hin, dass es bis zu sechs Generationen bedarf, um den Aufstieg von einer sozioökonomischen Schicht in die nächsthöhere zu vollziehen (United Nations, 2018).

Entscheidend für den schulischen Bildungserfolg sind vor allem der Bildungsabschluss der Eltern und das Haushaltseinkommen (ifo Institut, 2023); bei gleichen Fähigkeiten und schulischen Leistungen erhalten Kinder aus sozioökonomisch privilegierten Haushalten mit dreifach höherer Wahrscheinlichkeit eine Gymnasialempfehlung (Stubbe et al., 2023). In der frühen Selektion von Kindern in verschiedene Bildungsgänge (in Deutschland in der Regel bereits im

2 Status quo: Schule und gesellschaftliche Krisen

Alter von zehn Jahren, nach der 4. Klasse) sehen die Autor:innen der PISA-Studie eine der Ursachen für die fehlende Chancengerechtigkeit des Bildungssystems (OECD, 2023, S. 243 f.).

Bourdieu (2023 [1987], 2015 [1992]) weist auf verschiedene Kapitalformen hin, die Einfluss auf die teils kaum durchlässige Sozialstruktur nehmen. Neben dem ökonomischen Kapitel benennt er soziale Netzwerke bzw. das Netz sozialer Kontakte (soziales Kapital), das symbolische Kapital (Titel, Namen, gesellschaftliche Stellung und Anerkennung) und das kulturelle Kapital (bspw. Zugang zu Kulturgütern, Literatur). Unserer Gesellschaft gelingt es bislang nur unzureichend, Chancengerechtigkeit im Bildungssystem herzustellen und bestehende Ungleichheit auf Grundlage der verschiedenen Kapitalformen aufzubrechen. Die Allokations- und Selektionsfunktion von Schule kann und muss unter diesen Umständen kritisch reflektiert werden. Sie beschreibt die Auswahl und eine vermeintlich gerechte Zuteilung von ungleichen Lebenschancen.

Neben der Qualifikations-, der Allokations- und Selektionsfunktion verweist Fend (2009) auf die *Enkulturation* (Reproduktion grundlegender kultureller Fertigkeiten) und *Integration* bzw. Legitimation (Reproduktion von gesellschaftskonformen Normen, Werten und Verhaltensweisen) als zentrale Funktionen der Schule in einer demokratischen Gesellschaft. Adorno (1966) betont in seiner Arbeit, dass Erziehung und Bildung auch zum Ziel haben, dass sich Auschwitz nicht wiederhole. Es gibt dementsprechend in freiheitlichen und demokratischen Gesellschaften Normsetzungen, die als Grundlage für ein würdevolles Leben aller gelten. International maßgeblich ist bspw. die Allgemeine Erklärung der Menschenrechte. In Deutschland sind darüber hinaus die im Grundgesetz verankerten Grundrechte hervorzuheben.

Diese Grundlegungen menschlichen Zusammenlebens in einer Gesellschaft müssen gelernt, reflektiert und immer wieder neu erstritten und weiterentwickelt werden. Dies ist die Grundlage für den demokratischen Bildungsauftrag der Schule. Anders als in autoritären Gesellschaftsordnungen soll dieser übergeordnete Bildungsauftrag nicht durch Indoktrination erfüllt werden, sondern

2.1 Funktion und demokratischer Bildungsauftrag von Schule

durch das Selbst- und Weltverständnis, Selbstbestimmung sowie die Befähigung zum kritischen Denken und Handeln (z. B. KMK, 2018).

Funktionen der Schule
Traditionell sind Funktionen der Schule im deutschen Bildungssystem vor allem die Vermittlung berufsrelevanter Fähigkeiten (Qualifikation) sowie die Zuordnung zu einer beruflichen Laufbahn (Allokation/Selektion). Während die Qualifikationsfunktion auf die Vorbereitung auf den Arbeitsmarkt abzielt, hat die Allokationsfunktion Einfluss auf die soziale Struktur, indem sie bestimmt, wer Zugang zu bestimmten Berufen und hierüber auch zu einer bestimmten gesellschaftlichen Position hat. Trotz des Anspruchs auf Chancengerechtigkeit zeigt das Bildungssystem erhebliche Ungleichheiten, die stark vom sozioökonomischen Status der Eltern abhängen. Hier besteht ein fortdauernder Auftrag für das öffentliche Bildungswesen, das Ziel der Chancengleichheit sicherzustellen. Um darüber hinaus den ebenso bestehenden demokratischen Bildungsauftrag zu erfüllen, muss die Schule grundlegende kulturelle Fertigkeiten und gesellschaftliche Normen vermitteln, aber auch selbstbestimmtes und kritisches Denken und Handeln fördern.

2.1.2 Auftrag der Schule in einer demokratischen Gesellschaft

Demokratie ist eine Daueraufgabe, denn Demokratie ist die einzige staatlich verfasste Gesellschaftsordnung, die immer wieder neu gelernt werden muss. Dies gilt nach Negt (2018, S. 21) für Kinder und Jugendliche, junge Erwachsene und bis ins hohe Alter. Nicht gemeint ist damit, dass das bestehende politische System mit dem Status quo, also den gegenwärtigen gesellschaftspolitischen Macht- und Herrschaftsverhältnissen zu verinnerlichen ist. Vielmehr orientiert sich dieses Verständnis politischer Bildung am Mündigkeitsbegriff.

Mündigkeit ist das Ziel von Bildung und Erziehung. Sie sollen eben nicht dabei stehen bleiben, »well adjusted people«, also gut angepasste Menschen hervorzubringen (Adorno, 1966, S. 109). Es bedarf dabei der Fähigkeiten, das Bestehende kritisch zu hinterfragen, um eine Idee von einer (noch) besseren Welt von morgen zu entwickeln. Politische Bildung als demokratischer Bildungsauftrag ist damit als relevanter Teil der Allgemeinbildung zu verstehen.

2.1.2.1 Demokratie, Demokratisierung und das Demokratische

Wenn Demokratie nicht nur gelernt, sondern die bestehenden Verhältnisse auch reflektiert werden sollen, muss der für schulische Bildung zu Grunde gelegte Demokratiebegriff mehr umfassen als das alleinige Verstehen der Regierungsform. Himmelmann (2001) hat hierfür Anfang der 2000er Jahre mit der *Demokratie-Trias* »Demokratie als Lebens-, Gesellschafts- und Herrschaftsform« eine erste Konzeption vorgelegt, die für die Schule und demokratische Schulentwicklung fruchtbar war.

Demokratie als Lebensform beschreibt er als Demokratie im Alltag. Damit verbunden sind demokratische Entscheidungsprozesse im sozialen Nahraum und damit auch in der Schule. Himmelmann betont die Bedeutung demokratischer Kultur sowie demokratischer Werte und Prinzipien wie Solidarität, Toleranz, Vielfalt und Selbstorganisation als Bestandteil sozialer Interaktionen.

Demokratie als Gesellschaftsform (z. B. Himmelmann, 2001, 2018) zielt auf die demokratische Selbstorganisation, vor allem in Interessenvertretung der Zivilgesellschaft und der Wirtschaft durch Vereine, Verbände, Gewerkschaften und die damit verbundene Aushandlung von demokratischen Diskursen. Auch Kinder und Jugendliche sind an diesen zivilgesellschaftlichen Prozessen der öffentlichen Willensbildung beteiligt. Dies wird deutlich an der Selbstorganisation junger Menschen in Protestformen wie bspw. durch große europaweite Demonstrationen anlässlich der Änderungen im EU-Urheberrecht (Artikel 13), in zivilgesellschaftlichen Gruppierungen und Bewegungen wie »Fridays for Future« oder institutionalisierter

Interessenvertretung wie den Landesschüler:innenvertretungen. Anfang 2025 warnten bspw. die Vertretungen der Schüler:innen aus mehreren ostdeutschen Bundesländern vor einem Erstarken des Rechtsextremismus an Schulen (Landesschüler:innenvertretungen der Ostländer, 2025).

Demokratie als Herrschaftsform beschreibt schließlich den engen Politikbegriff unter Bezugnahme auf demokratische Wahlvorgänge, Rechtsstaatlichkeit, Parteien und Institutionen wie Parlamente und Gerichte.

Neben diesem breiten Verständnis von Demokratie, das es in der schulischen Demokratiebildung zu beachten gilt, schlagen Kenner und Lange (2022, 2025) für die Demokratiebildung eine weitere Differenzierung vor:

- Bildung über *die Demokratie*,
- Bildung und *das Demokratische* als Prinzip und Fundament sowie
- Bildung als *Demokratisierung* mit der Fokussierung auf das Prozesshafte demokratischer Gesellschaften, die sich stets im Wandel befinden.

Die Demokratie bietet, als grundlegende Idee von Gesellschaft sowie als Normen- und Institutionensystem, einen Rahmen für das politisch organisierte Zusammenleben der Menschen. Sie orientiert gesellschaftliches Handeln und regelt den Umgang mit gesellschaftlichen Konflikten. Verankert und rechtlich abgesichert werden dabei die Ideen des Demokratischen (Werte und Prinzipien) durch die Verfassungsordnung und das Rechtsstaatsprinzip. Demokratie ist in diesem Verständnis mehr als ein politisches System und eine Gesellschaftsordnung (Demirovic, 2023, S. 27 f.) und wird damit auch nicht beschränkt auf Bürgerschaftsbildung mit der Zielsetzung »guter Staatsbürger:innen«. Der schulische demokratische Bildungsauftrag kann sich in diesem Sinne auch nicht auf das »Vermitteln der Demokratie« beschränken, sondern bedeutet auch *Inclusive Citizenship Education* (z. B. Kleinschmidt et al., 2019; Kenner et al., 2025) und bezieht damit eine kritische Auseinandersetzung mit den (un)sichtbaren Praxen der Exklusion in demokratischen Gesellschaften mit ein.

> *Hinweis:* Bildung über Demokratie als Gesellschaftsordnung bedeutet eine Auseinandersetzung mit den formalen und informellen Rahmenbedingungen demokratischer Entscheidungsprozesse sowie von Rechtsansprüchen und Teilhabechancen. Sie thematisiert die Ermöglichungsräume, aber auch Begrenzungen sowie Praxen der Exklusion. Nur so wird den Lernenden ermöglicht, die bestehenden Verhältnisse zu verstehen, zu reflektieren und – wenn nötig – handelnd weiterzuentwickeln (Kenner & Lange, 2025).

Um darüber hinaus mit Demokratiebildung die Gesellschaftsordnung auf die Verwirklichung ihrer selbst gesteckten Ziele hin zu befragen, schlagen Kenner und Lange die Kategorien »das Demokratische« und »die Demokratisierung« vor.

Das Demokratische beschreibt den unhintergehbaren Kern von Bildung in einer Demokratie (Kenner & Lange, 2022a). Im Grundgesetz ist dieser Kern bspw. in Artikel 1 mit Ewigkeitsklausel festgelegt. »Die Würde des Menschen ist unantastbar. Sie zu achten und zu schützen ist Verpflichtung aller staatlichen Gewalt.« Weiter heißt es in Absatz 2: »Das Deutsche Volk bekennt sich darum zu unverletzlichen und unveräußerlichen Menschenrechten als Grundlage jeder menschlichen Gemeinschaft, des Friedens und der Gerechtigkeit in der Welt.« Für Demokratiebildung und zur Erfüllung des demokratischen Bildungsauftrags kann das Demokratische als Beurteilungsmodus (Kenner & Lange, 2025) dienen, bestehende Verhältnisse auf die Verwirklichung dieses Anspruchs hin zu überprüfen. Die kritische Analyse und Beurteilung bestehender Verhältnisse ist nicht verbunden mit der Idee, das vermeintlich »Richtige« zu vermitteln, sondern das Demokratische im Zuge von Demokratisierung im Sinne gelingender Konfliktlösung zum Ausdruck zu bringen. Die Demokratie befindet sich in einem fortwährenden Entwicklungsprozess.

2.1 Funktion und demokratischer Bildungsauftrag von Schule

Das Demokratische eignet sich als Beurteilungsmodus, aber nur über die *Demokratisierung* aller Lebensbereiche (Negt, 2010) eröffnen sich Räume, um aus Analyse und Urteil auch demokratisches und politisches Handeln zu ermöglichen. Demokratisierung als dritte Ebene demokratiebildnerischer Arbeit zur Erfüllung des Bildungsauftrags bedeutet nicht nur, den Demokratiebegriff ganzheitlicher in Bildungsprozessen zu etablieren, sondern auch, Partizipation bereits für junge Menschen in ihrer Vielfalt zu eröffnen (ausführlich zum Partizipationsbegriff siehe ▶ Kap. 4.1.2). Partizipation bedeutet mehr als wählen, mehr als eine Stimme für eine Partei abzugeben, aber auch mehr als das Wählen zwischen potenziellen Zielen für die Klassenfahrt oder die Wahl zwischen zwei möglichen neuen Wandfarben des Klassenzimmers. Partizipation ist im Sinne eines deliberativen Demokratieverständnisses (Habermas, 1992, 1996) mit dem Erleben von Aushandlungsprozessen verbunden, dem Austausch verschiedener Ideen, Argumente und Herangehensweisen.

Deliberatives Demokratieverständnis
Das deliberative Demokratieverständnis betont den Austausch von Argumenten im öffentlichen Diskurs als Entscheidungsfindung unter Gleichberechtigten. Demokratietheoretisch ist dieses Modell auf Jürgen Habermas zurückzuführen, der die Suche nach der besten Lösung als Ergebnis eines Abwägungsprozesses in den Fokus rückt. Entscheidend wären dementsprechend nicht (nur) Mehrheitsverhältnisse und politische Macht, sondern der Austausch von Argumenten.

Demokratie und Demokratisierung bedeuten aber immer auch mehr als den Austausch von Argumenten. Machtverhältnisse prägen den öffentlichen Diskurs in allen Lebensbereichen und damit gehören auch die Kritik an bestehenden Herrschaftsverhältnissen sowie – in einem radikaldemokratischen Sinne – auch das auszuhaltende Spannungsfeld zwischen Konsens und Dissens (Mouffe, 2007) zur Demokratie. Die für eine demokratische Gesellschaft konstitutiven

Aushandlungsprozesse müssen offen gestaltet werden und alle Beteiligten müssen sich gegenseitige Wertschätzung entgegenbringen. Das gilt auch für die pädagogische Arbeit mit Kindern und Jugendlichen.

Demokratiebildung in Zeiten multipler Krisen (Leopoldina/Rat für nachhaltige Entwicklung, 2021) bedeutet schließlich, junge Menschen darin zu bestärken, die Welt von morgen mitzugestalten, eine Idee für diese Welt von morgen zu entwickeln und dafür einzustehen. Kinder und Jugendliche gilt es daher als *Young Citizens* (Kenner & Lange, 2022b; Kenner, 2022) anzuerkennen und ernst zu nehmen (ausführlich in ▶ Kap. 4.4). Bildung, die auf eine Welt vorbereitet, die es morgen so nicht mehr geben wird, die den Status Quo zur Maßgabe von Zukunft macht und Transformation sowohl als gesellschaftliche Normalität als auch als Notwendigkeit in Krisenlagen weitgehend ignoriert, muss als unvollständig und unzureichend betrachtet werden.

2.1.2.2 Bildungspolitische Referenzpunkte für den demokratischen Bildungsauftrag

Die Bildungsministerien der Länder haben sich zuletzt im Jahr 2018 auf ein grundlegendes Verständnis zur Rolle der Schule verständigt und betont, dass sich die Schule als ein Ort erweisen kann und soll, »an dem Demokratie als dynamische und ständige Gestaltungsaufgabe – auch im Spannungsfeld unterschiedlicher demokratischer Rechte – reflektiert und gelebt wird« (KMK, 2018, S. 2 f.). Auch auf Bundesebene wurde im Zuge des 16. Kinder- und Jugendberichts dieser Blick auf Schulen als Sozialisationsorte (Kenner, 2023a; Kenner & Neuhof, 2024) der Demokratie betont. »Die staatlich verantwortete politische Bildung ist angehalten, für die demokratischen Prinzipien, die Menschenrechte und ihre grundrechtlichen Konkretisierungen einzutreten« (BMFSJ, 2020, S. 9). Noch bedeutsamer als Erklärungen der KMK oder der Bundesregierung sind verfassungsrechtlich verankerte Ziele staatlichen Handelns im Bildungssystem. In zwölf von 16 Bundesländern hat der demokratische Bildungsauftrag Verfassungsrang (Kenner, 2020). Das Verständnis eines demokratischen Bildungsauftrags ist damit fest im Rechtssystem verortet und kann nur mit einer Zweidrittelmehrheit verändert werden.

> **Verfassungsrang des demokratischen Bildungsauftrags am Beispiel des Freistaats Thüringen**
> »Erziehung und Bildung haben die Aufgabe, selbständiges Denken und Handeln, Achtung vor der Würde des Menschen und Toleranz gegenüber der Überzeugung anderer, Anerkennung der Demokratie und Freiheit, den Willen zu sozialer Gerechtigkeit, die Friedfertigkeit im Zusammenleben der Kulturen und Völker und die Verantwortung für die natürlichen Lebensgrundlagen des Menschen und die Umwelt zu fördern.« (Landesverfassung des Freistaates Thüringen, Artikel 22, Absatz 1)

Neben Landesverfassungen konkretisieren alle 16 Schulgesetze den Bildungsauftrag. In Baden-Württemberg wird dabei zunächst auf das Grundgesetz und die Landesverfassung Bezug genommen. Betont wird darüber hinaus in §1, Absatz 1,

> »daß jeder junge Mensch ohne Rücksicht auf Herkunft oder wirtschaftliche Lage das Recht auf eine seiner Begabung entsprechende Erziehung und Ausbildung hat und daß er zur Wahrnehmung von Verantwortung, Rechten und Pflichten in Staat und Gesellschaft sowie in der ihn umgebenden Gemeinschaft vorbereitet werden muß«.

Unter Berücksichtigung all der hier aufgeführten bildungstheoretischen und bildungspolitischen Perspektiven auf den demokratischen Bildungsauftrag wird immer wieder die Frage aufgeworfen, inwiefern die Erfüllung dieses Bildungsauftrags mit einem Neutralitätsgebot staatlichen Handelns einher gehe. Dieser *Mythos Neutralität* wird im Folgenden entkräftet.

2.1.2.3 Der Bildungsauftrag und der Mythos Neutralität

Die Schule hat eine Sozialisationsfunktion, die in einem Spannungsverhältnis steht zwischen Anpassung bzw. Akzeptanz menschenrechtlich begründeter Normsetzung und der Befähigung, deren Umsetzung in Recht und Gesetz kritisch zu begleiten. Anders als in autoritären Staaten bedeutet es demnach nicht, dass Schule aktuelles staatliches Handeln vermittelt oder gar legitimiert. Im Gegenteil: Für demokratische Gesellschaften sind das Einstehen für ein menschenwürdiges Leben, der Schutz vor Diskriminierung und ein kritisch-analytischer Blick auf gegenwärtige (Macht- und Herrschafts-)Verhältnisse konstitutionell. Auch deshalb muss gelten: »Neutralität des Bürgers als Bildungsziel taugt für autoritäre Staaten, nicht für die Demokratie.« (Reinhardt, 2019, S. 15). Eine vollkommen neutrale Lehrkraft ist »blind für das Politische in vermeintlich unpolitischen Situationen« (Breuer, 2018, o. S.). Auch deshalb ist die Auseinandersetzung mit dem »Mythos Neutralität« notwendig.

Zunächst gilt es, dem Ursprung des Ansatzes der Neutralität staatlichen Handelns nachzugehen. Bei diesem Neutralitätsgebot handelt es sich keinesfalls um ein allgemeines politisches Neutralitätsgebot, sondern um eine *parteipolitische* Neutralität staatlicher Akteur:innen. Ziel ist die Absicherung des fairen Wettbewerbs der Parteien in einer Demokratie. Der Staat, staatliche Institutionen und damit auch die Beschäftigten des öffentlichen Dienstes müssen diesen fairen Wettbewerb der Parteien sichern. Eine zugelassene Partei darf von staatlichen Akteur:innen nicht in besonderer Weise bevorzugt werden, Lehrkräfte dürfen im Dienst keine Werbung für eine bestimmte Partei machen oder eine andere Partei pauschal abwerten. Das bedeutet aber nicht, dass einzelne Aussagen von Politiker:innen oder programmatische Aspekte nicht im Unterricht kritisch analysiert und beurteilt werden dürfen oder dass sich Lehrkräfte zu politischen Fragen grundsätzlich neutral zu verhalten haben.

2.1 Funktion und demokratischer Bildungsauftrag von Schule

> **Neutralität in der Schule – Position der KMK**
> »Geht es um die Thematisierung rassistischer und rechtsextremer Positionen, haben Lehrpersonen nicht nur das Recht, sondern gemäß den in den menschenrechtlichen Verträgen und im Schulrecht verankerten verbindlichen Bildungszielen auch die Pflicht, solche Positionen entsprechend einzuordnen und diesen zu widersprechen.« (Cremer, 2019, S. 21)
> »Die Menschenwürde ist die wichtigste Wertentscheidung des Grundgesetzes. Sie kommt allen Menschen allein schon kraft ihres Menschseins zu und ist unantastbar. Somit ist auch Schule kein wertneutraler Ort. Das pädagogische Handeln in Schulen ist von demokratischen Werten und Haltungen getragen, die sich aus den Grundrechten des Grundgesetzes und aus den Menschenrechten ableiten lassen.« (KMK, 2018, S. 3)

Der Leitfaden Demokratiebildung, herausgegeben vom Kultusministerium Baden-Württemberg, fordert gar eine demokratische Positionierung von Lehrkräften zu Grund- und Menschenrechten (MKJS Baden-Württemberg, 2019). Auch die Kultusministerkonferenz hat sich dazu klar positioniert (siehe Kasten »Neutralität in der Schule«). Zuletzt hat die größte Interessenvertretung politischer Bildner:innen in Deutschland, die Deutsche Vereinigung für Politische Bildung (DVPB), in einer Stellungnahme aus dem Jahr 2024 noch einmal – auch unter Bezugnahme auf Gerichtsurteile der vergangenen Jahrzehnte – herausgearbeitet, dass sich ein allgemeines politisches Neutralitätsgebot »weder aus dem Bildungsauftrag der Landesverfassungen, [sic] noch den Schulgesetzen oder dem Beamtenrecht begründen« ließe (DVPB, 2024, S. 1).

Neutralität bedeutet somit nicht, jedwedem Geschehen gegenüber neutral zu bleiben, sondern sich stets auf die Werte des Grundgesetzes zu berufen und hier Position zu beziehen. Schließlich ist die Erfüllung des demokratischen Bildungsauftrags gefährdet, wenn sich die Schulen als unpolitische Orte verstehen und junge Menschen das Gefühl bekommen, die Schule sei primär eine Lehranstalt und kein

Lernort der Demokratie. Wer ein grundsätzliches Neutralitätsgebot fordert und es mit der Forderung nach politischer Abstinenz verbindet (Maschong et al., 2024), ignoriert den tatsächlichen Bildungsauftrag in einer demokratischen Gesellschaft. Gerade im Kontext gesellschaftlicher Krisen ist der Bildungsauftrag als *Schutzauftrag* (ebd.) und *Ermöglichungsrahmen für Emanzipation* in Schulen zu sehen: Schulen begleiten und unterstützen junge Menschen bei ihrem Entwicklungsprozess der Mündigkeit, wobei diese nicht als von Erwachsenen definierte Zielmarke verstanden wird, sondern auch bei Kindern und Jugendlichen bereits unterstellt werden kann und immer als prozesshaft charakterisiert wird.

> **Neutralität ist keine Haltung**
> »Neutralität ist keine Haltung, sondern eine Absage an Haltung. Sie blendet aus, dass jede Beschäftigung mit Wissen bereits in einem politischen Raum stattfindet, der von Machtverhältnissen und normativen Grundannahmen durchzogen ist. Wer vorgibt neutral zu sein, läuft Gefahr, blinde Flecken zu übersehen und sich der kritischen Auseinandersetzung mit gesellschaftlichen Realitäten und Machtverhältnissen zu entziehen. Gerade im Bereich politischer Bildung wäre das fatal, soll sie doch dazu befähigen, Differenzen auszuhalten, Konflikte auszutragen und Kritik-, Urteils- und Handlungsfähigkeit zu aktuellen Fragen zu entwickeln.« (Kenner & Szukala, 2025, S. 24 f.)

In diesem Sinne schützt der Bildungsauftrag vor politischer Indoktrination. Der Bildungsauftrag schützt darüber hinaus junge Menschen im schulischen Kontext – auch durch eine solche Klarheit – vor diskriminierenden und menschenfeindlichen Übergriffen. Nicht zuletzt fordert der demokratische Bildungsauftrag dazu auf, gesellschaftliche Krisen und Kontroversen aufzugreifen, sie in einem schützenden Rahmen besprech- und verstehbar zu machen und dadurch emotionale Unterstützung und Orientierung zu bieten.

Was tun bei rassistischen, menschenfeindlichen Äußerungen bzw. Zwischenfällen?

Egal ob durch Lehrkräfte, Schüler:innen, Eltern oder andere Akteur:innen des Schulsystems: Laut Berufsverbänden (DVPB, 2024) und Medienberichten (Kleber, 2024) werden immer häufiger Fälle von Rassismus, Antisemitismus und anderen Formen gruppenbezogener Menschenfeindlichkeit an Schulen bekannt und gemeldet. Wie ist damit umzugehen?

Vorweg: Dazu kann und darf man sich in der Schule nicht neutral verhalten. Eine Blaupause für den Umgang mit solchen Situationen kann es gleichwohl nicht geben, immerhin ist Schule ein Zusammenspiel von Menschen und damit von Individuen. Wir empfehlen aber die folgenden vier Schritte als Orientierung:

1. *Betroffene schützen:* Vor jedem weiteren Schritt gilt es, Betroffene zu schützen. Eine klare Positionierung von Fachkräften ist auch als Signal an Menschen notwendig, die von Diskriminierung betroffen sind, damit sie die Schule als *Safe Space* erleben können. Diskriminierende, menschenfeindliche Aussagen dürfen daher nicht unwidersprochen und auch nicht ohne Konsequenzen bleiben.
2. *Auseinandersetzung:* Welche Form der Konsequenz – neben dem Widerspruch – folgt, hängt davon ab, ob es sich um Einzelfälle, Provokationen, eine latente oder manifeste Weltanschauung handelt. Die Ursachen sowie die individuellen und strukturellen Verankerungen entsprechender Denkmuster müssen analysiert und transparent aufgearbeitet werden. Dabei sollten möglichst alle beteiligten Akteur:innen involviert werden.
3. *Schritte einleiten:* Ob neben dem notwendigen Widerspruch eine Aufbereitung im Unterricht, dem Kollegium oder der Schule insgesamt notwendig ist, ob es einer thematischen Auseinandersetzung bedarf oder einer individuellen Sanktionierung, lässt sich nur unter Berücksichtigung der jeweiligen Bedingungen (Einzelfall oder sich wiederholende Vorfälle; latente

oder manifeste Einstellung; verbale oder körperliche Übergriffe usw.) beantworten. In jedem Fall bedarf es einer intensiven Auseinandersetzung und entsprechender Konsequenzen (von der Thematisierung im Unterricht über Projekttage, Kooperationen mit außerschulischen Partner:innen bis hin zur strafrechtlichen Verfolgung).
4. *Vernetzung, Fortbildung und Unterstützung:* Fortbildungen für Lehrkräfte, die Zusammenarbeit mit außerschulischen Partner:innen sowie kooperative Ansätze sind Maßnahmen, die dabei helfen können, den Herausforderungen im Umgang mit Diskriminierung und menschenfeindlichen Einstellungen entgegenzuwirken und einer Verfestigung autoritärer Haltungen vorzubeugen.

Weitere Empfehlungen, die am Beispiel mehrerer konkreter Fälle aus der Praxis entwickelt wurden, haben Rico Behrens, Anja Besand und Stefan Breuer in ihrem Buch »Politische Bildung in reaktionären Zeiten« aufbereitet, das kostenlos als Download zur Verfügung steht (Behrens et al., 2021). Die Fachstelle im Netzwerk gegen Rechtsextremismus schlägt neben den von uns hier vorgeschlagenen vier Schritten weitere Teilschritte vor, die in zwölf Punkten im Umgang mit rassistischen, antisemitischen oder rechtsextremen Vorfällen zusammengefasst sind (Groß, o.J.).

Der mit Schulen verbundene Bildungsauftrag ist heute folglich weit mehr als Sozialisation im Sinne des Einfügens in bestehende Norm- und Ordnungskonzepte, mehr als Allokation und Qualifikation durch das Erlernen grundlegender Fähigkeiten wie Lesen, Schreiben und Rechnen oder das Vermitteln tradierter Wissensbestände. Schule als bedeutender »politischer Sozialisationsort« (Kenner, 2023a) soll darüber hinaus Lernort der Demokratie sein und Demokratiekompetenzen wie analytisch-kritisches Denken, Perspektivenwahrnehmung, Konflikt-, Urteils- und Handlungsfähigkeit stärken (z.B. Reinhardt, 2018). Dies ist auch auf den gegenwärtigen Dauerkrisenmodus und notwendige gesellschaftliche Transformationsprozesse (▶ Kap. 4.1.1) zurückzuführen, vor allem aber wird Bildung heute mehr denn je mit einem emanzipatorischen Prozess von Selbst- und Weltaneignung verbunden.

Bildung kommt dabei jedoch nicht die Aufgabe zu, Lösungen für die krisenhaften Verhältnisse zu finden oder direkt umzusetzen, dann liefe sie Gefahr, einer Pädagogisierung der Krise Vorschub zu leisten (Hamborg, 2023). Schule kann sich jedoch von den bestehenden ökonomischen, ökologischen und gesellschaftlichen Verhältnissen nicht einfach lösen. »Politische Bildung für und als nachhaltige Entwicklung steht in vielfältigen Spannungsfeldern, die von Kritik, Normativität und Affirmation geprägt sind.« (Kenner & Singer-Brodowski, 2024, S. 12). Kritik und Emanzipation auf der einen Seite und normative Leitplanken einer demokratischen Gesellschaft auf der anderen Seite, zu denen sie sich nicht neutral verhalten darf.

Einen wesentlichen Beitrag zur Erfüllung dieses komplexen Bildungsauftrags leisten politische Bildung und Bildung für nachhaltige Entwicklung (KMK, 2024; Schreiber & Siege, 2016). Wenn Demokratie, das Demokratische und Demokratisierung von Kindern und Jugendlichen nicht nur als theoretische Konzepte, als Simulation der Wirklichkeit oder gar als Spiel (Hedtke, 2020) wahrgenommen werden sollen, gilt es, entsprechende Erfahrungsräume zu schaffen (▶ Kap. 4 und ▶ Kap. 5).

Demokratischer Bildungsauftrag von Schule
Demokratiebildung in der Schule umfasst mehr als nur das Verständnis politischer Institutionen und Prozesse. Sie geht darüber hinaus auf die Demokratie als Lebensform im Alltag und als Gesellschaftsform im Sinne einer aktiven Teilnahme an zivilgesellschaftlichen Prozessen ein. Demokratiebildung zielt in diesem Zusammenhang darauf ab, diese unterschiedlichen Dimensionen in den Schulalltag zu integrieren. Dabei geht es nicht nur um die Vermittlung von Wissen, sondern auch darum, den Prozess der

Demokratisierung zu fördern, indem junge Menschen als aktive Gestalter:innen der Gesellschaft wahrgenommen werden. Demokratiebildung in der Schule soll die Lernenden befähigen, gesellschaftliche Strukturen zu hinterfragen und sich aktiv in die Weiterentwicklung der Demokratie einzubringen. Lehrkräfte oder Schulleitungen können sich dabei nicht »politisch neutral« verhalten, sie sind vielmehr den Grundprinzipien unserer Demokratie, verankert in den Grund- und Menschenrechten, verpflichtet: die Garantie der Menschenwürde, das Recht auf ein diskriminierungsfreies Leben, das Demokratieprinzip und der Schutz der natürlichen Lebensgrundlagen auch in Verantwortung für künftige Generationen (Kenner & Lange, 2022a).

2.1.3 Bildung für nachhaltige Entwicklung und transformative Bildung

Vor dem Hintergrund globaler sozial-ökologischer Krisen, die noch Generationen von Menschen beschäftigen werden, muss Demokratiebildung in Verbindung mit der *Bildung für nachhaltige Entwicklung* (BNE) gedacht und umgesetzt werden. BNE zielt im Sinne einer modernen Funktion von Schule darauf ab, Menschen in die Lage zu versetzen, nachhaltige Lebensweisen zu entwickeln und diesbezüglich verantwortungsvolle Entscheidungen zu treffen. Orientiert an den Nachhaltigkeitszielen der Vereinten Nationen liegt der Fokus darauf, ökonomische, ökologische und soziale Aspekte in Einklang zu bringen, um die Welt zukunftsfähig zu gestalten angesichts der gegenwärtigen komplexen Krisenerfahrungen. BNE fördert Kompetenzen wie kritisches Denken, systemisches Verständnis und die Fähigkeit, eigene Handlungen im Kontext globaler Herausforderungen zu reflektieren (KMK, 2024; Schreiber & Siege, 2016). Hier zeigen sich die Parallelen zur Demokratiebildung.

Transformative Bildung (z. B. Grund et al., 2024) geht darüber hinaus und zielt darauf, grundlegende Denk- und Handlungsmuster zu verändern. Sie hinterfragt bestehende gesellschaftliche Strukturen und Normen und fördert ein Umdenken hin zu mehr Gerechtigkeit, Solidarität und Nachhaltigkeit. Transformative Bildung ist darauf ausgerichtet, Menschen in die Lage zu versetzen, nicht nur auf Krisen zu reagieren, sondern aktiv zur Weiterentwicklung von Gesellschaften beizutragen. Dabei geht es auch darum, dass Menschen die Art und Weise, wie sie ihre Umwelt erleben, Ideen in Begriffe fassen und schließlich mit der Welt interagieren, grundlegend verändern (Hoggan, 2016). Dazu gehört auch, vorherrschende Denkrahmen, die z.B. Nachhaltigkeitsziele untergraben und über Jahrzehnte zu existenziell bedrohlichen Umweltzerstörungen und Klimaveränderungen geführt haben, zu verlassen und sich neu zur Welt ins Verhältnis zu setzen (Habel & Peter, 2024).

Während BNE somit Wissen und Fähigkeiten dazu vermittelt, nachhaltige Entscheidungen im Sinne der UN-Nachhaltigkeitsziele zu treffen, hat transformative Bildung zum Ziel, das bestehende System in seiner ganzen Tiefe zu hinterfragen und alternative Ansätze zu entwickeln. Kernelemente der Demokratiebildung betonen dabei die Notwendigkeit einer aktiven Teilhabe und demokratischen Mitgestaltung der damit verbundenen Prozesse und Entscheidungen. In diesem Zusammenhang zielen alle drei Ansätze gemeinsam darauf ab, dass sich (junge) Menschen zu kritischen, mündigen Bürger:innen entwickeln, die bereit sind, Verantwortung zu übernehmen und sich für eine sozial gerechte und nachhaltig gestaltete Welt einzusetzen. In einem gewissen Sinne hat dies die Kultusministerkonferenz bereits in den 1970er Jahren vorweggenommen in ihrer Aufgabenbeschreibung für die Schule (KMK vom 25.05.1973 i.d.F. vom 07.12.1981).

2 Status quo: Schule und gesellschaftliche Krisen

Aufgabe der Schule (KMK, 1973, S. 2 f.)
»Die Schule soll

- Wissen, Fertigkeiten und Fähigkeiten vermitteln,
- zu selbständigem kritischem Urteil, eigenverantwortlichem Handeln und schöpferischer Tätigkeit befähigen,
- zu Freiheit und Demokratie erziehen,
- zu Toleranz, Achtung vor der Würde des anderen Menschen und Respekt vor anderen Überzeugungen erziehen,
- friedliche Gesinnung im Geist der Völkerverständigung wecken,
- ethische Normen sowie kulturelle und religiöse Werte verständlich machen,
- die Bereitschaft zu sozialem Handeln und zu politischer Verantwortung wecken,
- zur Wahrnehmung von Rechten und Pflichten in der Gesellschaft befähigen,
- über die Bedingungen der Arbeitswelt orientieren.«

Die Notwendigkeit, Schule vor diesem Hintergrund stärker als Lebens- und Erfahrungsraum zu betrachten, ergibt sich nicht zuletzt aus verschiedenen Entwicklungen der letzten Jahre: Zum einen rücken individuelle Herausforderungen wie psychische Krisen stärker in den Fokus (z. B. Ravens-Sieberer et al., 2023), zum anderen wirken sich globale Krisen immer mehr auf den schulischen Kontext aus bzw. bringen Schüler:innen und Lehrkräfte ihre mit den spürbaren gesellschaftlichen Krisen verbundenen Sorgen und Gedanken in den Kontext Schule mit (Asbrand, Peter et al., 2024). Welche Sorgen dies sein können und wie sie mit psychischer Gesundheit und Wohlbefinden in Zusammenhang stehen, wird im Folgenden betrachtet.

2.2 Psychische Gesundheit von Kindern und Jugendlichen in der Schule

Klingen die »Aufgaben der Schule« aus dem KMK-Beschluss »Zur Stellung des Schülers in der Schule« aus dem Jahr 1973 schon relativ fortschrittlich, so heißt es im letzten Teil derselben Schrift unter dem Stichwort »Sogenannte Schülerstreiks«, dass solche kollektiven Handlungen »lediglich ein organisiertes unentschuldigtes Fernbleiben vom Unterricht« seien (KMK, 1973, S. 12). Genau diesem Vorwurf sahen sich 2019 auch zahlreiche Schüler:innen angesichts der freitäglichen Klimastreiks während der Unterrichtszeit ausgesetzt, die schließlich einer ganzen Bewegung – den Fridays for Future – einen bis heute verwendeten Namen gaben. Was in der politischen Diskussion dieser Proteste unterging, war, dass diese Form der Selbstermächtigung, Politisierung, kollektiven Handlungsfähigkeit sowie Identitätsbildung und Durchsetzung von Grundwerten (Bleh, 2021) auch eine gesunderhaltende Funktion gehabt haben dürfte – wenngleich sich die Protestierenden zum Teil auch massiven Abwertungen seitens Erwachsener insbesondere aus der Politik ausgesetzt sahen (Green Legal Impact, 2025).

Permanente Krisen rütteln vor allem an der psychischen Gesundheit, insbesondere wenn sie unlösbar erscheinen und Menschen sich ohnmächtig fühlen. Sinnstiftendes Handeln wie der Protest für Klima- und Umweltschutz kann dann ein wirksamer Puffer gegen zu starke psychische Belastungen sein (Ojala, 2013; Rikner Martinsson & Ojala, 2024). Diese Funktion der Proteste zu beachten, wäre auch Aufgabe der Erwachsenen und Schulen gewesen. Dabei ist die außerordentliche Bedeutung von Schule und positiven Schulerfahrungen für die Gesundheit der Schüler:innen längst bekannt (vgl. El-Mafaalani et al., 2025).

2.2.1 Psychische Gesundheit und psychische Erkrankung

Wenngleich Lehrkräfte, Schüler:innen und Eltern im Alltag oft Erfahrung mit psychischer Gesundheit bzw. deren Beeinträchtigung haben, ist weniger geläufig, was darunter im Alltag zu verstehen ist. *Psychische Gesundheit* ist zunächst erstmal mehr als die Abwesenheit von psychischen Erkrankungen und ein integraler und wesentlicher Bestandteil der gesamten Gesundheit. Sie ist zentral für unsere kollektive und individuelle Fähigkeit, als Menschen zu denken, zu empfinden, miteinander zu interagieren, sich zu entwickeln, den eigenen Lebensunterhalt zu verdienen und das Leben zu genießen. Die Förderung, der Schutz und die Wiederherstellung der psychischen Gesundheit sind nicht nur lebenswichtige Anliegen von Einzelpersonen, sondern auch von Gemeinschaften und Gesellschaften auf der ganzen Welt.

Definitionen
Psychische Gesundheit ist »ein Zustand des Wohlbefindens, in dem eine Person ihre Fähigkeiten ausschöpfen, die normalen Lebensbelastungen bewältigen, produktiv arbeiten und einen Beitrag zu ihrer Gemeinschaft leisten kann« (World Health Organization, 2019, S. 1).
Psychisches Wohlbefinden stellt einen positiven Zustand dar, der mit emotionaler Ausgeglichenheit, positiver Selbstwahrnehmung, stabilen und erfüllenden sozialen Beziehungen, Lebenssinn und Handlungsfähigkeit sowie Widerstandskraft gegen Stress einhergeht. Das Konzept umfasst zudem Aspekte wie Zufriedenheit und Lebensfreude.
Psychische Belastung beschreibt vorübergehende oder andauernde Faktoren, die zu Stress, Unwohlsein oder emotionaler Anspannung führen, aber nicht zwangsläufig eine Krankheit darstellen.
Psychische Erkrankungen »stellen Störungen der psychischen Gesundheit einer Person dar, die oft durch eine Kombination von

2.2 Psychische Gesundheit von Kindern und Jugendlichen in der Schule

belastenden Gedanken, Emotionen, Verhaltensweisen und Beziehungen zu anderen gekennzeichnet sind« (World Health Organization, 2019, S. 1). Sie sind in der Regel mit erheblichen Beeinträchtigungen oder Leidensdruck verbunden.

Zur psychischen Gesundheit gehören verschiedene Ebenen: von einer subjektiven Einordnung des eigenen Wohlbefindens (Gefühle) über gedankliche Prozesse in Verbindung mit Aufmerksamkeit, Konzentration und Gedächtnis (Kognition) bis hin zu körperlichen Aspekten wie dem Wohlbefinden im Körper (Physiologie) und behavioralen Aspekten wie der sozialen Eingebundenheit (Verhalten). Psychische Erkrankungen entstehen in diesem Zusammenhang in der Regel durch ein Zusammenspiel von

- biologischen Faktoren (z. B. Temperament, genetische Vorbelastung),
- psychischen Besonderheiten (z. B. verstärkter Fokus auf negative Erlebnisse und Erinnerungen) und
- sozialen Bedingungen (z. B. Mobbingerfahrungen in der Schule, Lernerfahrungen mit Eltern).

Dieses *biopsychosoziale Modell* (z. B. Engel, 1977) verdeutlicht, dass psychische Erkrankungen nicht durch eine einzelne Ursache bedingt oder ausgelöst werden, sondern durch das komplexe Zusammenwirken verschiedener Faktoren über einen längeren Zeitraum. Das *Diathese-Stress-Modell* (z. B. Weise & Asbrand, 2025, ▶ Abb. 1) hingegen legt den Schwerpunkt auf die Interaktion zwischen einer individuellen Vulnerabilität (Diathese) und belastenden Ereignissen (Stress). Es illustriert, wie eine angeborene oder erworbene Anfälligkeit durch Stressoren – etwa persönliche Krisen wie der Verlust von Angehörigen oder globale Ereignisse wie die COVID-19-Pandemie – aktiviert werden kann, sodass es zur Entwicklung einer psychischen Erkrankung kommt.

2 Status quo: Schule und gesellschaftliche Krisen

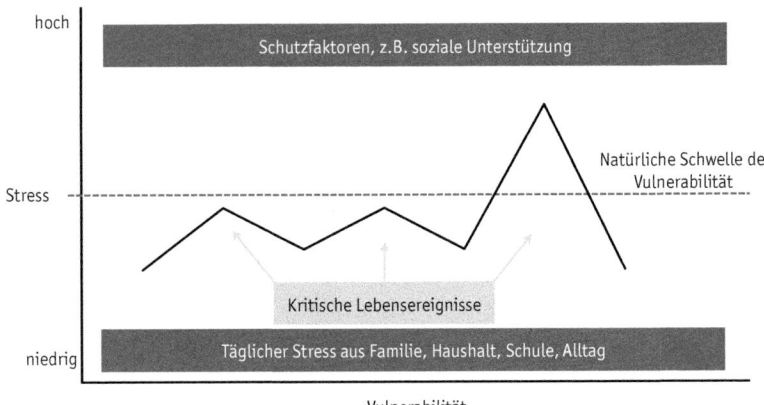

Abb. 1: Diathese-Stress-Modell (Weise & Asbrand, 2026, in Vorb.)

Das Diathese-Stress-Modell stellt somit die dynamische Interaktion zwischen einer individuellen Anfälligkeit und äußeren Stressoren in den Mittelpunkt. Zur Veranschaulichung wird häufig das Bild eines überlaufenden Fasses herangezogen (vgl. Asbrand, Peter et al., 2024): Jeder Mensch hat durch genetische oder gelernte Vorbedingungen ein unterschiedlich großes »Fassungsvermögen« für Stress. Während manche mehr Kapazität besitzen, ist das Fass bei anderen schneller gefüllt. Bei allen kann das Fass früher oder später überlaufen, wenn der Stress, z. B. durch äußere Krisen, zu groß wird, um ihn noch bewältigen zu können. Wenn das geschieht, kann es zu einer psychischen Erkrankung kommen.

Beide Modelle bieten gemeinsam eine umfassende Perspektive auf die Entstehung psychischer Erkrankungen: Das biopsychosoziale Modell beschreibt die komplexen Einflussfaktoren auf Gesundheit und Krankheit, während das Diathese-Stress-Modell den spezifischen Mechanismus erklärt, wie individuelle Anfälligkeiten unter Belastung zu psychischen Erkrankungen führen können. Neuere Überlegungen schlagen darüber hinaus eine zeitgemäße Erweiterung des biopsychosozialen Modells vor: durch die Einbeziehung von Klima- und Umweltveränderungen zum *biopsychosozialökologischen*

2.2 Psychische Gesundheit von Kindern und Jugendlichen in der Schule

Modell, um den Einfluss neuer, anthropogen bedingter Stressoren auf Gesundheit und Krankheit besser zu verstehen und beschreiben zu können (Dohm et al., 2024). So belasten Extremwetterereignisse, Umweltgifte oder der Verlust menschlicher Lebensräume nicht nur die menschliche Physiologie, sondern wirken auch auf psychische und soziale Prozesse. Solche Entwicklungen führen zu neuartigen psychischen Reaktionen wie Klimaangst oder »eco distress« (z. B. Heinzel, 2022), die das Wohlbefinden beeinträchtigen und die Entstehung physischer und psychischer Erkrankungen begünstigen können.

Auch die psychische Gesundheit hängt nicht an einem, sondern an multiplen Faktoren. Positiv wirken bspw. das Erleben von Selbstwirksamkeit (»Ich kann etwas in der Welt und in meinem Leben bewegen«), aktives Handeln (»Ich kann etwas tun«) oder die Validierung von Gefühlen (»Sowohl unangenehme wie auch angenehme Gefühle haben ihre Berechtigung«). Die psychische Gesundheit beeinträchtigen können hingegen u. a. negative Beziehungserfahrungen, erlebte Hilflosigkeit, fehlende Zukunftsperspektiven oder häufige Konflikte. In diesem Zusammenhang wird das negative Potenzial globaler und gesellschaftlicher Krisen für die psychische Gesundheit klar: Sie verhindern durch ihr überforderndes und verunsicherndes Wesen Selbstwirksamkeitserfahrungen hinsichtlich der Lösung von Krisen, verbauen Zukunftsperspektiven und schüren Hilflosigkeit.

Interessanterweise liegt der Fokus der Forschung häufig eher darauf, Risikofaktoren für psychische Erkrankungen oder Belastungen zu identifizieren (bzgl. Krisen vgl. Ma et al., 2022). Es geht also häufiger darum, wie Menschen erkranken, und seltener um die Frage, wie sie gesund bleiben oder werden. An dieser Stelle soll deshalb explizit der Fokus auf die zweite Herausforderung gelegt werden.

2.2.2 Modelle psychischer Gesundheit

Es ist kein neues Phänomen, dass die psychische Gesundheit durch Krisen bedroht wird. So beschreibt das *Salutogenesekonzept*, das von einem Kontinuum zwischen Gesundheit und Krankheit ausgeht, Faktoren und deren Wechselwirkung untereinander, die Gesundheit entstehen lassen bzw. aufrechterhalten (Antonovsky et al., 1971). In Ergänzung zum biopsychosozial(ökologisch)en Modell und Diathese-Stress-Modell lenkt es explizit den Fokus darauf, was Menschen gesund erhält. Stress und äußere Krisen können dabei – wirksam bewältigt – zu persönlichem Wachstum und Resilienz führen. Dafür braucht es neben konkreten Praktiken der Stressbewältigung bzw. des Stressmanagements (z. B. Achtsamkeitstechniken wie Meditation bzw. fokussierte Aufmerksamkeit; Pascoe et al., 2017) bestimmte Schutzfaktoren. Zentraler Faktor des Salutogenesekonzepts ist der sogenannte *Kohärenzsinn*, der beschreibt, inwieweit Menschen die Welt und ihre Herausforderungen als *verstehbar*, *sinnhaft* und *handhabbar* erleben.

Verstehbarkeit beschreibt die Fähigkeit, die Zusammenhänge des Lebens zu verstehen und somit auch Probleme und Belastungen in einen größeren Zusammenhang einordnen zu können. Die *Sinnhaftigkeit* gibt dem Leben darüber hinaus eine Bedeutung, was es Menschen ermöglicht, auch in Krisen einen tieferen Sinn zu sehen und sich folglich konstruktiv mit ihnen auseinanderzusetzen (z. B. »Ich kann die COVID-19-Pandemie als Wendepunkt nutzen, mich für eine Änderung des Schulsystems einzusetzen«). *Handhabbarkeit* beschreibt schließlich die Fähigkeit, mit Krisen umgehen zu können, diese z. B. in Teilbereiche zu zerlegen (nicht: »Ich muss den Klimawandel allein aufhalten«, sondern: »Ich kann mich mit anderen zusammenschließen und in meiner Kommune bewirken, dass wir uns in Richtung Klimaneutralität bewegen«). Es beinhaltet auch die Fähigkeit, das eigene Leben gestalten zu können, und ist eng mit dem Faktor Selbstwirksamkeit verbunden.

Der Sinn für Kohärenz spielt eine zentrale Rolle für die Gesundheit: Er beschreibt, inwieweit Menschen darauf vertrauen, über ausreichend Ressourcen zu verfügen, um das Leben zu bewältigen. Er bedeutet, dass das Leben als in einem gewissen Maß verständlich und vorhersehbar wahrgenommen wird und die Herausforderungen als sinnvolle Aufgaben verstanden werden, in die es sich lohnt, Zeit und Energie zu investieren.

An das Salutogenesekonzept anschließend ist der Faktor Selbstwirksamkeit längst fester Bestandteil der Forschung und Praxis in der Klinischen Psychologie. So zeigen Übersichtsarbeiten aus der Traumaforschung (z. B. Luszczynska et al., 2009), dass Menschen sich von traumatischen Erlebnissen besser erholen, wenn sie sich als selbstwirksam erleben – sie zeigen dann weniger Symptome von allgemeinem Stress, weniger posttraumatische Belastungssymptome wie ein Wiedererleben des Traumas oder Übererregbarkeit und auch weniger körperliche Symptome wie Schmerzen. Als zentral erweist sich dabei nicht unbedingt die objektive Wirksamkeit, also tatsächlich etwas ändern zu können, sondern das Gefühl von Wirksamkeit.

Trauma
Traumatische Erlebnisse beinhalten eine psychisch sehr starke Erschütterung; die Weltgesundheitsorganisation definierte ein Trauma als »kurz- oder lang anhaltendes Ereignis oder Geschehen von außergewöhnlicher Bedrohung mit katastrophalem Ausmaß, das nahezu bei jedem tiefgreifende Verzweiflung auslösen würde«. Ein Trauma beinhaltet somit, dass man selbst hilflos oder ohnmächtig und eben nicht objektiv selbstwirksam ist (World Health Organization, 2004).

Für die psychische Gesundheit zuträglicher ist somit rund um das Ereignis ein *subjektives Empfinden* von Selbstwirksamkeit. In Studien zu aktuellen globalen Krisen (z. B. Lass-Hennemann et al., 2023) zeigt sich dieses individuelle Wirksamkeitserleben zudem als schützend gegenüber psychischen Belastungen durch die Klimakrise, die COVID-19-Pandemie oder den Angriffskrieg auf die Ukraine. Eine erhöhte Wahrnehmung von Selbstwirksamkeit reduziert nicht zuletzt die akute Belastung beziehungsweise Angst in der Auseinandersetzung mit der Klimakrise (Asbrand, Spirkl et al., 2024).

Sowohl Selbstwirksamkeit im Speziellen wie auch psychische Gesundheit allgemein sind nicht allein vom Individuum abhängig, sondern im Gegenteil sehr stark vom zugehörigen sozialen System (Turner & Brown, 2010). Fehlende soziale Unterstützung als Risikofaktor ist ebenso wie vorhandene soziale Ressourcen als Schutzfaktor für die psychische Gesundheit vielfach beschrieben – auch im Zusammenhang mit globalen Krisen (vgl. Ma et al., 2022). Soziale Unterstützung, Coping und Stress sind Konstrukte, die allgemein im Bereich psychischer Gesundheit vielfach diskutiert werden (vgl. Turner & Brown, 2010) und somit auch in diesem Kontext genannt und erklärt werden sollen (ausführlich in ▶ Kap. 3.3 und ▶ Kap. 4.3).

2.2.3 Wie geht es Schüler:innen aktuell?

Eine breite Studienlage zeigt, wie vielfältig die Einflussfaktoren auf die psychische Gesundheit sind: von Peerbeziehungen über sozioökonomische Faktoren bis zur Belastung der Eltern etc. (z. B. Lereya et al., 2015; Otto et al., 2021; Wolf & Schmitz, 2024). Große Betrachtungen des Gesamtzustandes der psychischen Gesundheit und des Wohlbefindens von Schüler:innen zeigen über die letzten Jahre hinweg eine Verschlechterung: Medial besonders präsent seit der COVID-19-Pandemie, aber auch schon in den Jahren zuvor nahm die Häufigkeit von diagnostizierten psychischen Erkrankungen stetig zu (Steffen et al., 2018). Dabei belegen wissenschaftliche Studien, dass dies kein Phänomen ist, das sich ausschließlich auf Deutschland oder Europa bezieht. So stiegen die diagnostizierten psychischen Erkrankungen im Zeitraum 2012 bis 2018 in den USA um enorme 35 % an (McGorry et al., 2024). Die Gründe für diesen weltweiten Anstieg von psychischen Erkrankungen und Belastungen besonders bei jungen Menschen sind vielfältig.

Neben einer tatsächlich erhöhten psychischen Belastung von Kindern und Jugendlichen durch aktuelle gesellschaftliche Krisen

2.2 Psychische Gesundheit von Kindern und Jugendlichen in der Schule

wie die COVID-19-Pandemie, Sorgen um die Klimakrise, Armut oder Furcht vor Kriegen und Konflikten sind gestiegene Zahlen psychischer Erkrankungen auch auf eine erhöhte Sensibilisierung und ein besseres Wissen über psychische Erkrankungen bei Schüler:innen zurückzuführen. Psychische Erkrankungen sind heute bei Kindern und Jugendlichen etwas weniger schambehaftet und seltener mit Stigmatisierungsängsten verbunden als noch vor einigen Jahren, auch wenn psychische Erkrankungen weiterhin mit mehr Scham und Sorge vor Stigmatisierung verbunden sind als körperliche Erkrankungen (z. B. Kaushik et al., 2016).

> *Hinweis:* Bereits seit mehreren Jahren steigt die Zahl psychischer Erkrankungen. Abgesehen von gestiegenen Belastungen können auch die zunehmende Sensibilisierung sowie weniger Angst vor Stigmatisierung Gründe für den beobachteten Anstieg sein. Inwiefern dem Anstieg bei den Zahlen ein tatsächlicher Anstieg der Erkrankungen und zugrunde liegenden Belastungen in dieser Bevölkerungsgruppe vorausgeht, lässt sich nicht abschließend klären. Nichtsdestotrotz sind die Zahlen alarmierend, auch deshalb, weil das Gesundheitssystem über keine ausreichende Behandlungskapazität verfügt.

Als Folge dieser gestiegenen Normalisierung und Offenheit trauen sich besonders jugendliche Schüler:innen, offener über Probleme im psychischen Wohlbefinden zu berichten, was dazu beiträgt, psychische Belastungen und Erkrankungen besser erkennen zu können. Auch Eltern, Lehrkräfte und andere wichtige Personen wie Kinder- und Jugendärzt:innen sind sensibler, wenn es darum geht, psychische Belastungen bei Kindern und Jugendlichen zu erkennen, anzusprechen und professionelle Hilfe zu vermitteln. Dies wird zudem durch eine größere Offenheit unter Schüler:innen sowie durch Wissenszuwachs und Enttabuisierung bei Lehrkräften und Schulleitungen unterstützt (z. B. Yamaguchi et al., 2020).

Ein Anstieg an diagnostizierten psychischen Erkrankungen ist folglich nicht nur negativ zu sehen, sondern spiegelt eine sehr wichtige größere gesamtgesellschaftliche Offenheit und besseres Wissen wider. Dies ist allgemein wichtig, damit psychische Erkrankungen frühzeitig erkannt werden können, präventive Maßnahmen auch an Schulen etabliert werden und schließlich eine rechtzeitige psychotherapeutische Behandlung erfolgen kann. Besonders die frühzeitige Behandlung ist wichtig, um Chronifizierung und stärkere Einschränkungen in entwicklungsrelevanten Lebensbereichen von Schüler:innen zu verhindern.

Das ist schließlich auch mit Blick auf die Auswirkungen größerer Krisen wichtig: So ist die psychische Belastung im Zusammenhang mit der COVID-19-Pandemie besonders in der Gruppe der Kinder und Jugendlichen weltweit gestiegen (Wolf & Schmitz, 2024). In Deutschland zeigt die COPSY-Studie (z. B. Ravens-Sieberer et al., 2023), dass die Lebensqualität während der COVID-19-Pandemie bei Kindern und Jugendlichen zwischen elf und 17 Jahren deutlich sank. Während vor Beginn der Pandemie etwa 15 % der Kinder und Jugendlichen eine niedrige Lebensqualität berichteten, stieg diese Zahl um mehr als das Dreifache auf fast 50 % im Winter des Jahres 2020/2021. Der Anteil der befragten Schüler:innen, die starke psychische Belastungen berichteten, stieg zudem von 17 % auf fast 31 % und pendelte sich nach der Pandemie auf einem höheren Niveau als zuvor ein (Kaman et al., 2024). Genauere Analysen zeigen, dass die psychische Belastung besonders bei Schüler:innen aus ökonomisch benachteiligten Familien um ein Vielfaches erhöht war, da die psychischen Belastungen und Risikofaktoren in solchen Familien bereits vor der Pandemie größer waren, aber auch, weil Schüler:innen aus gesellschaftlich benachteiligten Familien im Schnitt über weniger Ressourcen verfügen, um Krisen gut bewältigen zu können (Ravens-Sieberer et al., 2023).

Für den Anstieg der psychischen Belastung während der Pandemie gibt es viele unterschiedliche Gründe. In einer Befragung von Plötner et al. (2022) nannten Kinder- und Jugendlichenpsychotherapeut:innen am häufigsten bildungs- und schulbezogene Gründe für

2.2 Psychische Gesundheit von Kindern und Jugendlichen in der Schule

eine Zunahme psychischer Erkrankungen wie den Wegfall einer regelmäßigen Tagesstruktur, Probleme beim Homeschooling und qualitativ unzureichenden Distanzunterricht, aber auch häufigeren Stress im Elternhaus, Krankheitsängste oder das lange Warten auf einen Psychotherapieplatz. Diese Ergebnisse zeigen, dass der Schulbesuch und der Kontakt mit Gleichaltrigen in Bildungseinrichtungen wichtige Faktoren und Ressourcen für die Stabilisierung der psychischen Gesundheit und des Wohlbefindens darstellen.

Empirische Daten belegen zudem, dass sich die hohe psychische Belastung von Kindern und Jugendlichen auch nach dem Ende der Pandemie fortsetzt. Dies zeigt bspw. die DAK-Krankenkassen-Studie »Präventionsradar« (Hansen et al., 2023b) mit über 14.000 Schüler:innen aus 14 Bundesländern, durchgeführt von Dezember 2022 bis Februar 2023. So war die berichtete Lebensqualität der befragten Schüler:innen im Jahr 2023 niedriger als bei Erhebungen vor der COVID-19-Pandemie. Auch psychosomatische Beschwerden zeigten sich deutlich erhöht. In den Analysen wurde zudem wieder deutlich, dass besonders gesellschaftlich benachteiligte Schüler:innen deutlich stärker unter Symptomen psychischer Erkrankungen und geringerer Lebensqualität litten als Kinder und Jugendliche aus Familien mit ausreichenden Ressourcen. Zudem berichteten Mädchen in vielen Bereichen mehr Belastungen als Jungen.

Zusammenfassend kann festgestellt werden, dass psychische Belastungen, aber auch psychische Erkrankungen bei Schüler:innen in den letzten Jahren deutlich zugenommen haben. Dieser Anstieg basiert auf einer besseren Erkennung, aber auch auf einer messbaren Zunahme von Belastungsfaktoren als Folge der COVID-19-Pandemie und weiterer gesellschaftlicher Krisen. Betroffen sind nicht alle Kinder und Jugendlichen gleichermaßen, sondern besonders solche aus gesellschaftlich benachteiligten Familien sowie Mädchen. Im Folgenden wird genauer betrachtet, welche sozialen und gesellschaftlichen Faktoren zu psychischen Belastungen bei Schüler:innen beitragen.

2.2.3.1 Armut

Laut einer aktuellen Studie ist mehr als jedes fünfte Kind in Deutschland von Armut betroffen (Funcke & Menne, 2023). Armut wirkt sich elementar, massiv und langanhaltend auf das Leben und die gesellschaftliche Teilhabe von Kindern und Jugendlichen aus und sollte mit Blick auf diese und andere negative Konsequenzen, auch im Zusammenhang mit gesellschaftlichen Krisenlagen, als bedeutsamer Aspekt der sozial-ökologischen Krisen anerkannt werden. Insbesondere die Bildungschancen sind nachhaltig negativ durch finanzielle Knappheit betroffen. So haben armutsbetroffene Schüler:innen weniger ruhige Lern- und Rückzugsorte in ihrem Wohnumfeld, können häufiger wegen finanzieller Probleme nicht an Klassenfahrten oder anderen sozialen Veranstaltungen teilnehmen und verfügen oft nicht über notwendige digitale Endgeräte oder einen Internetanschluss, um damit auch an digitalen Unterrichtsformen teilzuhaben.

> **Armut**
> Arm ist, wer so wenig Einkommen hat, dass er den in der Gesellschaft als normal geltenden Lebensstandard nicht erreichen kann, was insbesondere die sozio-kulturelle Teilhabe einschränkt. Als nationale Armutsgrenze in Deutschland gilt die Schwelle von 60 % des mittleren Nettoeinkommens (Schubert/Klein 2020), wobei diese Definition von Armut nicht unumstritten ist (DIW, o.J.). Kinder- und Jugendarmut geht in der Regel mit Familienarmut einher, sodass betroffene Kinder und Jugendliche unverschuldet in diese Situation gelangen und keine Möglichkeit haben, sich selbst aus der Armut zu befreien (Funcke & Menne, 2023). Armut verstärkt die psychische Belastung von Kindern und Jugendlichen, u.a. über eine geringere Teilhabe und fehlende Ressourcen zur Bewältigung von Krisen.

Armut wirkt sich damit besonders negativ auf den Schulalltag aus. Dies bestätigt auch eine aktuelle Erhebung: So gaben Lehrkräfte in einer Befragung des Deutschen Schulbarometers im Jahr 2023 an, dass sich Kinder und Jugendliche aus armen Familien mehr Sorgen um die finanzielle Situation machten, häufiger unvollständige Schulmaterialien aufwiesen oder auch ohne Essen in die Schule kamen (Robert Bosch Stiftung, 2023a). Zusätzlich zeigen die Ergebnisse, dass Schüler:innen nicht nur materiell schlechter gestellt sind als Gleichaltrige aus ressourcenstarken Familien, sondern die Armut ihrer Familien sie auch psychisch belastet. Das umfasst auch Gefühle von Scham und sozialem Ausschluss. Die Ergebnisse des Präventionsradars der DAK (Hansen et al., 2023b) und der COPSY-Studie (z. B. Ravens-Sieberer et al., 2023) machen zudem deutlich, dass Armut auch die Möglichkeiten von Schüler:innen verringert, gesellschaftliche Krisen und Anforderungen zu bewältigen.

2.2.3.2 Leistungs- und Prüfungsdruck

Viele Schüler:innen empfinden einen hohen Leistungsdruck in der Schule – also die eigene Erwartung, möglichst gute schulische Leistungen zu erbringen, oder die gleichlautende Erwartung anderer Personen wie der Eltern oder Lehrkräfte. Besonders ausgeprägt ist dieser Druck oft vor Leistungskontrollen, wobei Kinder und Jugendliche aller Leistungsniveaus betroffen sein können. Empirische Studien zeigen, dass schulischer Leistungsdruck einen starken negativen Einfluss auf das Wohlbefinden und die psychische Gesundheit von Schüler:innen haben kann. In einer internationalen Metaanalyse fanden Staere et al. (2022), dass hoher schulischer Leistungsdruck mit mehr depressiven Symptomen, stärkeren Ängsten und sogar Suizidgedanken bei Jugendlichen verbunden war. Diese Zusammenhänge zeigten sich besonders während der Unterrichtszeiten, während die Belastungen bei den Schüler:innen in den Ferienzeiten zurückgingen.

Ein Zusammenhang von psychischer Belastung und Leistungsdruck ist vermutlich komplex und bidirektional, sodass nicht allein ein erhöhter Leistungsdruck psychische Belastungen bedingt. Der Zusammenhang rührt auch daher, dass psychisch stärker belastete

Kinder und Jugendliche mehr Leistungsdruck oder Prüfungsängste in der Schule erleben.

> *Hinweis:* Leistungs- und Prüfungsdruck hängen eng mit psychischer Belastung zusammen, wobei die psychische Belastung auch den wahrgenommenen Leistungsdruck in der Schule verstärken kann.

Psychische Belastungen wie depressive Gefühle und Ängste führen in der Regel unmittelbar zu Problemen in solchen psychischen Prozessen, die für eine gute schulische Leistungsfähigkeit unabdingbar sind: wie Konzentrationsfähigkeit, Selbstsicherheit, Problemlösefähigkeit, aber auch soziale Kontakte für gemeinsames schulisches Lernen. Als Folge entwickelt sich nicht selten ein Teufelskreis aus psychischer Belastung, einer verminderten schulischen Leistungsfähigkeit, hohem Leistungsdruck und wiederum psychischer Belastung (vgl. auch ▶ Abb. 1). Besonders relevant ist dieser Zusammenhang für die Bewertung der Folgen der COVID-19-Pandemie, die bei vielen Kindern und Jugendlichen sowohl zu hohen psychischen Belastungen als auch zu Lernlücken durch Schulschließungen führte. Eine Studie aus der Schweiz konnte zeigen, dass bei Jugendlichen und jungen Erwachsenen der schulische Leistungsdruck der größte Einflussfaktor auf stärkere depressive Symptome war, nachdem die Schulschließungen wieder aufgehoben wurden (Quervain et al., 2021).

Eine Elternperspektive: Was bedeutet »gute Schule«?
Statement eines Elternteils (anonymer Beitrag aus unserer Befragung)

Gute Schule ist ein Ort, an dem Kinder sich wohl, sicher und ernst genommen fühlen. Sie wissen, dass es hier mindestens eine erwachsene Person gibt, an die sie sich vertrauensvoll wenden können, wenn sie Schwierigkeiten haben. An einer guten Schule

2.2 Psychische Gesundheit von Kindern und Jugendlichen in der Schule

gibt es klare und einfache Regeln für das Miteinander, deren Einhalten gefördert und gewertschätzt wird, und deren Missachtung Konsequenzen hat. An einer guten Schule lernen Kinder und Jugendliche Dinge, die ihnen im Leben helfen. Nicht alles davon ist unmittelbar interessant, aber die Lehrkräfte bemühen sich, die Relevanz sichtbar zu machen. An einer guten Schule werden schwache Schüler gefördert und starke gefordert, und individuelle Interessen und Stärken können berücksichtigt werden. An einer guten Schule können Kinder und Jugendliche aktiv lernen und sich mit den Inhalten selbstständig auseinandersetzen, sofern sie die dafür notwendigen Kompetenzen entwickelt haben. Eine gute Schule lädt Eltern zur Beteiligung ein und bietet auch einen Raum für Unterstützungsangebote für Eltern. Eine gute Schule kann aber nicht alle Defizite im Elternhaus und in der frühkindlichen Bildung ausgleichen. Daher ist sie immer nur ein Puzzleteil von vielen – und sollte sich gut mit anderen Akteur:innen vernetzen. Eine gute Schule macht grundsätzlich ein gutes Gefühl, selbst wenn man montags morgens keine Lust hat, hinzugehen.

2.2.3.3 Gesellschaftliche Krisen: Pandemie, Klimawandel und Krieg

Kinder und Jugendliche wachsen in Zeiten auf, die von extremer Unsicherheit und aktuell von verschiedenen beängstigenden globalen Krisen gekennzeichnet sind (▶ Kap. 2.3). Sie wurden überall auf der Welt während der COVID-19-Pandemie einem extremen Ausnahmezustand ausgesetzt, der durch Schulschließungen, Kontaktbeschränkungen, aber auch finanzielle Unsicherheit in Familien viele wichtige Grundlagen für eine psychisch gesunde Entwicklung untergrub und bis heute tiefe Spuren in den Bildungs- und sozialen Biografien von Schüler:innen hinterlassen hat. Zu den anhaltenden Nachwirkungen der Pandemie kommen weitere Belastungen hinzu durch gesellschaftliche Krisen wie Sorgen um die Auswirkungen des menschengemachten Klimawandels, der Angriffskrieg von Russland auf die Ukraine, die Eskalation im Israel-Palästina-Konflikt oder unmittelbare finanzielle Sorgen durch Wirtschaftskrisen (Barmer, 2023).

In einer Studie aus dem Jahr 2023 wurden 500 Kinder und Jugendliche zwischen zwölf und 18 Jahren nach ihren aktuellen Sorgen und Zukunftswünschen befragt (Habich & Remete, 2023). Die am häufigsten genannten Sorgenthemen waren dabei der Tod eines nahen Angehörigen (82 %), dass Deutschland in einen Krieg verwickelt werden könnte (81 %), Überforderung in Schule oder Ausbildung (78 %), Klimawandel (77 %) und Armut (66 %). Sorgen vor der COVID-19-Pandemie verringerten sich gegenüber einer vorherigen Erhebung aus 2022 von 69 % auf 51 %. Aktuell belastet Schüler:innen neben der Sorge um Familienangehörige der Krieg in der Ukraine, der besonders durch die örtliche Nähe ein stärkeres Bedrohungsgefühl bei Kindern und Jugendlichen auslöst. 51 % der Befragten gaben in diesem Zusammenhang an, Gefühle von Angst durch den Krieg zu erleben, 41 % berichteten Trauer und 35 %, sich durch den Krieg ausgeliefert zu fühlen. Mehr als die Hälfte der Befragten gaben an, dass ihr Leben vor dem Ausbruch des Kriegs unbeschwerter war.

Diese exemplarischen Ergebnisse zeigen, dass viele Kinder und Jugendliche sehr sensibel wahrnehmen, was in der Welt um sie herum passiert. Dazu trägt auch eine stärkere digitale Vernetzung bei, sodass Schüler:innen durch Smartphones und andere digitale Endgeräte unmittelbaren, oft ungefilterten und intensiven Zugang zu Informationen und Nachrichten haben. In der Gesamtbetrachtung muss dabei berücksichtigt werden, dass Kinder und Jugendliche aktuell viele globale Krisen und Belastungen auf einmal erleben (▶ Kap. 2.3) und dass neuere Krisen bereits länger anhaltende Krisen in der Wahrnehmung nicht einfach so verdrängen. Dieses multiple Belastungserleben birgt das Risiko, dass sich Belastungen gegenseitig verstärken, sodass bspw. Kinder und Jugendliche mit erhöhter psychischer Belastung als Folge der COVID-19-Pandemie weniger widerstandsfähig sind, mit den anhaltenden und auch neuen Krisen umzugehen.

> *Hinweis:* Eine Vielzahl an Studien zeigt mittlerweile, dass globale Krisen auch abseits der COVID-19-Pandemie, wie der Klimawandel und Kriege, die psychische Gesundheit junger Menschen belasten.

2.2.3.4 Medienkonsum

Für die meisten Schüler:innen sind digitale Medien fester und bedeutender Bestandteil des täglichen Lebens – in Deutschland haben über 90 % der Jugendlichen ein eigenes Smartphone (JIM-Studie; Medienpädagogischer Forschungsverbund Südwest, 2024a); bei Kindern sind es 46 % (KIM-Studie; Medienpädagogischer Forschungsverbund Südwest, 2024b). Den Ergebnissen der JIM-Studie zufolge stieg die durchschnittliche Nutzung von Online-Angeboten in den zehn Jahren bis 2023 zunächst an und erreichte im Jahr 2020 inmitten der COVID-19-Pandemie einen Höchstwert von 258 Minuten pro Tag; bis 2024 sank sie leicht auf durchschnittlich 201 Minuten pro Tag, was weiterhin über dem Niveau von 2014 liegt (192 Minuten; Medienpädagogischer Forschungsverbund Südwest, 2024a). Im Grundschulalter zeigt sich ebenfalls ein Anstieg der Nutzungsdauer von digitalen Medien in den letzten Jahren, wenngleich in geringerem Ausmaß (Medienpädagogischer Forschungsverbund Südwest, 2024b).

Die starke Zunahme der Nutzung digitaler Medien durch Kinder und Jugendliche wirft die Frage auf, ob damit Risiken für die psychische Gesundheit und das Wohlbefinden verbunden sind. Über das Verbot von Smartphones an Schulen wird u. a. deswegen regelmäßig öffentlich diskutiert (Böttger & Zierer, 2024). Wichtig ist, dass der Gebrauch von digitalen Geräten und Medien nicht per se als schädlich angesehen werden kann, sondern in seinen schädlichen Folgen stark von individuellen Eigenschaften, Lebensumständen und Kompetenzen bzw. vom individuellen Verhalten der Nutzer:innen abhängt. Umso wichtiger ist es, dass Erwachsene sich selbst schulen, Kinder und Jugendliche unterstützen und Offenheit signalisieren (Asbrand & Schmitz, 2024). Die zunehmende Digitalisierung unseres

Alltags inklusive von Unterrichtsprozessen macht es natürlich, dass Kinder und Jugendliche mehr Bildschirmzeit haben als noch vor zehn Jahren. Aufschlussreicher ist vielmehr, wie viele Schüler:innen problematische oder pathologische Verhaltensmuster bezogen auf digitale Medien zeigen. Dabei ist kritisch festzuhalten, dass sowohl Geräte wie auch Software (vor allem Apps) darauf ausgelegt sind, möglichst oft und lange genutzt zu werden. Es bedarf somit einerseits der Aufklärung von Eltern, Kindern und Jugendlichen zur Nutzung, aber auch einer gesetzlichen Reglementierung der Technik im Sinne eines modernen, gesundheitsorientierten Kinder- und Jugendschutzes und einer zeitgemäßen Suchtprävention (z. B. Al-Samarraie et al., 2022). Dies würde nicht zuletzt auch eine Entlastung der Eltern in einem ohnehin schon komplexen familiären Alltag bedeuten.

Eine Längsschnittstudie des Deutschen Zentrums für Suchtfragen des Kindes- und Jugendalters (DZSKJ) befragt seit 2019 jährlich zur riskanten und pathologischen Nutzung digitaler Medien bezogen auf verschiedene Inhalte wie Gaming, Soziale Medien und Videostreaming (DZSKJ, 2024). Im Ergebnis zeigt sich besonders bezogen auf Computerspiele und soziale Medien, dass diese im Jahr 2023 von mehr Kindern und Jugendlichen in einem pathologischen Umfang genutzt wurden als noch 2019. Dieser Anteil lag bei Computerspielen bei etwa 4 % aller Befragten und bei ca. 6 % für soziale Medien. Pathologisch meint dabei, dass digitale Medien – wie bei anderen Süchten – Entzugssymptome hervorrufen, dass z. B. wichtige alltägliche Pflichten und Aufgaben vernachlässigt werden und deshalb eine therapeutische Hilfe geprüft werden sollte. Besorgniserregend ist zudem, dass etwa 25 % aller befragten Kinder und Jugendlichen ein riskantes Verhalten für den Gebrauch sozialer Medien angaben – ein erheblicher Anstieg im Vergleich zu den Vorjahren.

Die DZSKJ-Studie liefert neben dem Nutzungsverhalten auch wichtige Erkenntnisse über den Zusammenhang mit psychischer Gesundheit und dem Wohlbefinden von Schüler:innen. Problematische Nutzer:innen von sozialen Medien berichteten, verglichen mit unauffälligen Nutzer:innen, deutlich häufiger von depressiven

Symptomen, Angstsymptomen und erhöhtem Stress. Die Annahme einer Verursachung psychischer Probleme oder Erkrankungen durch den Gebrauch digitaler Medien lässt jedoch zu oft außer Acht, dass solche Daten keine kausalen Schlüsse zulassen, da die Nutzung digitaler Medien und psychische Symptome nur zu einem fixen Zeitpunkt erfasst werden. Werden hingegen längsschnittliche Daten betrachtet, die kausale Schlüsse erlauben, ergeben sich Hinweise, dass problematischer Internetgebrauch eher die Folge von psychischen Belastungen ist und gleichzeitig selbst zu einer Verstärkung dieser Belastung beiträgt (Ivie et al., 2020): So haben bspw. soziale Medien eher einen negativen Effekt, wenn betroffene Jugendliche bereits depressive Symptome aufweisen, während demgegenüber nicht betroffene Jugendliche soziale Medien relativ risikoarm nutzen.

Insgesamt zeigt sich damit, dass der Gebrauch von digitalen Medien selbst einen zunehmenden Belastungsfaktor für Schüler:innen darstellt. Im Kontext der sozial-ökologischen Krisen bergen digitale Medien zudem das Risiko, dass Krisenerscheinungen und Krisenfolgen direkt und weitgehend ungefiltert in die Kinder- und Jugendzimmer transportiert werden können. Mit Blick auf die Aufmerksamkeitsökonomie klassischer und sozialer Medien besteht hier die Gefahr, dass Kinder und Jugendliche unreguliert mit negativen Informationen in Kontakt kommen, ohne dass gleichzeitig Bewältigungsmöglichkeiten in einem ausreichenden Umfang vorhanden sind bzw. über diese Kanäle angeboten werden.

Hinweis: Die digitalen Medien selbst sind nicht automatisch die Ursache psychischer Probleme. Vielmehr verstärken sie bestehende psychische Probleme, die auch normativ bspw. in der Auseinandersetzung mit den Herausforderungen der Pubertät entstehen können, z.B. über die Verstärkung von sozialem Rückzug oder eine Auseinandersetzung mit belastenden sowie nicht altersadäquaten Informationen über gesellschaftliche Krisen wie Kriege unmittelbar und ohne Pause.

2.2.4 Fehlende Hilfsangebote als Belastungsfaktor

Einhergehend mit der Zunahme der psychischen Belastungen von Schüler:innen in den vergangenen Jahren steigt auch die Zahl von Kindern, Jugendlichen und Familien, die psychosoziale Hilfe brauchen und suchen. Dies umfasst nicht allein Behandlungsmöglichkeiten für psychische Erkrankungen, sondern sehr häufig niedrigschwellige Hilfe in Form von Gesprächen mit Lehrkräften, Schulsozialarbeit oder die Inanspruchnahme von Beratungsstellen. Aktuelle Daten zeigen, dass viele Hilfesuchende jedoch kaum die Chance haben, zeitnah oder überhaupt Unterstützung zu erhalten. So ergab die bundesweite Schulleitungsbefragung der Robert Bosch Stiftung (2023b), dass es zwar an mittlerweile ca. 70 % aller Schulen Angebote der Schulsozialarbeit gebe, jedoch nur an 35 % der Schulen Angebote der Schulpsychologie ankommen würden. Zudem wurde gefragt, inwiefern die vorhandenen Angebote den Bedarf an den Schulen decken. Hier zeigt sich ein prekäres Bild: Nur 35 % der befragten Schulen gaben an, ausreichende Angebote für Schulsozialarbeit zu haben, und ca. 18 % haben nach eigenen Angaben eine bedarfsdeckende schulpsychologische Unterstützung. Damit ist in vielen Schulen für viele Kinder und Jugendliche kaum ausreichend Hilfe bei psychischen Belastungen verfügbar.

Ein ähnliches Bild zeigt sich im außerschulischen Hilfesystem. So belegen Abrechnungsdaten der Krankenkassen aus dem Gesundheitssystem, dass nur eines von zehn Kindern oder Jugendlichen mit einer diagnostizierten psychischen Erkrankung eine ambulante psychotherapeutische Versorgung bekommt (Steffen et al., 2018). Wird der Blick auf andere Hilfsangebote wie die kinder- und jugendpsychiatrische Versorgung erweitert, erhält immer noch nur die Hälfte der Betroffenen fachkundige Hilfe. Fehlende Hilfsangebote führen bei den meisten Patient:innen zu Gefühlen von Hilf- und Hoffnungslosigkeit. Fehlende Hilfe wird somit selbst zum Belastungsfaktor. So berichteten 37 % der befragten Kinder- und Jugendlichenpsychotherapeut:innen in der Studie von Plötner et al. (2023), dass die langen Wartezeiten auf einen Therapieplatz zu

2.2 Psychische Gesundheit von Kindern und Jugendlichen in der Schule

stärkeren psychischen Erkrankungen bei den behandelten Kindern und Jugendlichen führten. Die fehlende Verfügbarkeit von Hilfsangeboten belastet aber nicht nur Kinder und Jugendliche selbst, sondern auch ihre Bezugspersonen wie Eltern, aber auch Lehrkräfte, Schulpsycholog:innen und Schulsozialarbeiter:innen, die sich hilflos fühlen, wenn sie belasteten Schüler:innen keine angemessene Unterstützung vermitteln können.

Gerade diese bedenkliche Unterversorgung einer besonders vulnerablen Bevölkerungsgruppe zeigt, dass Kinder und Jugendliche bei der Ressourcenverteilung (z. B. hinsichtlich vorhandener Therapieplätze) und in gesellschaftlichen Entwicklungsprozessen (z. B. hinsichtlich sozialer Chancengleichheit) generell unzureichend berücksichtigt werden – was nicht zuletzt auch mit mangelnden Möglichkeiten zur wirksamen Partizipation junger Menschen zusammenhängt (Peter, Calvano et al., 2023; ▶ Kap. 4.1.2.3).

Insgesamt gibt es eine Reihe von ungelösten Belastungsfaktoren, denen viele Kinder und Jugendliche allgemein ausgesetzt sind (z. B. Armut) oder spezifisch in der Schule (z. B. Leistungs- und Prüfungsdruck). Hinzu kommen die direkten und indirekten Auswirkungen gesellschaftlicher Krisen – verstärkt durch einen oft ungefilterten Medienkonsum, auf den die Gesellschaft bis heute noch keine gemeinsame Antwort gefunden hat, sowie durch fehlende Hilfsangebote. Auf das Wesen dieser gesellschaftlichen Krisen und darauf, was sie für den Kontext Schule und die Entwicklung von Kindern und Jugendlichen bedeuten, werden wir im Folgenden ausführlicher eingehen.

2.3 Gesellschaftliche Krisen und ihre Auswirkungen

2.3.1 Das Wesen gesellschaftlicher Krisen

Globale, gesellschaftliche Krisen – wie die COVID-19-Pandemie, die Klimakrise etc. (▶ Kap. 2.2.3.3) – sind komplexe, weitreichende Ereignisse bzw. Phasen, die die Stabilität und Funktionsweise von Gemeinschaften, Staaten und letztlich der globalen Gesellschaft fundamental herausfordern und bedrohen können (z.B. Asbrand, Peter et al., 2024; Schäfers, 2018; Schubert & Klein, 2020). Sie unterscheiden sich von anderen Arten von individuellen oder lokalen Krisen durch die Anzahl der betroffenen Personen und Systeme sowie die Breite und Tiefe ihrer Auswirkungen: Während eine Krise in einer Schule oder eine persönliche Lebenskrise direkte, aber oft isolierte Auswirkungen haben, beeinflussen gesellschaftliche Krisen eine Vielzahl von Systemen und Beziehungen gleichzeitig und oft weltweit. Dabei können sie Kaskaden weiterer Krisen über alle Ebenen menschlicher Gesellschaften hinweg in Gang setzen (z.B. Homer-Dixon et al., 2021) – wenn bspw. eine Pandemie wie die COVID-19-Pandemie eine Wirtschaftskrise zur Folge hat oder durch die Klimakrise Kriege und Fluchtbewegungen verstärkt und dadurch Prozesse gesellschaftlicher Polarisierung in Gang gesetzt werden.

Der Kern einer gesellschaftlichen Krise liegt in ihrem Potenzial, etablierte Strukturen, Normen, Prozesse etc. einer Gesellschaft an die Grenzen ihrer Anpassungsfähigkeit zu bringen und womöglich auch darüber hinweg (vgl. Juhola et al., 2022). Dies kann aufgrund verschiedener Auslöser geschehen, wie etwa schwerwiegender wirtschaftlicher Verwerfungen, politischer Umwälzungen, Umweltkatastrophen oder Pandemien. Dabei führen Krisen zu einer signifikanten Unsicherheit in der Bevölkerung, in Institutionen und Organisationen und erfordern dringende Entscheidungen unter hohem Zeitdruck (z.B. Asbrand, Peter et al., 2024; Döring, 2022). Die

Reaktionen darauf können schnelle Anpassungen, tiefgreifende gesellschaftliche Veränderungen oder auch Versuche zur Bewahrung des Status quo umfassen.

Eine zentrale Herausforderung in gesellschaftlichen Krisen ist die Notwendigkeit, kollektiv zu handeln. Solche großen Krisenkomplexe verlangen nach koordinierten Antworten, die oft die Möglichkeiten von Organisationen, wirtschaftlichen Sektoren und ganzen Staaten überschreiten. Dabei sind die Kapazitäten und Fähigkeiten zur Bewältigung, Anpassung und Innovation (▶ Kap. 2.3.3) ebenso gefordert wie die solidarische Zusammenarbeit zwischen verschiedenen gesellschaftlichen Gruppen, die ansonsten unterschiedliche Ziele verfolgen (vgl. Niessen et al., 2021; Otto et al., 2020).

Darüber hinaus sind gesellschaftliche Krisen oft Katalysatoren für Transformationen (▶ Kap. 4), indem sie langfristige Veränderungen in politischen, ökonomischen und sozialen Strukturen bewirken können (vgl. Döring, 2022). In manchen Fällen führen sie zu Verbesserungen, z. B. durch die Einführung nachhaltigerer Technologien oder effizienterer Prozesse. In anderen Fällen können sie jedoch auch langfristige Destabilisierungen nach sich ziehen. Die effektive Bewältigung gesellschaftlicher Krisen erfordert daher nicht nur ein tiefes Verständnis der zugrunde liegenden Probleme, sondern auch die Fähigkeit, in einer komplexen Welt vorausschauend zu planen und adaptiv zu reagieren. Bildungseinrichtungen wie Schulen spielen eine entscheidende Rolle in diesem Prozess, indem sie junge Menschen bestenfalls darauf vorbereiten, mit Unsicherheiten umzugehen und die Fähigkeiten und das Wissen zu entwickeln, das sie zum Umgang mit gesellschaftlichen Krisen benötigen (vgl. Asbrand, Peter et al., 2024).

Beispiele für gesellschaftliche Krisen als Katalysatoren für Transformation
Die COVID-19-Pandemie hat bspw. in vielen Unternehmen die Arbeitskultur von vorwiegender Präsenzarbeit hin zu hybriden Arbeitsmodellen verändert. Die Ölkrise 1973 führte in der Folge zu

einem Umdenken in der Energiepolitik hin zu mehr Energieeffizienz und einer verstärkten Auseinandersetzung mit erneuerbaren Energien. Das Reaktorunglück von Fukushima besiegelte in Deutschland den zuvor bereits lange diskutierten Ausstieg aus der Energiegewinnung mittels Atomkraft.

2.3.2 Auswirkungen gesellschaftlicher Krisen auf die regionale und lokale Ebene

Die Verbindung zwischen globalen krisenhaften Ereignissen bzw. Prozessen und regionalen bis lokalen Auswirkungen auf das Schulsystem stellt ein Beispiel für die Komplexität moderner gesellschaftlicher Abhängigkeiten dar. Globale Krisen zeigen deutlich, wie komplex die Welt vernetzt ist und wie lokale Bildungseinrichtungen direkt und indirekt von Ereignissen betroffen sein können, die oft weit außerhalb ihrer unmittelbaren geografischen und kulturellen Kontexte liegen (vgl. Asbrand, Peter et al., 2024).

Globale vs. gesellschaftliche Krise
Sprachlich wird zwischen globalen und gesellschaftlichen Krisen unterschieden. Während der Begriff »globale Krise« auf weltweite Auswirkungen verweist, also das Verbreitungsgebiet definiert (quantitative Facette des Krisenbegriffs), bezieht sich der Begriff »gesellschaftliche Krise« auf den betroffenen Inhalt (qualitative Facette des Krisenbegriffs). COVID-19-Pandemie und Klimakrise sind bspw. sowohl globale Krisen als auch gesellschaftliche Krisen, weil sie bei weltweiter Verbreitung weitreichende gesellschaftliche Auswirkungen mit sich bringen. In diesem Buch sprechen wir über die Auswirkungen globaler Krisen auf unsere Gesellschaft. Wir verwenden daher primär den Begriff der »gesellschaftlichen Krise«.

2.3 Gesellschaftliche Krisen und ihre Auswirkungen

Nehmen wir die Klimakrise als eines der drängendsten Beispiele für die komplexe Verflechtung ökologischer und gesellschaftlicher Krisen: Die Zunahme von Extremwetterereignissen wie starker Stürme, Hitzewellen und Überschwemmungen stellt bspw. Schulen zunehmend vor die Herausforderung, entsprechende Notfallpläne zu entwickeln und umzusetzen, um die Sicherheit der Schüler:innen und des Personals zu gewährleisten. Darüber hinaus erfordern solche Risiken eigentlich umfassende Anpassungen in der Infrastruktur bei Schulgebäuden und Schulgeländen. In Mitteleuropa geht es dabei vor allem darum, den Schulalltag besser vor den Auswirkungen von Hitzeereignissen zu schützen, die zu den schwerwiegendsten Klimawandelfolgen zählen (vgl. Kałwak et al., 2024). Nicht zuletzt stellt die Auseinandersetzung mit der Klimakrise für Lehrkräfte wie für Kinder und Jugendliche einen psychischen Stressor dar, der im Kontext Schule nicht ignoriert werden kann (z. B. Baker et al., 2021; Peter, 2024), bislang jedoch kaum Berücksichtigung findet.

Die COVID-19-Pandemie hat zudem gezeigt, wie eine globale Gesundheitskrise das gesamte Bildungssystem bis zur örtlichen Schule von heute auf morgen und ohne Vorbereitungsphase in einen anderen Zustand versetzen kann. Schulen weltweit mussten innerhalb kürzester Zeit auf Fernunterricht umstellen, digitale Lernplattformen implementieren und Lehrkräfte sowie Schüler:innen in der Nutzung dieser neuen Technologien anleiten. Diese abrupte Veränderung hat nicht nur die herkömmlichen Lehr- und Lernmethoden infrage gestellt, sondern auch tiefgreifende Fragen zur Chancengleichheit und zum Zugang zu Bildungsressourcen neu aufgeworfen – gesellschaftliche Krisen können also auch an sozialen Grundsatzthemen wie bspw. Armut (▶ Kap. 2.2.3.1) rühren.

Geopolitische Konflikte wie Kriege und ihre wirtschaftlichen Folgen können ebenfalls direkte und indirekte Auswirkungen auf Schulen haben. Geflüchtete aus Krisenregionen führen zu einer zunehmenden Diversität in den Klassenzimmern. Somit müssen nicht nur mehr Kinder unterrichtet werden, sondern inmitten einer personellen Ressourcenkrise (Klemm, 2022) wird das Schulpersonal auch vor die Aufgabe gestellt, interkulturelle Kompetenz zu entwickeln und sprachliche sowie kulturelle Unterstützungsangebote zu integrieren. Dies erfordert eine flexible Anpassung der Unterrichtskonzeptionen und pädagogischen Ansätze, um eine inklusive Bildungsumgebung zu schaffen, die möglichst vielen Schüler:innen gerecht wird, und stellt für viele Lehrkräfte eine zusätzliche zeitliche und emotionale Belastung dar.

Ein weiteres Beispiel für die Auswirkungen globaler Entwicklungen auf Schulsysteme und Schulen sind soziale Medien (▶ Kap. 2.2.3.4), insbesondere im Kontext der zunehmenden Nutzung von Smartphones und ähnlicher Geräte durch Kinder und Jugendliche. Diese Technologien und Plattformen, die bspw. während der COVID-19-Pandemie verstärkt genutzt wurden (Lee et al., 2022), bringen neue pädagogische Herausforderungen mit sich, darunter eine Suchtgefahr durch speziell designte Spiele, ständige Erreichbarkeit und algorithmisch optimierte Inhalte, die auf maximale Nutzer:innenbindung ausgerichtet sind (z.B. Abi-Jaoude et al., 2020; Swar & Hameed, 2017; Ting & Chen, 2020). Lehrkräfte stehen vor der Aufgabe, mit der ablenkenden, vereinnahmenden Natur dieser Technologien umzugehen, die Schüler:innen auf einen kritischen Umgang mit den Inhalten vorzubereiten, aber auch das Potenzial für Bildungszwecke zu nutzen. Gleichzeitig sind sie im Schulalltag mit vorhandenen gesundheitlichen und sozialen Konsequenzen übermäßiger Mediennutzung oder destruktiver Medieninhalte (z.B. Cyber-Bullying) konfrontiert. Die Auswirkungen der raschen Fortschritte im Bereich der Künstlichen Intelligenz auf die Entwicklung junger Menschen und den Schulalltag sind aktuell insgesamt noch gar nicht absehbar.

Diese Beispiele verdeutlichen, wie globale Krisen die Notwendigkeit einer proaktiven und adaptiven Reaktion seitens der Bildungseinrichtungen erforderlich machen. Schulen und übergeordnete Institutionen müssen in der Lage sein, auf sich schnell verändernde Bedingungen zu reagieren, um eine kontinuierliche und wirksame Bildung zu gewährleisten und gleichzeitig ihrem Schutzauftrag gegenüber den Schüler:innen nachzukommen (vgl. Asbrand, Peter et al., 2024; ▶ Kap. 2.1.2.3). Dies schließt die Entwicklung von Strategien ein, die sowohl die Resilienz gegenüber externen Schocks stärken als auch die pädagogische Qualität sichern, um den Schüler:innen die Fähigkeiten zu vermitteln, die sie benötigen, um angesichts zunehmend unsicherer Lebensbedingungen bestehen zu können.

2.3.3 Bedeutung von Resilienz im Kontext von Krisenauswirkungen auf die Schule

In diesem Zusammenhang verstehen wir *Resilienz* – auch im Bildungskontext beim Umgang mit gesellschaftlichen Krisen – als *Kapazität* von Individuen, Kollektiven und Systemen,

a) auf belastende Umweltbedingungen wirksam zu reagieren,
b) sich dabei weiterzuentwickeln und
c) schließlich gezielt Einfluss auf die herausfordernden Bedingungen zu nehmen (Asbrand, Peter et al., 2024).

Resilienz kann dabei gleichzeitig als *Prozess* der Auseinandersetzung mit Krisen sowie als *Ergebnis* des Umgangs mit solchen Herausforderungen im Sinne von Erfahrungen, Bewältigungserfolgen oder erschlossenen Ressourcen verstanden werden. Schulen als Teil des gesellschaftlichen Systems sind gefordert, Resilienz auf verschiedenen Ebenen aufzubauen bzw. zu fördern.

Die Entwicklung von Resilienz in Schulen kann in Bezug auf drei wesentliche Zielstellungen erfolgen: (1) Bewältigung, (2) Adaptation sowie (3) Transformation (vgl. auch Asbrand, Peter et al., 2024). Die Bewältigung und Adaptation beziehen sich auf die akute bzw. kurzfristige Reaktion und Anpassung gegenüber krisenhaften Bedingungen, um sofortige Auswirkungen zu mildern und die Funktionsfähigkeit aufrechtzuerhalten. Transformation hingegen zielt auf langfristige, grundlegende Veränderungen, die das System widerstandsfähiger gegen zukünftige Störungen machen und bestehende krisenhafte Bedingungen beenden (▶ Kap. 4.1.1). In der schulischen Praxis bedeutet dies, dass sowohl die Bewältigung akuter Krisen als auch die Vorbereitung auf zukünftige Herausforderungen durch Bildung und Kompetenzentwicklung sowie Schulentwicklung (▶ Kap. 3) adressiert werden müssen.

Überwiegend werden in den Fachwissenschaften als grundsätzliche Herausforderungen im Umgang mit sozial-ökologischen Krisen vor allem die Felder Adaptation und Transformation thematisiert. Für das psychosoziale Feld kann es jedoch hilfreich sein, die Adaptation von der akuten Bewältigung zusätzlich abzugrenzen. Keck und Sakdapolrak (2013) sprechen in diesem Zusammenhang von »coping capacities« (Bewältigungskapazität: kurzfristiges Absorbieren von Schocks; Ziel: Wiederherstellung des Wohlbefindens), »adaptive capacities« (adaptive Kapazität: längerfristige Sicherstellung von Wohlbefinden durch schrittweise Anpassungen) und »transformative capacities« (transformative Kapazität: Verbesserung des gegenwärtigen und zukünftigen Wohlbefindens durch radikalere Veränderungen). Zu den transformativen Kapazitäten zählen auch »participative capacities« (also partizipative Kapazitäten), da es hierbei u. a. darum geht, Unterstützung aus dem gesellschaftlichen Umfeld (z. B. der Zivilgesellschaft) mit einzubeziehen und an Entscheidungsprozessen teilzuhaben.

Ein praxisorientierter Ansatz zur Entwicklung und Gestaltung resilienter sozialer Infrastrukturen und resilienzfördernder Interaktionen und Lerngelegenheiten in Schulen kann durch eine Sechs-Felder-Tafel dargestellt werden (▶ Tab. 1; sie stellt eine Erweiterung der ursprünglichen Vier-Felder-Tafel um den Aspekt der Bewältigung dar; Asbrand, Peter et al., 2024; Niessen et al., 2021; Niessen & Peter, 2022). Diese verbindet die Zielstellungen der akuten Bewältigung (Coping), der Anpassung an (irreversible) Veränderung (Adaptation) und der Einflussnahme auf Entwicklung (Transformation) auf der individuellen und den sozialen Ebenen und spannt dadurch einen Möglichkeitsraum für verschiedene Ansatzpunkte auf. Auf der individuellen Ebene geht es bspw. darum, Kapazitäten wie emotionale Selbstregulation und soziale Kompetenzen zu stärken. Auf der kollektiven Ebene (z. B. der Klasse oder der gesamten Schule) würde dies wiederum die Schaffung eines unterstützenden Umfelds bedeuten, das den Mitgliedern der Schulgemeinschaft hilft, gemeinsam auf Stressoren zu reagieren und die gesamte Institution resilienter zu gestalten (▶ Kap. 3.2).

Tab. 1: Sechs-Felder-Tafel zur Entwicklung und Gestaltung von Resilienz in der Schule

	Bewältigen	**Anpassen**	**Entwickeln**
Individuen	Fokussiert darauf, wie mit akuten Herausforderungen individuell umgegangen wird. Es geht z. B. darum, Strategien zu entwickeln, um Stress zu managen und aus schwierigen Situationen gestärkt hervorzugehen.	Hier geht es um die persönliche Flexibilität und Offenheit gegenüber Veränderungen im Schulkontext. Lehrkräfte entwickeln z. B. Fähigkeiten, um mit den dynamischen Anforderungen des Berufs dauerhaft umgehen zu können.	Betrifft die persönliche Weiterentwicklung und das innere Wachstum. Lehrkräfte erkennen und nutzen z. B. Möglichkeiten zur beruflichen Weiterbildung und zur Erweiterung ihrer pädagogischen Kompetenzen.
Kollektiv	Hier steht die Fähigkeit im Vordergrund, als Team auf akute Herausforderungen zu reagieren. Dies umfasst das Teilen von Belastungen, gegenseitige Unterstützung und das gemeinsame Lernen aus Fehlern sowie die Unterstützung der Kinder und Jugendlichen.	Wie gut kann das Kollegium gemeinsam auf grundlegende Veränderungen in Bildungsstandards, Curricula oder Technologie reagieren? Kooperative Teamarbeit und gemeinsames Problemlösen unter Zeitdruck sind hier zentrale Felder.	Die Entwicklung als Team bzw. Organisation steht hier im Fokus. Es geht darum, wie das Kollegium gemeinsam neue pädagogische Ansätze entwickeln und implementieren kann, die die gesamte Schule voranbringen.

Effektive Resilienzstrategien in Schulen erfordern eine integrierte Herangehensweise, die alle Handlungsfelder berücksichtigt und miteinander verbindet. Dies schließt ein, dass Maßnahmen zur

Stärkung der individuellen Resilienz immer auch in den Kontext kollektiver Bemühungen eingebettet sind. Beispielsweise kann die Förderung von Problemlösefähigkeiten und Selbstwirksamkeit bei Schüler:innen im Klassenverband durch schulweite Programme ergänzt werden, die resilienzfördernde Strukturen wie Peer-Support-Netzwerke, demokratische Gremien mit Mitbestimmungsrechten und Entscheidungsmacht oder Kriseninterventionsteams etablieren. Neben solchen handlungsorientierten Resilienzfaktoren ist mit Blick auf die vielfältigen negativen Konsequenzen von Krisen auch wichtig, die Aufrechterhaltung von Gesundheit und Wohlbefinden nicht aus den Augen zu verlieren (Asbrand, Peter et al., 2024).

2.3.4 Mehrfachbetroffenheit von Kindern und Jugendlichen in gesellschaftlichen Krisen

Das Aufwachsen junger Menschen findet heute in einer sehr unsicheren und von Krisen geplagten Welt statt – ihre Bezugspersonen und die für sie relevanten Institutionen stehen unter dauerhaftem Stress (El-Mafaalani et al., 2025). Kinder und Jugendliche sind von den direkten und indirekten Auswirkungen der Krisen vielfach betroffen (▶ Kap. 2.2.3.3), was ihre Entwicklung, ihr subjektives Wohlbefinden und schließlich auch ihre psychische Gesundheit beeinträchtigen kann (Peter, Dohm et al., 2023). Durch globale Umweltveränderungen erfahren Kinder und Jugendliche eine Reihe direkter Belastungen, wie physiologischen und psychischen Stress durch Extremwetterereignisse oder gesundheitliche Risiken durch verschlechterte Luftqualität (Eichinger et al., 2023; Holzinger, 2024; Lob-Corzilius & Weimann, 2021). Akute Auswirkungen wie Katastrophenereignisse sind unmittelbar und können Traumata bzw. chronische Gesundheitsprobleme nach sich ziehen. Indirekte Belastungen ergeben sich aus den langfristigen Auswirkungen von Krisen, wie dem Verlust sozialer Infrastrukturen, Unterbrechungen im Bildungsweg oder der zunehmenden Unsicherheit bezüglich der eigenen Zukunft. Zugleich stellt sich die gesellschaftliche Situation für viele Kinder und Jugendliche insgesamt als prekär dar: fehlende Beteiligungsmöglichkeiten, mangelhafte politische Berücksichtigung, Armut und eingeschränkte Bildungschancen sowie soziale Unterstützungssysteme und Bildungsinstitutionen, die oft nicht ausreichend unterstützen können (vgl. El-Mafaalani et al., 2025; Peter, Calvano et al., 2023).

Entwicklungspsychologisch betrachtet sind Kindheit und Jugend sehr sensible Lebensphasen (z. B. Peter & Petermann, 2021). Die psychosozialen und kognitiven Entwicklungsprozesse, die in diesen Jahren stattfinden, sind entscheidend für die spätere Lebenszufriedenheit und die Funktionsfähigkeit als Erwachsene, also bspw. die soziale Integration, die Belastbarkeit in Beruf oder Familie oder die psychische Gesundheit (z. B. Hughes et al., 2017). Die Mehrfachbetroffenheit durch Umweltkrisen kann diese Entwicklungsprozesse nachhaltig stören, indem sie u. a. nicht nur die physische, sondern auch die soziale und emotionale Sicherheit der Kinder und Jugendlichen beeinträchtigt.

Die psychischen Folgen dieser Mehrfachbelastung können tiefgreifend sein und mit erhöhten Risiken für emotionale, kognitive und soziale Entwicklungsprobleme einhergehen. Diese können sich in Verhaltensauffälligkeiten, Lernschwierigkeiten, Angstzuständen sowie Depressionen und anderen psychischen Erkrankungen manifestieren (▶ Kap. 2.2.1). Dies macht es notwendig, dass Fachkräfte im Bildungswesen – sowie auch im pädiatrischen Gesundheitswesen – solche Risiken erkennen und geeignete präventive sowie intervenierende Maßnahmen entwickeln (vgl. Asbrand, Peter et al., 2024; Eichinger et al., 2023).

2.3.5 Die Rolle von Bildungseinrichtungen in gesellschaftlichen Krisen

Bildungseinrichtungen spielen eine zentrale Rolle bei der Bewältigung dieser Herausforderungen. Sie müssen mit ihren (personellen wie sächlichen) Ressourcen und Prozessen resilient gegenüber den

2 Status quo: Schule und gesellschaftliche Krisen

Auswirkungen von Krisen sein und gleichzeitig Unterstützungssysteme darstellen, die den Kindern und Jugendlichen ermöglichen, Resilienz gegenüber den vorhandenen und drohenden Belastungen aufzubauen (vgl. z. B. Lass-Hennemann et al., 2024). Die genannte Mehrfachbetroffenheit von Kindern und Jugendlichen in gesellschaftlichen Krisen erfordert gerade vom Personal in Bildungseinrichtungen ein umfassendes Verständnis für

a) Zusammenhänge (z. B. zwischen Erderhitzung, Hitzewellen und Hitzestress),
b) Konsequenzen (z. B. Lern- bzw. Leistungsbeeinträchtigungen und gesundheitliche Gefahren durch Hitzestress bei Kindern und Jugendlichen) und
c) mögliche Maßnahmen (z. B. Hitzeschutzpläne für Schulen; Beschattung und Begrünung von Schulhöfen; Förderung von Selbstwirksamkeit).

Dabei ist entscheidend, dass junge Menschen nicht allein als passive Opfer bzw. Betroffene gesehen werden, sondern dass ihre aktive Rolle in der Bewältigung gesellschaftlicher Krisen anerkannt und gefördert wird (vgl. Asbrand, Peter et al., 2024; Kenner & Nagel, 2023; Kenner & Neuhof, 2024; Brown et al., 2023; Lass-Hennemann et al., 2024; Rasfeld, 2021).

Bildungseinrichtungen haben nicht zuletzt das Potenzial, nicht nur auf Krisen zu reagieren, sondern aktiv zu deren Bewältigung beizutragen. Insbesondere durch die umfassende, fächerübergreifende Integration (*whole institution approach*; z. B. Holst et al., 2024) von Themen zur nachhaltigen Entwicklung und Transformation in die Lehrpläne (▶ Kap. 2.1.3) können sie eine wichtige gesellschaftliche Rolle spielen (Otto et al., 2020). Derzeit fehlt es jedoch oft an tiefgehenden Ansätzen wie dem ganzheitlichen Lernformat FREI DAY (Rasfeld, 2021; ▶ Kap. 5.5.2.1), welche die klassischen Schul- und Unterrichtsstrukturen verlassen (Holst et al., 2024).

Bildungseinrichtungen haben auch diese Aufgabe: Sie sollen nicht einfach den Status quo bewahren, sondern da, wo es erforderlich ist, an der gesellschaftlichen Entwicklung mitwirken. Dazu gehört es auch, die Grundlagen für einen verantwortungsbewussten Umgang mit den menschlichen Lebensgrundlagen zu legen (vgl. Holst, 2023). Eine solche Bildung für eine nachhaltige Entwicklung erfordert dabei nicht nur die Vermittlung deklarativen Wissens, sondern auch das gemeinsame Ausprobieren im Schutzraum Schule (z.B. Asbrand, Peter et al., 2024). Neben positiven sozialen und gesellschaftlichen Effekten hilft dies schließlich auch, mit dem Krisenerleben besser umgehen zu können.

2.4 Unser Bildungs- und Gesundheitssystem zusammengefasst

Das Bildungssystem hat in einem modernen Verständnis nicht primär die Aufgabe, Kinder und Jugendliche auf den Arbeitsmarkt vorzubereiten, sondern sie wirksam dabei zu begleiten, sich als mündige Bürger:innen in einer Demokratie weiterzuentwickeln und Einfluss auf gesellschaftliche Entwicklungen nehmen zu können. Zugleich treffen sich im System Schule Kinder und Jugendliche, die psychisch teilweise stark belastet sind. Dies stellt Lehrkräfte, aber auch das System Schule vor Herausforderungen. Die psychische Gesundheit ist mit vielen gesellschaftlichen Strukturen und Entwicklungen eng verwoben, von Armut über Medienkonsum und Leistungsdruck bis hin zur Auseinandersetzung mit globalen Krisen. Letztere bringen die Gesellschaft insgesamt, aber auch die Schule – insbesondere durch die Gleichzeitigkeit und Permanenz ihres Auftretens – an die Grenzen der Belastbarkeit. Der Schule kommt dabei die besondere Aufgabe zu, die ihr anvertrauten Kinder und Jugendlichen zu schützen, sie aber auch bei der Transformation der Gesellschaft zu einem besseren Umgang mit Umwelt und Natur sowie miteinander zu begleiten. Welche Möglichkeiten zur Prävention und Intervention zur Förderung der psychischen Gesundheit und des Aufbaus von positiven Bewältigungsstrategien im Umgang mit Krisen zur Verfügung stehen, wird im Folgenden herausgearbeitet.

3 Schulische Prävention und Krisenbewältigung

3.1 Von schulischer Prävention bis Intervention

Der Umgang mit gesellschaftlichen Krisen im Schulkontext erfordert die Integration von Präventions- und Interventionskonzepten, um Schüler:innen frühzeitig Unterstützung zu bieten und langfristige Auswirkungen auf ihre psychische Gesundheit zu minimieren. Wir stellen im Folgenden Konzepte und Ansätze schulischer Präventionsarbeit vor, die bedeutsam für ein gesundes und sicheres Aufwachsen von Kindern und Jugendlichen sind. Diese Ansätze aus einer psychologischen Perspektive lassen sich nicht ohne Weiteres übertragen auf (bildungs-)politische Debatten bspw. zu »Extremismusprävention«. Politische Einflussnahme auf Bildung im Sinne eines instrumentellen bzw. funktionalistischen Charakters widerspricht dem emanzipatorischen Selbstverständnis politischer Bildung (zur Kritik an dem Konzept u. a. Achour & Gill, 2020; Widmaier, 2022).

Präventive Maßnahmen für ein gesundes Aufwachsen stärken die Resilienz (▶ Kap. 2.3.3) und fördern den Umgang mit Unsicherheiten, während gezielte Interventionen dazu beitragen, akute Belastungen zu bewältigen und negative Entwicklungen auszubremsen. Es gibt verschiedene Formen und Ansätze von Prävention, die sich unterscheiden hinsichtlich des Zeitpunktes (Primär-, Sekundär- und Tertiärprävention), des Settings und der Zielgruppe (universelle, selektive und indizierte Prävention) sowie hinsichtlich der Zielvariable (Verhaltens- und Verhältnisprävention). Tabelle 2 fasst die jeweiligen Kernaspekte zusammen. Präventionsansätze können

3 Schulische Prävention und Krisenbewältigung

verschiedene Merkmale vereinen, wie die primärpräventive Verhaltensprävention (Programme für alle Kinder in der Grundschule zur Prävention des Rauchens) oder die tertiärpräventive Verhältnisprävention (schulweite Ansätze zur Krisenintervention).

Tab. 2: Überblick Formen und Ansätze von Prävention

Unterscheidung nach Zeitpunkt	Definition	Beispiel
Primärprävention	Programme, die vor Eintreten einer Belastung, einer Erkrankung oder eines bestimmten Verhaltens ansetzen	Präventionsansätze in der Grundschule zur Verhinderung des Nikotin- und Cannabiskonsums
Sekundärprävention	Programme, die in Frühstadien einer Erkrankung oder in Risikogruppen greifen	Präventionsansätze zur Resilienzförderung bei Kindern psychisch erkrankter Eltern
Tertiärprävention	Präventionsprogramme für schon Betroffene oder chronisch erkrankte Personen	Programme zum Umgang mit einer chronischen Erkrankung
Unterscheidung nach Setting und Zielgruppe	**Definition**	**Beispiel**
Universelle Prävention	Programme, die sich an alle wenden	Bundesweite Plakatkampagne zur Prävention sexuell übertragbarer Krankheiten
Selektive Prävention	Programme für bestimmte (Risiko-)Gruppen	Anti-Mobbing-Kurse in einer Schule
Indizierte Prävention	Programme, die sich an Personen richten, die schon erste Anzeichen einer Erkrankung oder eines bestimmten gesundheitsschädigenden Verhaltens aufweisen	Prävention von Cannabiskonsum bei rauchenden Jugendlichen

3.1 Von schulischer Prävention bis Intervention

Tab. 2: Überblick Formen und Ansätze von Prävention – Fortsetzung

Unterscheidung nach Zielvariable	Definition	Beispiel
Verhaltensprävention	Programme, die ein bestimmtes Verhalten ändern möchten	Stresspräventionsprogramme
Verhältnisprävention	Programme, die an Umgebungsbedingungen ansetzen, um gesundheitsschädigendes Verhalten oder Erkrankungen zu reduzieren	ein schulweites Programm zur Prävention von Gewalt und Bullying unter Schüler:innen

Grundsätzlich lassen sich Intervention und Prävention dadurch unterscheiden, dass präventive Ansätze überwiegend darauf abzielen, ein Ereignis oder eine Belastung zu verhindern (z. B. Bullyingprävention in der Schule), wohingegen Interventionsansätze dann greifen, wenn ein Ereignis oder eine Belastung schon eingetreten ist (z. B. Krisenintervention in der Schule). Intervention und Prävention unterscheiden sich somit im Anlass – unabhängig davon können die Ziele sehr ähnlich oder identisch sein. So zielen beide Ansätze auf die Resilienz gegenüber Krisen und die Aufrechterhaltung bzw. Wiederherstellung von Wohlbefinden (▶ Kap. 2.3.3). Ähnlichkeiten sind ebenso in den eingesetzten Strategien zu finden: So können Stressbewältigungsmethoden sowohl präventiv zum Üben eingesetzt werden als auch interventiv in oder nach stressreichen Situationen. Zudem können Interventionsmaßnahmen präventive Effekte haben (z. B. Krisenintervention als Vorsorge gegen langfristige psychische Schädigungen) ebenso wie präventive Ansätze auch gleichzeitig eine kurzfristige Intervention darstellen können (z. B. die frühzeitige Reaktion gegenüber ersten Belastungsanzeichen). Gerade im schulischen Kontext ist eine strikte Trennung beider Praxisfelder deshalb insgesamt nicht möglich und letztlich auch nicht erforderlich (so soll ein Anti-Bullying-Konzept sowohl das Auftreten von Mobbing unter

Schüler:innen verhindern als auch bestehendes Bullying beenden helfen).

Im Kontext dieses Buchs bevorzugen wir insgesamt den Begriff der Prävention und beziehen diesen auf Maßnahmen, die innerhalb des Bildungssystems stattfinden. Den Begriff der Intervention sehen wir eher im Zusammenhang mit Maßnahmen zur Stabilisierung und Verbesserung der psychischen Gesundheit, die in der Regel außerhalb des Bildungssystems erbracht werden, z. B. durch das Gesundheitssystem oder den Kinder- und Jugendschutz.

Prävention im Kontext Schule kann in strukturierten Programmen erfolgen, die bewertet nach Effektivität und Evidenz auf der sogenannten *Grünen Liste*[2] zusammengestellt sind. Es lassen sich hier gezielt Programme nach Kontexten (Familie, Schule oder KiTa, Kinder/Jugendliche, Nachbarschaft), nach Themen (u. a. Bullying/Mobbing, Gewalt, Schulabbruch, Depression), nach verschiedenen Risiko- und Schutzfaktoren sowie nach Präventionstyp (universell, selektiv, indiziert), Alter und Geschlecht suchen. Für den Kontext Schule lassen sich diese strukturierten und evaluierten Programme unterteilen in solche, die Risikofaktoren adressieren (z. B. Lernrückstände schon seit der frühen Grundschule, fehlende Bindung zur Schule, frühes und anhaltendes antisoziales Verhalten), oder Schutzfaktoren (z. B. Gelegenheit zur prosozialen Mitwirkung).

> **Exkurs**
> Aktuell entsteht eine Datenbank von evidenzbasierten Präventionsangeboten speziell für die psychische Gesundheit über das Deutsche Zentrum für psychische Gesundheit (DZPG) von Kindern und Jugendlichen:
>
> https://www.uni-marburg.de/de/fb04/dzpg/youth-mental-health-infrastruktur

---

2 https://www.gruene-liste-praevention.de/

Hierbei ist jedoch wichtig hervorzuheben, dass die Möglichkeiten und Notwendigkeiten schulischer Prävention und Krisenbewältigung nicht an die jeweilige Verfügbarkeit und Umsetzbarkeit strukturierter Programme (z. B. solche von externen Anbietern, bspw. »Gemeinsam Klasse sein« oder »MindMatters«) gebunden sind, sondern vielmehr systemisch zu denken sind: Sie müssen ansetzen auf Ebene der Schüler:innen, des Klassenverbands sowie auf Ebene der Schule selbst und dabei sowohl Schüler:innen als auch Lehrkräfte adressieren (vgl. Ministerium für Bildung Sachsen-Anhalt, 2018). Bestenfalls werden sie von Personen durchgeführt, die mit den Kindern und Jugendlichen bereits gut und stabil in der Beziehung stehen.

Da alle Kinder und Jugendlichen im schulpflichtigen Alter in der Schule zu erreichen sind, stellt diese ein besonders vielversprechendes Setting für Prävention dar. Während viele Programme sich auf die Förderung der psychischen oder körperlichen Gesundheit bzw. der Prävention von Gesundheitsrisiken (z. B. Nikotin- oder Cannabiskonsum) fokussieren, liegen bislang noch keine Programme vor, die sich a) mit dem Einfluss und dem Umgang mit gesellschaftlichen Krisen befassen und dabei b) einen ganzheitlichen und gleichzeitig c) partizipativen Ansatz verfolgen. Die nachfolgenden Abschnitte stellen die Möglichkeiten ganzheitlicher schulischer Prävention vor und wenden diese im Kontext Krisenbewältigung an.

3.2　Ganzheitliche Prävention in der Schule

In einer Zeit, in der Schulen zunehmend mit gesellschaftlichen Herausforderungen konfrontiert sind – von Umweltkrisen bis hin zu gesellschaftlichen Spannungen (▶ Kap. 2.3) –, gewinnt das Konzept der ganzheitlichen Prävention stärker an Bedeutung. Ganzheitliche Prävention umfasst dabei mehr als nur die Abwehr spezifischer Risiken: Sie zielt darauf ab, eine umfassende Resilienz im Sinne einer

Bewältigungs-, Anpassungs- und Gestaltungsfähigkeit (vgl. ▶ Tab. 1: Sechs-Felder-Tafel) bei den Schüler:innen zu fördern, um sie auf eine breite Palette von Risiken und konkreten Krisensituationen vorzubereiten (vgl. Fröhlich-Gildhoff & Rönnau-Böse, 2021; Josupeit et al., 2024; Peter, 2023).

3.2.1 Warum »ganzheitlich«?

Der Begriff »ganzheitlich« in Bezug auf Präventionsmaßnahmen in der Schule bedeutet, dass die einzelnen Anstrengungen nicht isoliert betrachtet werden, sondern – ganz im Sinne eines *whole school approach* (z. B. Holst, 2023b; ▶ Tab. 3) – in einen umfassenden Kontext eingebettet sind, der sowohl die individuellen Bedürfnisse der Schüler:innen als auch das gesamte schulische Umfeld inklusive der Lehrkräfte als maßgebliche Akteur:innen berücksichtigt. Über verschiedene Schlüsselelemente hinweg wird dabei ein mehrdimensionaler Raum aufgespannt:

- *Multifaktorielle Perspektive:* Ganzheitliche Prävention geht über die Fokussierung auf einzelne Problembereiche wie Gewalt oder mentale Gesundheit hinaus und bezieht eine breite Palette von Faktoren mit ein, die das Wohlbefinden und die Entwicklung von Kindern und Jugendlichen beeinflussen können. Dazu gehören emotionale, soziale, physische, kognitive und umweltbedingte Aspekte (vgl. biopsychosozialökologisches Modell, ▶ Kap. 2.2.1).
- *Berücksichtigung aller Ebenen:* Die Präventionsarbeit umfasst individuelle, klassenbezogene, schulweite (hierbei wären auch die Kollegien zu berücksichtigen) und umfeldbezogene Maßnahmen. Dies bedeutet, dass Präventionsstrategien sowohl auf einzelne Schüler:innen als auch auf Gruppen innerhalb konkreter Schulen sowie die Beziehung der Schule zu ihrer jeweiligen Umgebung ausgerichtet sind (▶ Kap. 2.3.4).
- *Integration in die Schulentwicklung:* Ganzheitliche Präventionsansätze sind integraler Bestandteil der Schulentwicklungskonzepte.

Sie sind in den Schulalltag und die pädagogischen Strategien der Schule eingebettet und beeinflussen die Ausgestaltung von Lehrplänen, Unterrichtsentwürfen, den Unterrichtsstil der Lehrkräfte, den Einbezug des schulischen Ressourcensystems, das Schulklima und die Schulkultur, wozu auch Aspekte der Partizipation gehören.

- *Einbeziehung von Interessengruppen:* Ganzheitliche Prävention erfordert, auch im partizipativen Sinne (▶ Kap. 4.3), die aktive Einbeziehung aller relevanten Akteur:innen – Lehrkräfte, Schulleitung, Schüler:innen, Eltern, die schulischen Unterstützungssysteme und die lokale Gemeinschaft (z.B. die kommunale Verwaltung, Vereine und Verbände, kulturelle und soziale Träger etc.). Durch diese Herangehensweise wird sichergestellt, dass Präventionsansätze breit unterstützt und wirksam umgesetzt werden.
- *Förderung ganzheitlicher Resilienz:* Ein ganzheitlicher Ansatz zielt darauf ab, die Resilienz und somit auch Gesundheit der Schüler:innen ganzheitlich zu stärken (▶ Kap. 2.3.3 und ▶ Kap. 3.2.2), indem er sie befähigt, Probleme zu erkennen, kritisch zu reflektieren und Lösungen zu entwickeln, die schließlich auch in die Tat umgesetzt werden können. Dies schließt die Förderung von Bewältigungskompetenzen, Lebenskompetenzen, sozialen Kompetenzen und von individuellen, partizipativen und kollektiven Wirksamkeitserfahrungen mit ein.

Während viele Präventionsprogramme darauf abzielen, Probleme zu verhindern, bevor sie auftreten (proaktive Prävention), erkennen ganzheitliche Ansätze auch die Notwendigkeit an, auf bestehende Probleme zu reagieren (reaktive Maßnahmen) und aus diesen Erfahrungen zu lernen, um mit zukünftigen Herausforderungen besser umgehen zu können. Damit werden auch die Dimensionen Primär-, Sekundär- und Tertiärprävention (▶ Abb. 2) aufgegriffen und als Prozess der Interaktion des Systems Schule mit Herausforderungen im und außerhalb des schulischen Kontextes über die Zeit hinweg dargestellt. Ganzheitliche Prävention hat das Ziel, Gefahren abzuwehren, Risiken für Krisen zu minimieren und die Kapazitäten zur Bewältigung von Krisen zu maximieren und dabei aus der Auseinandersetzung mit konkreten Krisensituationen zu lernen.

Tab. 3: Kernprinzipien des Whole-School-Approach nach Holst (2023b)

Prinzipien	Beschreibung	Handlungsfelder
Kohärenz	Sicherstellung, dass alle schulischen Aktivitäten und Entscheidungen im Einklang mit den übergeordneten Prinzipien der Schule stehen	z. B. Schulleitung, Ausgestaltung der Lehrpläne, Schulorganisation
kontinuierliches Lernen	Förderung eines fortlaufenden Lernprozesses für alle Mitglieder der Schulgemeinschaft	z. B. professionelle Weiterbildung für Lehrkräfte, Integration spezifischer Themen in den Unterricht, thematische Elternabende
Partizipation	Einbeziehung aller relevanten Akteur:innen, einschließlich Schüler:innen, Kollegium, Eltern und lokaler Gemeinschaft in Entscheidungsprozesse und Projekte	z. B. Beteiligungsstrukturen für Schüler:innen, Zusammenarbeit mit externen Partner:innen, flache Hierarchien im Kollegium
Verantwortung	Übernahme von Verantwortung für die Auswirkungen schulischer Aktivitäten, bspw. auf die Umwelt oder die Gesellschaft (lokal wie global)	z. B. Umwelt- und Energiemanagement der Schule, soziale Projekte, Demokratieförderung
langfristiges Engagement	Verpflichtung zu prinzipiengeleitetem Denken und Handeln (z. B. Nachhaltigkeit, Demokratie), das über kurzfristige Projekte hinausgeht und in die langfristige Schulentwicklung integriert ist	z. B. kontinuierliche Evaluation und Übertragung der Evaluationsergebnisse auf die weitere Schulentwicklung, nachhaltige Gestaltung der Infrastruktur

3.2.2 Ganzheitliche Prävention und ganzheitliche Resilienz

Die Begriffe Prävention und Resilienz tauchen oft gemeinsam auf. Ganzheitliche Prävention und ganzheitliche Resilienz sind eng miteinander verbundene, jedoch unterscheidbare Konzepte im Kontext der schulischen Bildung und Entwicklung (vgl. z. B. Fröhlich-Gildhoff & Rönnau-Böse, 2021). Beide Ansätze streben im Kontext Schule danach, Schüler:innen sowie die Schulgemeinschaft als Ganzes zu stärken, setzen dabei allerdings unterschiedliche Schwerpunkte. So zielt ganzheitliche Prävention – durchaus im Sinne von Resilienz (▶ Kap. 2.3.3) – darauf ab, potenzielle Probleme und Krisen zu verhindern, bevor sie überhaupt auftreten. Dies geschieht durch das Erkennen und Minimieren von Risikofaktoren in der Schulumgebung und im Leben der Schüler:innen. Zu möglichen präventiven Maßnahmen von psychischen Erkrankungen und Belastungen gehören:

- *Bildung und Aufklärung*, die bspw. auf die Förderung gesunder Lebensweisen und die Vermeidung von Risikoverhalten abzielen (hierzu kann auch der Bereich der Psychoedukation gezählt werden, der darauf zielt, Menschen über psychische Belastungen bzw. Erkrankungen, deren Ursachen, Verlauf und Bewältigungsmöglichkeiten aufzuklären).
- Die Schaffung einer *sicheren und unterstützenden Schulumgebung*, die gewaltfreie Interaktionen, positive soziale Beziehungen und ein Klima des »Hinschauens und sich Kümmerns« fördert, in dem alle Schulmitglieder möglichst aufmerksam, einfühlsam und verantwortungsbewusst miteinander umgehen (dazu gehört u. a. auch ein transparentes Unterstützungssystem).
- *Strukturelle und organisatorische Bedingungen* in der Schule, die darauf abzielen, alle Aspekte des Schullebens (physisch, sozial, pädagogisch, mental) zu verbessern.

Ganzheitliche Resilienz fokussiert demgegenüber auf die *Kapazität* von Individuen und der Schulgemeinschaft, wirksam auf Herausforderungen, Stress und Krisen zu reagieren, sich davon – im Ergebnis – möglichst rasch zu erholen und gestärkt daraus hervorzugehen (vgl. Asbrand, Peter et al., 2024; Fröhlich-Gildhoff & Rönnau-Böse, 2021; ▶ Kap. 2.3.3). Während ganzheitliche Prävention also darauf abzielt, negative Einflüsse und Risiken von vornherein zu vermeiden, bereiten Ansätze zur Förderung einer ganzheitlichen Resilienz Individuen, Gemeinschaften und Systeme darüber hinaus darauf vor, mit unvermeidbaren oder unvorhergesehenen Herausforderungen und Stressoren umzugehen. In der Praxis überlappen sich beide Bereiche und ergänzen einander (vgl. z.B. Kalisch et al., 2017; Sher, 2019; Zimmerman et al., 2013):

- *Präventive Maßnahmen* können resilienzfördernd sein, indem sie eine Umgebung schaffen, die bspw. die psychische Gesundheit unterstützt oder Bewältigungskapazitäten aufbaut.
- *Resilienzfördernde Aktivitäten* können präventiv wirken, indem sie die Wahrscheinlichkeit verringern, dass Schüler:innen oder Lehrkräfte auf Herausforderungen mit unwirksamen Verhaltensweisen bzw. gesundheitsschädigenden Strategien reagieren.

Die Integration von Präventions- und Resilienzstrategien in das System Schule und den Schulalltag stärkt nicht nur die individuelle Bewältigungskapazität der Schüler:innen, sondern auch die institutionelle Fähigkeit der Schule, auf vielfältige Herausforderungen proaktiv und adaptiv zu reagieren und bestenfalls Krisen zu verhindern, die die Anpassungsgrenzen des jeweiligen Systems sprengen bzw. die Bewältigungsmöglichkeiten der Mitglieder des Systems überfordern. Dabei kommt dem Bereich der Verhältnisprävention (▶ Abb. 2) eine besondere Bedeutung zu.

Hinweis: Prävention ist wie ein Brandschutzsystem, das Feuer verhindert, bevor es entstehen (proaktive Prävention) bzw. sich zu einem Großbrand entwickeln kann (reaktive Prävention), während Resilienz eine Art Notfallplanung bzw. Notfalltraining darstellt, um Menschen darauf vorzubereiten, sicher und handlungsfähig zu bleiben, wenn doch ein unerwarteter Brand ausbricht. Zusammen sorgen Präventionsmaßnahmen und Resilienzkapazität dafür, dass sowohl die Gefahr minimiert als auch die Bewältigung von Krisen gewährleistet wird.

3.2.3 Verhältnisprävention als Kern schulischer Präventionsansätze

Verhältnisprävention in Schulen konzentriert sich darauf, die Umgebung und Bedingungen zu gestalten, unter denen Schüler:innen lernen und interagieren. Dieser Ansatz zielt darauf ab, die schulischen Rahmenbedingungen so zu optimieren, dass sie präventiv gegenüber einer Vielzahl von Risiken wirken. Indem die gesamte Schulkultur – von den Räumen bis hin zu den interpersonalen Beziehungen und organisatorischen Strukturen – in die Präventionsarbeit einbezogen wird, lässt sich das Wohlbefinden aller Schüler:innen wirksamer fördern, als wenn nur einzelne Individuen oder Gruppen fokussiert werden würden. Dabei lassen sich Präventionsmaßnahmen anhand ihrer zeitlichen Perspektive unterscheiden (► Abb. 2):

- *langfristige Vorbeugung:* zielt bspw. auf die Entwicklung und Sicherung einer positiven Schulkultur (► Tab. 3);
- *anlassbezogene Interventionen:* zielen auf konkrete aktuelle Gefahren, Risiken oder krisenhafte Situationen zur Vorbeugung einer weiteren Eskalation oder einer Überforderung der Bewältigungsmöglichkeiten;
- *Nachsorge:* legt den Fokus darauf, Rückfälle in bereits überwundene Krisensituationen zu verhindern und ein »Lernen aus Fehlern« zu ermöglichen – womit sich der Kreis zu den Inhalten der langfristigen Vorbeugung wieder schließt.

3 Schulische Prävention und Krisenbewältigung

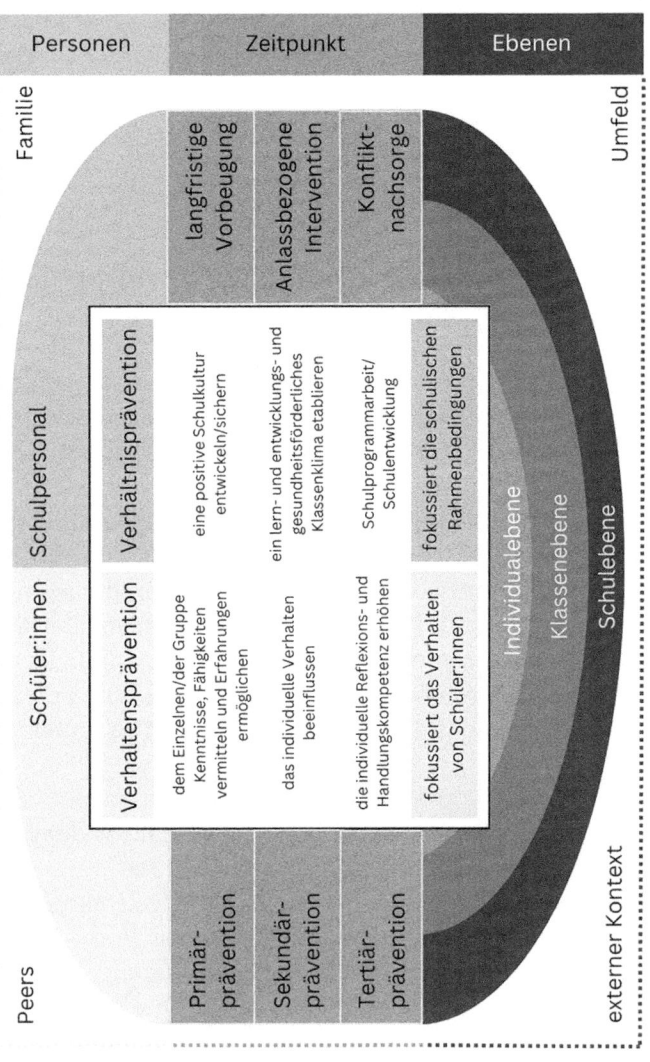

Abb. 2: Dimensionen ganzheitlicher Prävention in der Schule. ›Kontext‹ i. S. von rechtlichen, strukturellen und administrativen Rahmenbedingungen; ›Umfeld‹ i. S. v. räumlicher und sozio-demografischer Umgebung (eigene Darstellung nach Landesschulamt Sachsen-Anhalt, 2020; mit freundlicher Genehmigung)

Schulen, die einen solchen integrierten Ansatz verfolgen, erkennen an, dass Präventionsarbeit nicht nur in speziellen Programmen stattfindet, sondern in jedem Aspekt des schulischen Lebens. Zum Beispiel kann ein strukturierter und gut organisierter Unterricht, der alle Schüler:innen einbezieht, präventiv gegen Teilnahmslosigkeit, Schulunlust und Verhaltensprobleme wirken (z. B. da Cunha et al., 2021; Patall et al., 2024). Lehrkräfte, die eine positive Lernatmosphäre schaffen, tragen dazu bei, das Auftreten von Konflikten und Problemen zu minimieren (z. B. Conroy et al., 2009; da Cunha et al., 2021). Schulen, die Wert auf wertschätzende Beziehungen zwischen Lehrkräften und Schüler:innen sowie stabile Peerbeziehungen legen, schaffen eine Umgebung, die präventiv gegen viele Problemlagen wirken kann (Fröhlich-Gildhoff & Rönnau-Böse, 2015).

Während die tägliche Präventionsarbeit in den normalen Schulalltag integriert ist, können spezifische Präventionsprogramme darüber hinaus bestimmte Themen vertieft behandeln. Sie können sich auf Aspekte wie Medienkompetenz, Gewaltprävention oder gesundheitliche Aufklärung konzentrieren und sind besonders hilfreich, wenn sie auf die Bedürfnisse und Lebensumstände der adressierten Schüler:innen zugeschnitten sind. Solche Programme sollten immer in den breiteren Kontext der schulischen Präventionsarbeit eingebettet sein und die grundlegenden Werte und Ziele der Schule aufgreifen (▶ Kap. 3.2.1).

3.2.4 Bedürfnisorientierung als Grundlage der Präventionsarbeit

In der schulischen Präventionsarbeit bildet schließlich die Orientierung an den Bedürfnissen der Schulmitglieder das psychologische Herzstück eines ganzheitlichen Ansatzes zur Prävention. Die grundlegenden Bedürfnisse der Schüler:innen und deren Erfüllung werden in den Vordergrund pädagogischen Handelns gestellt. Dabei dürfen Bedürfnisse (universell und grundlegend für das Wohlbefinden) nicht mit den kurzfristigen Wünschen der Kinder und Jugendlichen verwechselt werden (oft sehr individuell und situationsabhängig und nicht essenziell für das Wohlbefinden, sondern eher für die aktuelle Stimmung; vgl. Kasten Wunsch vs. Bedürfnis). Die Kernbedürfnisse (vgl. Kasten Grundlegende Bedürfnisse), die in der schulischen Präventionsarbeit adressiert werden, sind Autonomie, Kompetenz und Zugehörigkeit bzw. soziale Eingebundenheit (Deci & Ryan, 1993) sowie Sicherheit (Ewton, 2014) und gerechte Behandlung (Dalbert, 2013).

Grundlegende Bedürfnisse von Schüler:innen

- *Autonomie:* Die Förderung von Autonomie durch partizipative Entscheidungsfindung und Möglichkeiten zur Mitgestaltung des Schulalltags stärkt das Engagement und die Verantwortungsübernahme der Schüler:innen. Dies beugt Gefühlen der Machtlosigkeit vor, die zu Frustration und Rückzug führen können (z. B. Stefanou et al., 2010).
- *Kompetenz:* Schüler:innen müssen sich fähig fühlen, Herausforderungen zu bewältigen. Dies wird durch eine Lernumgebung unterstützt, die Erfolge anerkennt und »Misserfolge« (also Fehler) als Lerngelegenheiten betrachtet. Eine Unterrichtsgestaltung, die auf die Stärken der Schüler:innen abgestimmt ist und realistische Herausforderungen bietet, fördert das Kompetenzerleben und die Selbstwirksamkeit (z. B. Schukajlow et al., 2019).
- *Zugehörigkeit:* Ein inklusives Schulklima, das Vielfalt und Heterogenität würdigt und allen Schüler:innen das Gefühl gibt, ein wertgeschätzter und akzeptierter Teil der Gemeinschaft zu sein, ist grundlegend für das subjektive Wohlbefinden. Erlebte Exklusion steht hingegen mit einer Vielzahl an negativen Konsequenzen für das Erleben, Verhalten und die psychische Gesundheit in Zusammenhang (z. B. Arslan, 2021).
- *Sicherheit:* Die Gewährleistung von physischer und emotionaler Sicherheit ist ein weiterer wesentlicher Aspekt der Präventi-

onsarbeit. Schulen müssen sichere Orte sein, frei von Gewalt und Bedrohung, an denen sich Schüler:innen geschützt und unterstützt fühlen (vgl. Ewton, 2014; Toska et al., 2024).
- *gerechte Behandlung:* Gerechtigkeit zu erleben, insbesondere in der Behandlung durch Autoritätspersonen wie Lehrkräfte, ist für die Entwicklung von Vertrauen bspw. in andere Menschen, aber auch in Institutionen oder die gesellschaftliche Ordnung unerlässlich. Dazu braucht es u. a. gerechte Verfahrensweisen und transparente Regeln, die konsequent und fair angewendet werden und zu als gerecht empfundenen Ergebnissen führen (vgl. Dalbert, 2013).

Eine starke Orientierung in der Präventionsarbeit an den Bedürfnissen der Schüler:innen bietet eine Grundlage, um effektive und nachhaltige Partizipationsstrukturen in Schulen zu schaffen. Partizipation ist dabei nicht nur ein Mittel zur Einbindung der Schüler:innen in den schulischen Alltag, sondern ein wesentlicher Bestandteil, um eine ganzheitliche Kultur der Prävention und Resilienz zu entwickeln.

Beispiel für die Unterscheidung Wunsch vs. Bedürfnis
Ein Schüler möchte selbst entscheiden, ob er in der Gruppenarbeit mit seinen Freund:innen oder mit anderen Mitschüler:innen zusammenarbeitet (Wunsch).
Unterscheidung:
Wunsch: Mit Freund:innen zusammenarbeiten, weil es einfacher oder angenehmer ist.
Bedürfnis: Das Bedürfnis nach Autonomie, also selbst Entscheidungen zu treffen und Kontrolle über die eigene Lernumgebung zu haben.
Bedürfnisorientierte Reaktion:
Die Lehrkraft erkennt den Wunsch an, erklärt aber, dass die Gruppenaufteilung festgelegt ist, um alle Lernenden gleichmäßig einzubinden (z. B., um soziale Kompetenz zu fördern oder gleiche

Chancen für alle Lernenden zu gewährleisten). Stattdessen könnte die Lehrkraft den Schüler:innen Wahlmöglichkeiten in einem anderen Bereich geben, z.B., welche Aufgaben innerhalb der Gruppe übernommen werden. Dadurch wird das Bedürfnis nach Autonomie berücksichtigt, ohne die pädagogischen Ziele der Gruppenarbeit zu gefährden.
Ergebnis:
Der Schüler kann sich ernst genommen fühlen, auch wenn sein Wunsch nicht erfüllt wird, da er merkt, dass er innerhalb der gegebenen Struktur trotzdem Entscheidungsspielraum hat.
Alternative:
Genauso könnten die Bedürfnisse nach Zugehörigkeit oder nach Sicherheit dem Wunsch zugrunde liegen, mit den eigenen Freund:innen in der Gruppe zu arbeiten. Dabei zeigt sich, wie wichtig es ist, die Schüler:innen so weit einschätzen zu können, dass sich hinsichtlich der Bedürfnisse valide Hypothesen bilden lassen. Wenn der Schüler bspw. besonders schüchtern oder ängstlich ist, wäre eine alternative Lösung, ihm zu ermöglichen, einen Freund auszuwählen, der mit ihm in eine Gruppe geht. So könnten die Bedürfnisse nach Zugehörigkeit, Sicherheit und Autonomie erfüllt werden.

3.3 Ein Bewältigungsmodell für gesellschaftliche Krisen

Für den wirksamen Umgang mit gesellschaftlichen Krisen in der Schule im Sinne einer ganzheitlichen Prävention und Resilienz ist es wichtig, einen Blick darauf zu werfen, wie Menschen Krisen bewältigen und dabei unterstützt werden können. Das bewusste Erleben von Krisen geht mit (körperlichen und mentalen) emotionalen Reaktionen einher, die akute Stressoren, Risiken bzw. Gefahren signalisieren und an der Einleitung von Verhalten zu deren Bewältigung beteiligt sind – aufwühlende Emotionen wie Furcht oder Wut stellen dabei selbst Stressoren dar, die Menschen möglichst rasch wieder loswerden wollen (z. B. Dennison, 2023). Hier kommen emotionale Bewältigungsstrategien ins Spiel.

Traditionell werden emotionsbezogene Bewältigungsstrategien im Kontext von Situationen oder Herausforderungen besprochen, die individuell relativ gut kontrollierbar sind (behavioral oder kognitiv), wie bevorstehende Prüfungen oder der Verlust einer nahestehenden Person. Dabei wird der *Transaktionalen Coping-Theorie* von Lazarus und Folkman (1984) zufolge – nach Bewertung der persönlichen Bedeutung des Stressors und Einschätzung der vorhandenen Ressourcen – entweder eher auf die Dämpfung bzw. auf die Auflösung unangenehmer Emotionen fokussiert (*emotionsfokussierte Bewältigung*; z. B. Entspannungsübungen, Ablenkung, Verdrängung) oder stärker auf die Lösung belastender Stressoren (*problemfokussierte Bewältigung*; z. B. das Einholen von Unterstützung, die Recherche von Informationen, das Schmieden und Umsetzen von Plänen) gesetzt (vgl. für den schulischen Kontext: Asbrand, Peter et al., 2024; Peter & Rimkus, 2024). Ziel solcher Strategien ist die Wiederherstellung bzw. Aufrechterhaltung von *Wohlbefinden* und *Handlungsfähigkeit* in der Auseinandersetzung mit einem belastenden Stressor bzw. einer krisenhaften Situation.

Im Kontext sozial-ökologischer, gesellschaftlicher Krisen stoßen problem- und emotionsfokussierte Strategien mit diesen Zielen allerdings an ihre Grenzen, da solche Krisen in ihrer Komplexität und Dringlichkeit individuell nicht kontrollierbar sind und gleichzeitig über längere Zeit anhalten und sich mit der Zeit weiter zuspitzen (vgl. Endler, 2000; Ojala, 2013; Wempe, 2019). Ein Überbetonen problemfokussierter Strategien (der sprichwörtliche »Kampf gegen Windmühlen«) oder emotionsfokussierter Ansätze (z. B. das permanente Verdrängen immer größer werdender Probleme; vgl. Chmielewski, 2023) kann sich dann längerfristig als unzureichend, ja schädlich erweisen (vgl. Ojala, 2013; Peter & Rimkus, 2024): Entweder geht beim Kämpfen irgendwann die Kraft aus oder die Verdrängung bzw. das Ablenken laufen dadurch ins Leere, dass eine permanente Krise immer wieder in ihren (stärker werdenden) Auswirkungen eben doch zu sehen und zu spüren ist (vgl. Chmielewski, 2023).

In diesem Fall kann die *sinnfokussierte Bewältigung* (Englisch: meaning-focused coping; Folkman, 1997) ansetzen, die gerade in sozialen Kontexten wie der Schule einen vielversprechenden Ansatz darstellt, um Schüler:innen in ihrem Umgang mit gesellschaftlichen Krisen zu stärken (vgl. Asbrand, Peter et al., 2024; Ojala, 2013). Die ursprüngliche Idee sinnfokussierter Bewältigung zielt darauf ab, schwierige Situationen durch eine positive Neubewertung und die Suche nach Bedeutung in dieser Situation besser bewältigen zu können (Folkman, 1997). Die Strategie geht dabei über die Regulation aufwühlender emotionaler Reaktionen hinaus und umfasst Ansätze wie die Suche nach positiven Aspekten, das Überdenken persönlicher Ziele oder das Schöpfen von Vertrauen. Sie ermöglicht die Aktivierung positiver Emotionen, die nicht nur negative Auswirkungen von Stress abmildern, sondern auch die Konfrontation mit belastenden Stressoren unterstützen können. Dabei wird Akzeptanz gefördert (Park, 2010), ebenso wie *Zuversicht* – ein zentraler Faktor für die Bewältigung von Krisen (z. B. Finnegan & d'Abreu, 2024; Grund & Brock, 2019; Hobfoll et al., 2007; Kaman et al., 2024; Ojala, 2012, 2015) –, selbst wenn keine unmittelbaren Lösungen verfügbar sind. Gerade in Situationen, die nicht sofort bewältigt werden können, wie etwa langfristige Krisen, erweist sich eine sinnfokussierte Bewältigung somit als funktional und kann die problemfokussierte Auseinandersetzung mit Stressoren und Krisen unterstützen (Asbrand, Spirkl et al., 2024; Ojala, 2013; Ojala & Bengtsson, 2019; Wullenkord & Ojala, 2023).

> **Was bedeutet »Meaning«?**
> *Meaning* (Sinn/Bedeutung) bezeichnet die gedankliche Abbildung (mentale Repräsentation) von Beziehungen zwischen Dingen, Ereignissen und Personen. Es verbindet unterschiedliche Elemente des Lebens miteinander und verleiht ihnen Kohärenz

(▶ Kap. 2.2.2). In der Psychologie gilt Meaning als zentraler Bestandteil des menschlichen Lebens, insbesondere im Umgang mit belastenden Situationen. Es spielt eine Schlüsselrolle dabei, in stressreichen Lebenslagen verlorenen Sinn wiederherzustellen (Park, 2010). *Meaning-focused coping* wird dabei definiert als positive Neubewertung, Überarbeitung von Zielen, Planung zielgerichteter, problemorientierter Bewältigung und Aktivierung spiritueller Überzeugungen und Erfahrungen (Folkman, 1997). Wobei »spirituell« in diesem Sinne auf eine tiefe und persönlich bedeutsame Verbindung zu eigenen Werten, Zielen und auf den größeren Zusammenhang des eigenen Lebens zielt.

Die sinnfokussierte Bewältigung ist eng mit verschiedenen theoretischen Ansätzen zur Förderung von Gesundheit, Wohlbefinden und Handlungsfähigkeit verknüpft. Besonders deutlich wird dies im Zusammenhang mit dem Salutogenesekonzept, das die Bedeutung von Sinnhaftigkeit, Verstehbarkeit und Handhabbarkeit betont (▶ Kap. 2.2.2). Auch im PERMA-Modell von Seligman (2011; 2018; siehe Kasten) zur Erklärung von Wohlbefinden finden sich Aspekte der sinnfokussierten Bewältigung wieder, wie die Bedeutung von Sinn und positiven Emotionen. Darüber hinaus bietet das BASIC-Ph-Modell von Lahad et al. (2013; siehe Kasten) einen weiteren ähnlichen Ansatz, indem es verschiedene Ressourcen beschreibt (z.B. die Rolle sinnstiftender Überzeugungen sowie der Vorstellungskraft), die speziell in sehr stressreichen Situationen aktiviert werden können, etwa im schulischen Krisenmanagement.

Salutogenesekonzept (Antonovsky, 1979):

- *Sinnhaftigkeit (meaningfulness):* die Überzeugung, dass aktuelle Herausforderungen Sinn und Bedeutung haben
- *Verstehbarkeit (comprehensibility):* die Überzeugung, dass das eigene Leben (und auch krisenhafte Ereignisse) strukturiert und erklärbar und nicht chaotisch ist

- *Handhabbarkeit (manageability):* das Vertrauen bzw. die Zuversicht, ausreichend Ressourcen zur Bewältigung von Herausforderungen zu haben (vgl. auch Selbstwirksamkeitserwartung; Bandura, 1977; Tsang et al., 2012)

PERMA-Modell (Seligman, 2011, 2018):

- *Positive Emotionen (positive emotions):* Förderung von Freude, Zufriedenheit und Zuversicht
- *Engagement (engagement):* vertiefte Konzentration und »Flow« in bedeutungsvollen Aktivitäten (auch hier Selbstwirksamkeit)
- *Beziehungen (relationships):* Aufbau und Pflege positiver sozialer Kontakte
- *Sinn (meaning):* Erleben von Bedeutsamkeit im Leben
- *Zielerreichung (accomplishment):* das Streben nach und Erreichen von Zielen (auch hier Selbstwirksamkeit)

BASIC-Ph-Modell (Lahad et al., 2013):

- *Glaube (beliefs):* Sinn und Zuversicht stiftende Überzeugungen
- *Emotionen (affect):* Fähigkeit zur Wahrnehmung und Regulation von Gefühlen
- *Soziale Ressourcen (social):* Unterstützung durch Familie, Freund:innen oder Gemeinschaft
- *Vorstellungskraft (imagination):* kreative Ansätze und neue Perspektiven
- *Kognition (cognition):* Analyse und Problemlösungsfähigkeit
- *Physiologie (physiology):* körperliche Ansätze zur Stressreduktion und Stabilisierung (auch hier Selbstwirksamkeit)

Die Modelle der Salutogenese, des PERMA-Ansatzes und des BASIC-Ph-Konzepts teilen dabei einen zentralen Kern: die Betonung von Sinn bzw. Bedeutung und Handlungsorientierung als wesentliche Elemente für die Bewältigung von Stressoren bzw. Krisen. Alle Ansätze verfolgen das Ziel, Wohlbefinden aufrechtzuerhalten oder zu fördern, das als zentrales Element von Gesundheit (▶ Kap. 2.2.1) und Resilienz (▶ Kap. 2.3.3) verstanden wird. Sie integrieren emotionale, kognitive, behaviorale und soziale Ressourcen, die es ermöglichen, trotz widriger Umstände gesund und handlungsfähig zu bleiben. Die sinnfokussierte Bewältigung verbindet diesen gemeinsamen Kern und konkretisiert ihn in einer komplexen Bewältigungsreaktion, die ausgehend von der Anerkennung und Akzeptanz von Stressoren (vgl. Chmielewski, 2023) und ihrer emotionalen Konsequenzen die Aktivierung positiver Emotionen (Zuversicht als gemeinsames Element) und die Förderung von Handlungsbereitschaft (Motivation) und schließlich Handeln (Selbstwirksamkeit als gemeinsamer Aspekt) umfasst. Diese Strategie erscheint besonders wirksam in Situationen, die nicht sofort gelöst werden können, da sie eine langfristige Perspektive und ein nachhaltiges Engagement ermöglicht.

In der Konfrontation mit gesellschaftlichen Krisen, die sich durch ihre Komplexität, Dringlichkeit, individuelle Unkontrollierbarkeit und Permanenz auszeichnen, entsteht schließlich die Notwendigkeit einer erweiterten Perspektive dieser sinnfokussierten Bewältigung. Ein solches erweitertes Verständnis integriert die Dimensionen Akzeptanz der Krise, Zuversicht durch konstruktive Hoffnung und Vertrauen, Sinnfindung als gemeinsamer Kern aller Gesundheits- und Bewältigungsmodelle und fundamentales menschliches Bedürfnis (vgl. Park, 2010) sowie sinnstiftendes Handeln, das Wirksamkeitserfahrungen ermöglicht, und betont die Wichtigkeit des sozialen Kontextes, der kollektive Unterstützung und gemeinsames Lernen fördert (vgl. auch zentrale Komponenten der Acceptance and Commitment Therapy, z.B. Hayes et al., 2012). Dieser *ACOMA-Ansatz* umfasst somit vier miteinander verbundene Säulen, hier angewandt auf den Kontext Schule:

1. *Akzeptanz der Krise (Acceptance):* Schüler:innen werden darin gestärkt, die Realität einer Krise anzuerkennen und ihre damit verbundenen emotionalen Reaktionen wie Ängste, Frustration oder Unsicherheit zu reflektieren und zu akzeptieren. Dies kann

im Unterricht bspw. durch gemeinsame, angeleitete Gesprächsrunden unterstützt werden.
2. *Anerkennung von Gründen für Zuversicht (Constructive Hope/Confidence):* Zuversicht wird gefördert, indem realistische Lösungsansätze im Unterricht thematisiert werden, z. B. durch Projekte, die Fortschritte im Umwelt- und Klimaschutz aufzeigen, oder durch die Vermittlung von Erfolgsgeschichten engagierter Gruppen. Dazu zählt auch die Entwicklung von Vertrauen in relevante Akteur:innen, die sich für Lösungen engagieren, z. B. Wissenschaftler:innen oder Entscheidungsträger:innen in Gesellschaft, Politik und Wirtschaft.
3. *Bedeutung bzw. Sinn finden (Meaning):* Die Schule kann dabei unterstützen, in Krisen sinnstiftende Perspektiven zu entwickeln, indem sie die Herausforderungen nicht nur als Bedrohung, sondern trotz aller Widrigkeiten und belastenden Folgen auch als Chance bespricht, dabei z. B. auch auf die Chancen früherer Krisen eingeht (ein sozial-ökologisches Beispiel ist hier die Eindämmung der Ozonloch-Krise in den 1980er Jahren). Themen wie nachhaltige Innovationen oder soziale Gerechtigkeit können den Unterricht bereichern und Schüler:innen motivieren, neue Lösungswege mitzudenken.
4. *Eigene sinnstiftende Beiträge (Committed Action):* Schüler:innen können durch konkrete Projekte aktiv eingebunden werden, z. B. durch die Umgestaltung von Schule, Schulgelände oder Schulumfeld oder die Entwicklung eines regenerativen Energiekonzepts für die Schule. Dabei wird nicht nur die Selbstwirksamkeit (»ich kann etwas erreichen«) gestärkt, sondern auch die kollektive Wirksamkeitserfahrung (»wir können gemeinsam etwas erreichen«) sowie die partizipative Wirksamkeit (»ich kann meine Gruppe mit voranbringen«).

Ein verbindender Aspekt dieser vier Säulen ist die soziale Einbettung (*Connection with Others*; z. B. Zurba et al., 2024). Kollektives Handeln ist für die Bewältigung von Krisen von entscheidender Bedeutung (Hoppe et al., 2025). Das steht auch in Einklang mit der Annahme, dass sogenanntes *tend-and-befriend*-Verhalten (sinngemäß etwa: sich kümmern und verbünden) zu den grundlegenden Stressbewältigungsreaktionen zu zählen ist (Taylor et al., 2000). Schulen bieten grundsätzlich gut geeignete Rahmenbedingungen, um gemeinschaftliches Handeln zu fördern und soziale Unterstützung als Schutzfaktor zu nutzen. Gruppenarbeiten, Diskussionsforen oder Peer-to-Peer-Mentoring können dazu beitragen, emotionale Reaktionen, Meinungen, Ideen und Perspektiven zu teilen sowie gemeinsam Lösungsansätze zu entwickeln (ausführlicher in ▸ Kap. 4 und ▸ Kap. 5).

Empirische Unterstützung für die Bedeutung der sinnfokussierten Bewältigung im Umgang mit gesellschaftlichen Krisen kommt nicht nur aus der Forschung zur Bewältigung der Klimakrise (z.B. Ojala & Bengtsson, 2019; Rikner Martinsson & Ojala, 2024; Park & Vasishth, 2021), sondern z.B. auch aus der Kommunikationsforschung: So vermögen es positive und transformative Erzählungen, die sich auf Lösungsmöglichkeiten sowie auf Erholung, Widerstandsfähigkeit und Entwicklung fokussieren, Menschen eher dazu zu befähigen und zu motivieren, etwas gegen Krisen wie die Erderhitzung zu unternehmen, als negative Erzählungen (Hinkel et al., 2020; Schäfer et al., 2024). Nicht zuletzt wird in der Forschung zunehmend auf die generelle Notwendigkeit der Berücksichtigung von Emotionen im Umgang mit sozial-ökologischen Krisen in Schulen hingewiesen, insbesondere auch auf die Rolle positiver Emotionen wie Zuversicht (z.B. Finnegan & d'Abreu, 2024; Grund et al., 2024; Lemke et al., 2024; Ojala, 2023).

3.4 Zusammenfassung: Psychosoziale Krisen in einer globalen Welt

Schulen sind eine zentrale Lebenswelt von Kindern und Jugendlichen und damit ein wichtiger Einflussfaktor für gesundes Aufwachsen. Gleichzeitig machen gesellschaftliche und globale Krisen nicht vor Schulen Halt und erfordern präventive und interventive Konzepte für den Umgang mit Krisen in der Schule. Während schon einige evaluierte Programme für unterschiedliche Themen und Zielgruppen vorliegen, zumeist explizit für die Schüler:innen, stößt die langfristige Implementierung dieser Programme immer wieder an strukturelle und personelle Grenzen. Zudem fordern gerade gesellschaftliche und globale Krisen, dass Schulen resilient auf Krisen reagieren können. Nachhaltige Veränderungen sind daher nötig, um präventive sowie interventive Krisenbewältigung ganzheitlich zu denken und zu gestalten. Diese Änderungen umfassen die Ebene der Schule als System sowie auch die Lehrkräfte. Kern nachhaltiger, ganzheitlicher und resilienter schulischer Prävention sind daher verhältnispräventive Ansätze, die gezielt an Umgebungsbedingungen ansetzen und diese verändern. Bei der Auseinandersetzung mit den permanenten Krisen, die bereits da sind und sich auf den Schulalltag und die Unterrichtsinhalte auswirken, ist zudem ein modernes, komplexeres Verständnis von Krisen- und Stressbewältigung zu berücksichtigen, das Zuversicht und sinnstiftendes, selbstwirksames Handeln ermöglicht.

4 Grundlagen der Transformation und der Partizipation in der Schule und darüber hinaus

4.1 Transformation und Partizipation: Eine Begriffsklärung

Nach einer Bestandsaufnahme von Schule, Gesundheit und Krisen (▶ Kap. 2) sowie Möglichkeiten der Prävention und Bewältigung von Krisen (▶ Kap. 3), bei der wir immer wieder auch die Bedeutung partizipativer Aspekte herausgearbeitet haben, widmet sich das folgende Kapitel der Entwicklung einer Zukunftsperspektive. Dafür notwendig ist die Auseinandersetzung mit der Relevanz grundsätzlicher gesellschaftlicher Änderung, also einer »Großen Transformation« (WBGU, 2011), um im Optimalfall über die aktuellen großen Krisen zu einer verbesserten gesellschaftlichen Entwicklung zu gelangen (vgl. auch ▶ Kap. 2.3.1). Mit einer Definition und Betrachtung der notwendigen Grundlagen von Partizipation und Transformation in diesem Kapitel werden wir im anschließenden Kapitel 5 auf die praktische Anwendung eingehen.

4.1.1 Transformation und Bildung

Der Transformationsbegriff wird je nach Forschungsfeld unterschiedlich definiert. Er wird in der Betriebswirtschaftslehre, der Geografie, der Medizin und vielen weiteren Wissenschaftsdisziplinen verwendet. Für dieses Buch nehmen wir den gesellschaftswissenschaftlichen Begriff in den Blick.

Während *Transformation* in der politikwissenschaftlichen Forschung vor allem mit der Systemtheorie und dem Wechsel bspw. von autoritären Gesellschaften zu Demokratien oder zuletzt auch das Erstarken demokratiefeindlicher Kräfte und das Aushöhlen rechtsstaatlicher Prinzipien durch rechtsextreme Kräfte betrachtet wurde, gibt es spätesten seit den 1980er Jahren eine verstärkt interdisziplinäre Debatte um die Notwendigkeit, Transformationsprozesse auch *innerhalb* demokratischer Gesellschaften einzuleiten. Ausgangspunkt war u. a. die Arbeit »Grenzen des Wachstums« des Club of Rome (Meadows, 1972). Wissenschaftler:innen wurden beauftragt, Ursachen und Folgen des ständigen Wachstums der Weltbevölkerung, der Industrie, des Verbrauchs an Rohstoffen, der Produktion von Nahrungsmitteln und der Umweltverschmutzung zu untersuchen. In ihrer vielbeachteten Studie (Meadows, 1972; Meadows et al., 2004) wiesen die Autor:innen auf die Notwendigkeit einer Begrenzung des industriellen Wachstums hin. Sie empfahlen u. a. eine Umorientierung zu einem Wachstumsverständnis, das auf mehr Lebensqualität zielt – eine zunächst moderat wirkende Empfehlung, die zugleich aber mit der Idee marktwirtschaftlichen Wirtschaftens brach.

Die Empfehlungen des Club of Rome hätten der Anstoß für grundlegende gesellschaftliche und wirtschaftliche Transformationsprozesse im globalen Norden sein können. Zunächst schien sich allerdings wenig zu verändern. Im Gegenteil: Die Ausbeutung von Mensch und Natur nahm rasant zu. Durch menschliche Einflüsse sind laut Weltbiodiversitätsrat (IPBES) bereits drei Viertel der Landoberfläche und zwei Drittel der Meeresökosysteme erheblich beeinträchtigt oder gar zerstört (IPBES, 2019). Anthropogene Treibhausgasemissionen haben zum schnelleren Anstieg der Jahresdurchschnittstemperatur geführt als in jedem anderen Zeitraum seit mindestens 2000 Jahren (IPCC, 2021). Die ausbeuterische Lebens-, Produktions- und Wirtschaftsweise der Industriestaaten, der unaufhörlich wachsende Rohstoffbedarf, die Ausbeutung und Übernutzung von Tieren, Pflanzen und anderen Organismen bedrohen die biologische Vielfalt der Erde, das Klima und das Leben auf dieser Erde. Etwa eine Million Arten sind vom Aussterben bedroht (IPBES, 2019). Diese Dynamik wird nicht zuletzt wesentlich getragen von gesellschaftlich tief verankerten Grundüberzeugungen – etwa vom unkritischen Glauben an technische Lösungen, von der unhinterfragten Fixierung auf unbegrenztes Wachstum oder einem Verständnis vom Menschen als Beherrscher der Natur (Habel & Peter, 2024).

Wie 1972 angekündigt, überschreitet das menschliche Handeln planetare Grenzen und destabilisiert das Erdsystem (Richardson et al., 2023; Rockström et al., 2023). Wenngleich von einer Transformation zunächst wenig zu spüren war, blieb der Bericht des Club of Rome nicht ohne Folgen. Nur knapp zehn Jahre später veröffentlichte die sogenannte »Brundtland-Kommission«, die 1983 gegründete Weltkommission für Umwelt und Entwicklung der Vereinten Nationen, den Bericht »Our Common Future« (World Commission on Environment and Development, 1987). In diesem wurde das Ziel der Vereinten Nation einer *nachhaltigen Entwicklung* skizziert. Diese sollte sicherstellen, dass allen heutigen und künftigen Generationen ermöglicht wird, ihre Grundbedürfnisse zu stillen (vgl. Hauff, 1987). Nachhaltigkeit sollte Ressourcen schonen und inter- und intragenerative Gerechtigkeit herstellen. Neben ökologischen Perspektiven rückten auch soziale und ökonomische Perspektiven in den Fokus. Es folgten wichtige Meilensteine wie die UN-Umweltkonferenz 1992 in Rio de Janeiro und 2002 in Johannesburg. In Deutschland war es vor allem der Wissenschaftliche Beirat der Bundesregierung Globale Umweltveränderungen (WBGU), der 2011 den Begriff der *sozial-ökologischen Transformation* in dem Gutachten »Welt im Wandel – Gesellschaftsvertrag für eine Große Transformation« prägte.

Die Symptome der sozial-ökologischen Krisen sind Ausdruck einer nicht-nachhaltigen Lebens-, Produktions- und Wirtschaftsweise. Brunnengräber und Dietz (2011, S. 95) sprechen von einer »multiple[n] Krise gesellschaftlicher Naturverhältnisse«. Der Zusammenhang von ökologischen und sozialen Fragen wurde durch den WBGU folgerichtig mit einer unmissverständlichen Klarheit vermittelt. Die Autor:innen verweisen auf ein kaum zu überschätzendes Ausmaß an notwendiger Transformation und ziehen einen eindrucksvollen Vergleich für den notwendigen Übergang:

> »Er ist hinsichtlich der Eingriffstiefe vergleichbar mit den beiden fundamentalen Transformationen der Weltgeschichte: der Neolithischen Revolution, also der Erfindung und Verbreitung von Ackerbau und Viehzucht, sowie der Industriellen Revolution, [...] den Übergang von der Agrar- zur Industriegesellschaft« (WBGU, 2011, S. 5).

Heute muss wohl angemerkt werden, dass die notwendigen Transformationsschritte sogar noch viel drastischer werden ausfallen müssen. So skizzieren z. B. Homer-Dixon et al. (2021) mittlerweile die Gefahr einer Poly-Krise, einer Situation, in der mehrere systemische Risiken gleichzeitig auftreten, sich gegenseitig verstärken und dadurch unvorhersehbare, komplexe Dynamiken erzeugen, auf die es sich nur sehr schwer reagieren lässt. Die vom WBGU durch einen Umbau der Wirtschaft angestrebte Reduktion von Treibhausgasemissionen und anderen Schadstoffen wird längst nicht ausreichen. Vielmehr müssen die gesellschaftlichen Verhältnisse selbst in den Fokus genommen und Fragen nach sozialer Gerechtigkeit gestellt werden (Brand & Wissen, 2017).

Dieser Transformationsprozess wird nicht von Bildung bestimmt, aber Bildungsprozesse werden ihn begleiten. Mehr als die Reproduktion von vermeintlich richtigem Wissen muss die Befähigung zum kritisch-reflexiven Denken und zum politischen Handeln im Fokus stehen (Kenner & Nagel, 2022; Singer-Brodowski et al., 2020).

Bildungsprozesse und insbesondere politische Bildung können in diesem Kontext als Bildung *für, zu, in* und *als* Transformation verstanden werden (Inkermann, 2025; Emde & Prehm, 2024; Inkermann & Eis, 2022). Bildung *für* Transformation im Sinne einer Instrumentalisierung von Bildung liefe Gefahr, die Krise zu pädagogisieren (Hamborg, 2022), also eine Indienstnahme der Bildung zur Lösung gesellschaftlicher, politischer und/oder ökonomischer Krisen. Eine derart verstandene Bildung in Zeiten multipler Krisen läuft Gefahr einer Verzweckung und untergräbt den modernen Anspruch an emanzipatorische Bildung, die sich nicht zum Erfüllungsgehilfen politischer Entscheidungsträger:innen macht, sondern mit möglichst großer Offenheit kritisches Denken, Urteilen und Handeln der Lernenden und damit einen eigenständigen Erkenntnisgewinn ermöglicht. In einem positiven Sinne muss Bildung für Transformation demnach vor allem die Sensibilisierung für die Interessenlage und Machtverhältnisse der beteiligten Akteur:innen bedeuten (Inkermann, 2025).

Bildung *in* Transformation verdeutlicht und ermöglicht hingegen die Eingebundenheit sowie die Ermöglichung, diese Eingebundenheit auch kritisieren zu können. Erst die Bewusstwerdung dieser Eingebundenheit ermöglicht es, Bildungssettings daraufhin zu befragen, um tatsächlich eine kritische Auseinandersetzung mit bestehenden Verhältnissen und nicht die Stabilisierung ebendieser zu ermöglichen. Damit das gelingen kann, weisen Emde und Prehm (2024) darauf hin, dass gesellschaftliche Transformationsprozesse selbst zu einem inhaltlichen Gegenstand von Bildungsprozessen werden müssen. Bildung in Nachhaltigkeit kann auch verstanden werden als Bildung in Praxen der Nachhaltigkeit (Inkermann & Eis, 2022) bzw. der Transformation (Inkermann, 2025).

Im Sinne einer politischen Bildung *zu* Transformation gilt es offenzulegen, dass gesellschaftliche Verhältnisse nicht vorbestimmt, sondern vielmehr von Herrschaftsverhältnissen geprägt sind, die zu durchbrechen möglich ist. Aufgabe politischer Bildung zu Transformation wäre demnach, auch Unsicherheiten, Ängste und Ohnmachtserfahrungen der Lernenden aufzugreifen und »für deren Kontextualisierung und Verarbeitung geschützte Austauschräume zur Verfügung zu stellen« (Emde & Prehm, 2024, S. 16).

Nicht zuletzt kann eine emanzipatorisch und partizipativ angelegte Bildung auch eine Bildung *als* Transformation sein. Im Zuge von Bildungsprozessen können Lernende selbst zu handelnden Akteur:innen werden und sich im öffentlichen Diskurs und in politische Entscheidungsfindungen einbringen. Damit muss »eine grundsätzlich offene Zielrichtung von Transformation einhergehen und politische Bildung als demokratische Suchbewegung verstanden werden« (Emde & Prehm, 2024, S. 18).

Auf dem Weg zu einer nachhaltigen Welt und im Zuge großer Transformationsprozesse wird es zu Konflikten kommen, werden sich zwangsläufig Dilemmata ergeben, die nicht durch wissenschaftliche Evidenz, sondern nur im demokratischen Diskurs gelöst werden können. Multiple Krisen und Transformationsprozesse stellen demnach einen gesamtgesellschaftlichen Such- und Aushandlungsprozess dar (WBGU, 2011, S. 380) und damit immer auch eine Gelegenheit für politische (Selbst-)Bildung. Diesen Prozess kann und wird vor allem auch die junge Generation prägen. Schulen werden dabei nur dann eine bedeutsame Rolle einnehmen, wenn sie junge Menschen mit ihren Perspektiven und ihren Vorstellungen von einer Welt von morgen ernst nehmen und Bildung für, mit und durch *Young Citizen* (Kenner & Lange, 2022b; Kenner, 2022) emanzipatorisch und partizipativ versteht.

4.1.2 Partizipation

Verhalten, Handeln, Beteiligung oder Teilhabe, Engagement und Aktion – diese kleine Auswahl zeigt die Vielfalt an Begrifflichkeiten, die das Feld der Partizipationsforschung bestimmen. Dabei sind diese Begriffe demokratietheoretisch unterschiedlich stark verankert. Darüber hinaus werden noch kategoriale Differenzierungen wie »sozial/politisch«, »empowernd«, »verfasst/nicht verfasst« oder »individuell/kollektiv« und »legal/illegal« vorgenommen. In dem vorliegenden Buch betonen wir die Bedeutung von Partizipation für selbstbestimmte und ermutigende Bildungserfahrungen in der Institution Schule. Daher erscheint es uns notwendig, eine Begriffsbestimmung vorzunehmen. Wir werden im Folgenden bloßes »sich Verhalten« von »Handeln« unterscheiden und soziales sowie politisches Handeln soweit möglich voneinander abgrenzen sowie die Konzepte der »acts of citizenship« und »Empowerment« einführen. Außerdem werden wir Ansätze zur kategorialen Bestimmung des Grades von Teilhabe vorstellen.

4.1.2.1 Soziales oder politisches Handeln

Handeln unterscheidet sich vom bloßen Verhalten insofern, als dass es mit einer »spezifischen Selbst- und Weltinterpretation« (Rosa, 2012, S. 134) verbunden und von Wertungen geprägt ist. Auch Hannah Arendt verweist darauf, dass das Handeln als eine Tätigkeit zu verstehen ist, die nicht reduziert sei auf ein (instinktives) Verhalten oder auf die Verfolgung von individuellen Grundbedürfnissen wie Hunger, Durst, Zuneigung oder Furcht, sondern auf eine bewusste Auseinandersetzung des Subjekts mit sich selbst und der es umgebenden Umwelt (Arendt, 2016). Grenzen zwischen ›sich verhalten‹ und ›handeln‹ sind durchaus fließend (Rosa, 2012; Weber, 1922), genauso wie die Grenzen zwischen den verschiedenen Formen des Handelns.

So ist *soziales Engagement* gekennzeichnet durch die Verantwortung des Individuums, sich für Mitmenschen einzusetzen. Sie zielt nicht zwangsläufig auf die Beteiligung an der politischen Entscheidungsfindung (Kersting, 2008). Demgegenüber enthält *freiwilliges Engagement in der Zivilgesellschaft* – selbst wenn es sich primär um soziales Engagement handelt – stets eine politische Komponente. Diese prägt durchaus die aktuellen politischen Mitbestimmungsprozesse und ist demnach mehr als nur eine vorpolitische Dimension des Handelns (Roth, 2018).

Für *politische Partizipation* gibt es in der politikwissenschaftlichen Sozialforschung allerdings klare Bezugspunkte. Zielgerichtetes politisches Handeln zeichnet sich nach Verba und Nie (1972) durch Aktivitäten aus, die mehr oder weniger direkt die Auswahl von Regierungsmitgliedern und/oder deren Handlungen betreffen. Ergänzend definieren Kaase und Marsh (1979), dass politische Handlungen all jene freiwilligen Aktivitäten einzelner Bürger:innen sind, die darauf abzielen, politische Entscheidungen auf verschiedenen Ebenen des politischen Systems direkt oder indirekt zu beeinflussen. Sie beschränken politische Partizipation auf den Kern des Politischen: das Ziel, Einfluss auf politische Entscheidungsprozesse zu nehmen und damit nachhaltig mitzuwirken. Sie betonen zudem den Wert der

Freiwilligkeit als Wesensmerkmal politischer Beteiligung in einer Demokratie.

Kaase und Marsh unterschieden bereits in den 1970er Jahren zwischen konventioneller und unkonventioneller politischer Partizipation. Die konventionellen Partizipationsformen sind in ihrer Typologie eng verknüpft mit den Wahlen in repräsentativen Demokratien. *Konventionelle politische Partizipation* umfasst all jene politischen Handlungen, die direkt oder indirekt mit dem Wahlprozess bzw. mit administrativen Kontexten in Verbindung stehen (Kersting, 2008). Junge Menschen betrifft das insofern, als dass sie sich in Jugendorganisationen von Parteien engagieren können, aber auch als Erstwähler:innen das bedeutendste demokratische Privileg wahrnehmen können.

Als *unkonventionelle Formen der Partizipation* werden vor allem Formen des politischen Protestes wie bspw. Demonstrationen, Blockaden und Besetzungen verstanden (van Deth, 2009). Auch diesbezüglich zeigen junge Menschen eine erhöhte Partizipationsbereitschaft. Zuletzt besonders eindrücklich zeigte sich dies durch das Engagement junger Menschen in der weltweiten Klimabewegung »Fridays for Future« (z. B. Bleh, 2021). Im unkonventionellen Bereich politischen Handelns ist die Unterscheidung zwischen legal und illegal anzusiedeln. So können sich unkonventionelle, legale Partizipationsformen in Petitionen und genehmigten Demonstrationen äußern. Als illegal werden politische Handlungen bezeichnet, bei denen es sich bspw. um nicht genehmigte Demonstrationen oder Blockaden handelt, die gewaltfrei, aber auch gewaltsam ablaufen können. Die Diskussionen um die Rechtswidrigkeit der Proteste der Gruppe »Letzte Generation« bis hin zum Terrorismusvorwurf (vgl. August, 2024) zeigen, dass diese Unterscheidung nicht so einfach ist.

Die grundsätzliche Unterscheidung von legal und illegal ließe sich schnell beantworten: Legale politische Partizipationsformen verstoßen nicht gegen geltendes Recht. Illegale Formen politischer Aktionen zeichnen sich dadurch aus, dass sie diesen Rechtsverstoß in Kauf nehmen oder gar einkalkulieren. Es bedarf aber mehr als nur einer Unterscheidung von legal und illegal. Bedeutsam ist auch die

Auseinandersetzung mit der Frage der Legitimität. Zu unterscheiden ist daher bei illegaler politischer Partizipation zwischen zivilem Ungehorsam und politischer Gewalt (Niedermayer, 2005). Politische Akte des zivilen Ungehorsams zeichnen sich, nach Jürgen Habermas (2017), dadurch aus, dass sie moralisch begründet und nicht nur motiviert durch private Glaubensüberzeugungen oder gar getrieben von Eigeninteressen seien. Außerdem finde ziviler Ungehorsam öffentlich statt und stelle einen Rechtsbruch dar, ohne dabei die grundsätzliche Rechtsordnung infrage zu stellen.

> »Diejenigen, die zivilen Ungehorsam ausüben, achten die Regeln des demokratischen Rechtsstaats, weshalb sie auch bereit sind, die Konsequenzen zu tragen. Dieses Konzept zivilen Ungehorsams verpflichtet beide Seiten zur Mäßigung, also auch den Staat.« (Reinhardt, 2019, S. 76)

Relevanz von Legitimierung
Wieso sind diese Unterscheidungen für das vorliegende Buch von Bedeutung? Das politische Engagement junger Menschen ist aufgrund der Zwänge, mit denen sie konfrontiert sind (u.a. Schulpflicht), und der Rollenzuschreibung, bspw. als »Schüler:innen«, nicht selten mit dem Regelbruch verbunden. So waren es die Schulstreiks als Ausdrucksform des zivilen Ungehorsams, die eine öffentliche Aufmerksamkeit für die junge Klimabewegung »Fridays for Future« ermöglichten. Die öffentliche Debatte wurde zeitweise vor allem dadurch bestimmt, inwiefern »Streiken« während des Unterrichts überhaupt legal sei. Dabei wurde die Schulpflicht zitiert und der Protest mitunter negativ als »Schwänzen« markiert. Andere wiederum schrieben den Protesten Legitimität zu, indem sie auf deren Bedeutung für das Gemeinwohl und den Umweltschutz als Staatsziel verwiesen. Diese wahrgenommene Legitimität wiederum trug wohl vielerorts dazu bei, dass Lehrkräfte oder ganze Schulen die Proteste dadurch »legalisierten«, indem sie diese in den Unterricht integrierten – ein möglicherweise partizipativer Meilenstein in der deutschen Schulgeschichte.

Die Grenzen sozialen Engagements und politischer Beteiligung können fließend ineinander übergehen. Dieser Übergang erfolgt – und das ist für die Überlegungen von Lehr-Lernprozessen entscheidend – nicht selbstverständlich. Reinhardt betont, dass das Handeln nur politische Relevanz durch *politisches* Handeln erfährt, »dafür müssen die politischen Dimensionen eingeplant werden« (2010, S. 137). Wohnig verweist darauf, dass der politische Effekt im sozialen Engagement »nicht im luftleeren Raum, sondern auf der Basis einer gewissen Tradition« geschieht (2017, S. 161). Es braucht also Brücken zwischen lebensweltlichem sozialem Engagement und demokratischem Handeln im politischen System (vgl. Aeppli & Reinhardt, 2020).

Um das an einem Beispiel zu verdeutlichen: Das soziale Engagement, bspw. bei der Tafel e. V. im Zuge eines Sozialpraktikums oder der Einsatz für den Wald durch eine Müllsammelaktion, kann zu einem sozialen oder ökolgischen Lernprozess führen und bspw. die Empathie und das Mitgefühl mit von Armut betroffenen Menschen erhöhen. Möglicherweise engagieren sich Schüler:innen nach einem Sozialpraktikum auch öfter in gemeinnützigen Einrichtungen und damit wurde ein wirksamer sozialer Lernprozess initiiert. Politisches Lernen entsteht daraus jedoch erst dann, wenn zugleich gesellschaftliche Verhältnisse thematisiert werden. Wenn die Erfahrungen des sozialen oder ökologischen Engagements aufgegriffen und eingeordnet werden: Warum gibt es in Deutschland die Tafeln? Wie kommt es zu bestehenden ungleichen sozioökonomischen Verhältnissen? Wieso wird so viel Müll produziert? Wer trägt die Verantwortung dafür? Wie kann daran etwas verändert werden?

4.1.2.2 Empowerment

Besonders deutlich wird die Notwendigkeit, sich mit der Unterscheidung von sozialem und politischem Handeln auseinanderzusetzen, in einer Zwischenform des Handelns: die »Empowermentarbeit«. Empowerment bedeutet »Selbstermächtigung/ Selbstbefähigung« (Madubuko, 2017, S. 805). Empowerment*arbeit*

4.1 Transformation und Partizipation: Eine Begriffsklärung

bedeutet demnach vor allem, Freiräume zu schaffen. Damit soll (Selbst-)Bestärkung für Menschen möglich werden, die von Praxen der Exklusion betroffen sind. Sie wirkt unmittelbar, ist aber zugleich immer auch verbunden mit einem analytischen Verständnis von Macht- und Herrschaftsverhältnissen in der Gesellschaft (Kleinschmidt et al., 2019). Mit der Empowermentarbeit geht zudem eine Kritik an bestehenden Verhältnissen einher (Mende, 2009). Empowerte Menschen können Multiplikationskraft erzeugen und weitere Menschen erreichen und damit gesellschaftliches Leben transformieren. Das Ziel von Empowermentarbeit ist nicht nur unmittelbar, kurzfristig und auf Individuen bezogen: Sie verliert darüber hinaus die politischen Verhältnisse nicht aus dem Blick. Wenngleich demnach eine Abgrenzung schwerfällt, ist eine Betonung des Politischen in Bezug auf politische Partizipation immer notwendig, um eine Entpolitisierung des Partizipationsbegriffs zu verhindern (Haus, 2011). Es gilt demnach, neben dem Spannungsfeld sozial-politischer Partizipation und der Empowermentarbeit auch explizit politische Dimensionen des Partizipationsbegriffs in den Blick zu nehmen.

Empowermentarbeit ist wesentlicher Bestandteil einer demokratischen und emanzipatorischen schulischen Bildung. Strukturell lässt sie sich bspw. dadurch etablieren, dass an Schulen sogenannte »Safer Spaces« eingerichtet werden. Solche Empowerment-AGs, in denen sich Kinder und Jugendliche in einem geschützten Raum über Diskriminierungserfahrungen austauschen können, sind eine erste Maßnahme, die Empowerment ermöglichen kann. Zu Erfahrungsräumen politischer Bildung werden sie, wenn aus dem Schutzraum der AG bspw. Forderungen an die Schulleitung oder gar an den Schulträger formuliert werden. Ein Beispiel hierfür kann die Forderung nach der Etablierung eines Awareness-Teams an der Schule sein.

4.1.2.3 Grad der Beteiligung

Bei der Betrachtung von Partizipation werden im Spannungsfeld von Fremd- und Selbstbestimmung verschiedene Ebenen unterschieden. Orientierung bieten sogenannte Leiter- oder Stufenmodelle, wie sie aus der sozialwissenschaftlichen und pädagogischen Forschung bekannt sind. So unterscheidet Hart (1992) vor allem zwischen Nicht-Partizipation und dem Grad von tatsächlicher Partizipation und arbeitete in seinem Modell zur Kategorisierung von Beteiligungs- und Partizipationsprozessen von Kindern und Jugendlichen heraus, dass deren Partizipation häufig von Erwachsenen zum Zwecke der Dekoration, Manipulation oder Instrumentalisierung etabliert werde: Kinder seien zweifelsohne die meistfotografierten und am wenigsten beachteten Mitglieder der Gesellschaft (Hart, 1992). Damit sei zum Ausdruck gebracht, dass Erwachsene oft dazu neigen, die Kompetenz von Kindern zu unterschätzen und sie gleichzeitig – z.B. bei Veranstaltungen – zu benutzen, um eine Sache zu beeinflussen.

In verschiedenen Leitermodellen (z.B. Schröder, 1995; Wright et al., 2008; ▶ Abb. 3) werden die Beteiligungsmöglichkeiten von Kindern und Jugendlichen durch ihren tatsächlich Grad der Beteiligung und Mit- bzw. Selbstbestimmung kategorisiert. Auf der untersten Ebene finden sich Erfahrungen der Fremdbestimmung, der Anweisung oder gar der Manipulation. Entscheidungsträger:innen nehmen die Lage von Kindern und Jugendlichen zwar wahr, aber die Problembearbeitung erfolgt ausschließlich auf Grundlage der Position der Entscheidungsträger:innen. Diese Stufe weist den geringsten Partizipationsgrad auf. Wenngleich scheinbare Beteiligung der Kinder und Jugendlichen ermöglicht wird, so stehen doch die Ziele der Erwachsenen im Mittelpunkt. Kinder und Jugendliche und auch ihre Mitwirkung dienen dabei eher der Dekoration als der tatsächlichen Teilhabe (vgl. »Instrumentalisierung«, ▶ Abb. 3). Kinder und Jugendliche können scheinbar mitwirken, sind darauf aber unzureichend vorbereitet. So werden Schüler:innen bspw. an Tagen der offenen Tür in verschiedenen vermeintlichen Mitwirkungsformaten eingebunden. Letztlich ist ihre Funktion aber vor allem dekorativ.

4.1 Transformation und Partizipation: Eine Begriffsklärung

Und auch die Entscheidung darüber, zu partizipieren, wird ihnen von Erwachsenen abgenommen. Dies kann zu Überwältigungserfahrungen führen.

Daran schließt sich zwar eine zunehmend stärker werdende Einbindung der Zielgruppe in Entscheidungsprozesse an, jedoch ist auch noch kein direkter Einfluss der Kinder und Jugendlichen auf die Prozesse vorgesehen. Allerdings erwartet diese Vorstufe der Partizipation die Informiertheit der Kinder und Jugendlichen sowie ihre Anhörung im Entscheidungsprozess. Wenngleich Kinder und Jugendliche auf dieser Stufe erstmals selbst über ihre Bereitschaft zur Teilnahme bestimmen können, muss diese Stufe aufgrund des geringen Mitwirkungsgrades und des fehlenden Einflusses auf das Ergebnis des Entscheidungsprozesses jedoch als Alibi-Teilnahme bezeichnet werden (Schröder, 1995). In der Schule ist ein klassisches Beispiel dafür noch immer die Rolle der Klassensprecher:innen, zumindest dann, wenn diese Ordnungsaufgaben übernehmen müssen oder gar für die Disziplinierung ihrer Mitschüler:innen instrumentalisiert werden (► Kap. 5.5.2.5).

Bis heute sind solche Formen der Instrumentalisierung sogar rechtlich in Schulgesetzen verankert. Im Bayerischen Gesetz über das Erziehungs- und Unterrichtswesen ist in Artikel 62, der u.a. die Aufgaben der Schüler:innenvertretung regelt, Folgendes festgehalten:

> »Zu den Aufgaben der Schülermitverantwortung gehören insbesondere die Durchführung gemeinsamer Veranstaltungen, *die Übernahme von Ordnungsaufgaben*, die Wahrnehmung schulischer Interessen der Schülerinnen und Schüler und die *Mithilfe bei der Lösung von Konfliktfällen*.« (BayEUG, Artikel 62, Absatz 1, Satz 3 – eigene Hervorhebungen).

Von Partizipation kann dabei keine Rede sein. Wenn die Schüler:innenvertretung allerdings ernsthaft an der Schule etabliert wird, können mit ihr nicht nur Vorstufen der Partizipation wie Anhörung und Einbeziehung ermöglicht werden, sondern auch erste Schritte der Mitbestimmung. Erst durch tatsächliche Mitbestimmung, Entscheidungskompetenz und Entscheidungsmacht im Unterricht und

4 Grundlagen der Transformation und der Partizipation in der Schule

in der Schule insgesamt kann reale Beteiligung ermöglicht werden. Diese wird durch ein Umfeld begünstigt, in dem Kindern und Jugendlichen mit Anerkennung und Wertschätzung begegnet wird (► Kap. 5.3). Partizipation in diesem Sinne liegt vor, wenn Kinder und Jugendliche in bestimmte Entscheidungen direkt einbezogen werden und ihre Stimme einen tatsächlichen Wert erhält. Das Handeln kann demnach erst dann als Mitbestimmung klassifiziert werden, wenn Entscheidungen gemeinsam von Erwachsenen und Schüler:innen getroffen und umgesetzt werden (Schröder, 1995; vgl. auch Stufenmodell der Partizipation nach Wright et al., 2008; ► Abb. 3).

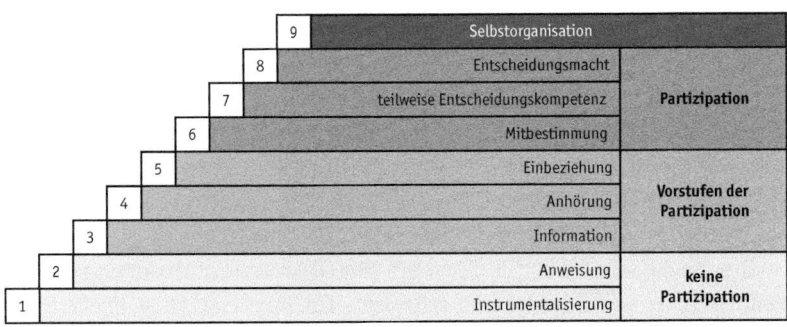

Abb. 3: Stufenmodell der Partizipation (eigene Darstellung nach Wright et al., 2008; Peter, Calvano et al., 2023, S. 38)

Eine besonders anspruchsvolle Form der Partizipation ist die selbstbestimmte Organisation des Handelns. Diese ist gegeben, wenn Teilhabeformate von Kindern und Jugendlichen selbst initiiert und durchgeführt werden. Entscheidungen werden dann von der Zielgruppe eigenständig und eigenverantwortlich getroffen. Es handelt sich um eine selbstständige und selbstbestimmte Form der Partizipation. Dies ist durchaus anspruchsvoll, denn es erwartet vor allem von den Erwachsenen, zu teilen und Macht abzugeben (Stange, 2002). Darüber hinaus weist Stange darauf hin, dass »›lupenrein‹ selbstverwaltete Zonen ohne Erwachsenenbeteiligung schon aus entwicklungspsychologischen Gründen zumindest auf Kinderebene weniger infrage« kämen (2002, S. 13; ▶ Kap. 3.2.4 und ▶ Kap. 4.2.2).

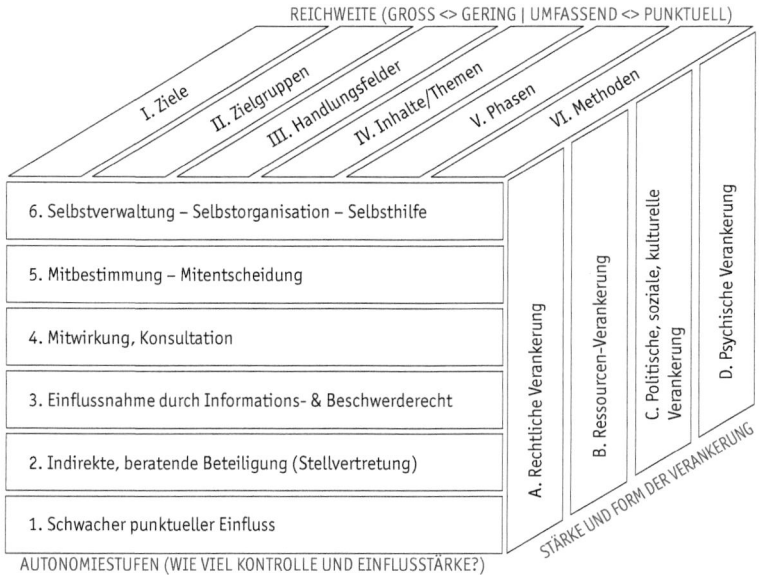

Abb. 4: Schematische Darstellung des Partizipationswürfels (eigene Darstellung nach Stange et al., 2022, S. 39; mit freundlicher Genehmigung)

Stufenmodellen liegt oft ein normatives Verständnis von vermeintlich wirklicher, gelungener oder anzustrebender Partizipation zugrunde oder sie wird ihnen zumindest zugeschrieben. Sie dienen zweifelsfrei dazu, die Qualität, vor allem aber die Intensität bzw. den Beteiligungsgrad einzuschätzen, berücksichtigen aber kaum die Inhalte, Ziele, die Reichweite, Rahmenbedingungen und Machtverhältnisse. Diese komplexen Perspektiven lassen sich besser in einem Würfelmodell systematisieren, dem sogenannten Partizipationswürfel (Stange et al., 2022; ▶ Abb. 4). Das Analyse- und Dialoginstrument besteht aus drei Dimensionen:

1. dem Autonomieniveau, das sich weitgehend an den Stufenmodellen anlehnt und den Grad der Selbstbestimmung angibt,
2. der Reichweiten-Einschätzung (groß bis gering bzw. umfassend bis punktuell) von Partizipationsprozessen unter Berücksichtigung der Ziele, Akteur:innen (hier insbesondere der Kinder und Jugendlichen), Handlungsfelder, Themen, Phasen und Methoden, sowie
3. der Formen der strukturellen Verankerung, Verbindlichkeit und Absicherung der Partizipation (bspw. hinsichtlich der rechtlichen Verankerung oder materiellen Absicherung).

Diese drei Dimensionen werden insbesondere für die Analyse der Qualität von Partizipationsprozessen empfohlen und sind dabei nicht isoliert voneinander zu betrachten, sondern als sich gegenseitig bedingende Analysedimensionen zu begreifen.

Zum Stand der Partizipation junger Menschen in Deutschland
Kommentar von Fabian Simion, 19 Jahre alt, engagiert seit seinem 11. Lebensjahr, aktiv bei Fridays for Future Germany und in der Jugend der Gewerkschaft der Lokführer GDL

Ich glaube, dass der Stand der Partizipation von jungen Menschen in Deutschland nicht fatal schlecht ist. Es gibt unzählige Möglichkeiten zu unterschiedlichsten Themen, wozu man sich einbringen kann. Von NGOs, Bewegungen, Organisationen, Parteijugenden, Jugendgemeinderäten bis hin zur Schüler:innenvertretung.

Das Problem, das alle Strukturen gemeinsam haben: Man kann dort richtig viel Zeit investieren und viel ausarbeiten, aber sobald man sich an größere Projekte wagen will, wozu man die Unterstützung von Erwachsenen beziehungsweise der Politik benötigt, kommt man ins Stocken – egal, ob man sich für mehr Therapieplätze für junge Menschen einsetzt, ein besseres Bildungssystem, mehr Klimaschutz oder sei es lokal bei der Schaffung von Jugendtreffs, wo man Erwachsene als Aufsichtspersonen benötigt.

Was beim Thema Partizipation auch ein Problem ist, ist der Fakt, dass super viele Kinder und Jugendliche gar keine Ahnung haben, was es alles an Möglichkeiten gibt, sich einzubringen. Da würden Infos, die man über die Schulen bekommt, total helfen. Mein größter Kritikpunkt dazu bezieht sich aber vor allem auf die Bundes- und Landespolitik. Dort fehlt ein Jugendrat oder irgendein anderes Instrument, das es jungen Menschen ermöglicht, bei wichtigen Entscheidungen, die sie betreffen, mitzuwirken und gehört zu werden.

In der Schule hatte ich das Glück, in meinem letzten Schuljahr auf der Realschule Schüler:innensprecher zu sein. Da ich super motiviert war, dort einiges zu schaffen, konnte ich auch vieles umsetzen. Vom Pausenradio über Angebote zum Umgang mit dem Ukrainekrieg bis hin zur Teilnahme an Sitzungen vom Landesschülerbeirat war vieles möglich. Ich glaube, ich habe da auch meine Möglichkeiten schon sehr ausgeschöpft, und das auch während meiner Abschlussprüfungen. Aber trotz allem konnte ich noch lange nicht alles schaffen, was ich vorhatte. Mit der Schüler:innenvertretung hat man aber trotzdem schon mal einen Ort, wo man sich in der Schule einbringen kann – egal ob als Klassensprecher:in oder Schüler:innensprecher:in. Schwierig wird es aber in jeder Schule, wenn es an die Finanzen gehen soll.

Aktuell befinde ich mich in der Ausbildung zum Lokführer und dort gibt es auch schon in den Ausbildungsstrukturen Möglichkeiten, sich einzubringen. Da gibt es die Jugend- und Auszubildendenvertretung, aber auch die Gewerkschaften, die da einiges ermöglichen. Aber auch hier muss man sagen, dass die Interessen von jungen Menschen gerne immer mal wieder gerade in Tarifverhandlungen unter den Tisch fallen.

Zusammenfassend kann ich nur sagen, dass Deutschland kein Problem hat, junge Menschen für das Engagement zu begeistern. Letztlich fehlt es sehr oft einfach am Willen der Erwachsenen und

> an Möglichkeiten, diese Ideen und Visionen in die Tat umzusetzen.

4.2 Partizipation als Balanceakt zwischen Adultismus und Parentifizierung

Bildung im Kontext von Transformation und Partizipation umfasst stets den Prozess der Selbst- und Welterschließung als zentrales Element politischer Subjektwerdung. Dieser Prozess schließt auch den Abgleich des Selbst mit anderen ein. Zudem ist dieser Prozess der Identitätsbildung junger Menschen auch mit dem Wunsch des Gehörtwerdens, dem Bedürfnis nach politischer Artikulation verknüpft, als Ausdrucksform jugendlicher Selbstermächtigung (Kenner, 2024). Konfrontiert sind junge Menschen in diesem Prozess jedoch oft mit einem gegenläufigen Phänomen, das als *Adultismus* beschrieben wird und sich auch in den Stufenmodellen zur Partizipation wiederfinden lässt, insbesondere bei der Instrumentalisierung (▶ Abb. 3).

4.2.1 Zu wenig Partizipation: Adultismus

Adultismus beschreibt eine soziale Hierarchie und Diskriminierungsform, bei der Erwachsene systematisch privilegiert sind und Kinder sowie Jugendliche herabgesetzt und unterdrückt werden. Dieses Phänomen des *strukturellen Machtungleichgewichts* (Liebel & Meade, 2023b) beruht auf der Annahme, dass Erwachsene aufgrund ihres Alters überlegene Fähigkeiten, Rechte und Kenntnisse besitzen und daher befugt sind, Entscheidungen für oder über jüngere Menschen zu treffen, oft ohne deren Meinung oder Bedürfnisse angemessen zu berücksichtigen. Adultismus manifestiert sich sowohl in zwischenmenschlichen Beziehungen als auch in institutionellen Strukturen und kann von subtilen Verhaltensweisen bis hin zu offenen Diskriminierungen reichen. Er ist tief in kulturellen, rechtlichen und institutionellen Systemen verankert und beeinflusst die Art und Weise, wie junge Menschen in verschiedenen gesellschaftlichen Bereichen, einschließlich Bildung, Familie und Politik, behandelt und wahrgenommen werden.

> **Generationenübergreifende Verständigung**
> Sally Weintrobe (2024) führte in Großbritannien Gespräche über die Klimakrise – zunächst jeweils mit Jugendlichen und älteren Menschen und anschließend in generationsübergreifenden Gruppen. Die Jugendlichen zeigten sich gut informiert, emotional stark betroffen und aktiv engagiert. Ältere Menschen hingegen wussten weniger über die Klimafolgen und schwankten zwischen Verdrängung und Bewusstsein. Beide Gruppen kämpften zudem mit Schuldgefühlen: Jugendliche empfanden eher einen Drang zur Wiedergutmachung, während die Älteren Schuld eher abwehrten oder anderen zuschrieben. Das erschwerte zunächst das Verständnis zwischen den Generationen. Erst bei einem gemeinsamen Treffen zeigten die älteren Teilnehmenden mehr Unterstützung, nachdem sie erkannt hatten, wie belastend sich die Lage für die Jugend darstellt. Die Studie zeigt, wie wichtig es ist, gemeinsam über die Klimakrise zu sprechen – aber auch, wie belastend es sein kann, dabei nicht ernst genommen zu werden.

Schule ist ein prägnantes Beispiel für *institutionellen Adultismus* (Kenner & Neuhof 2024; Liebel & Meade, 2023b), da sie zumeist stark durch erwachsenenzentrierte Strukturen und Normen geprägt ist. In diesem Kontext wird das Machtungleichgewicht zwischen Erwachsenen und jungen Menschen besonders deutlich. Lehrkräfte, die durch die institutionelle Autorität gestützt sind, bestimmen in der Regel über Lerninhalte, Methoden und Bewertungskriterien. Schüler:innen sind hauptsächlich Empfänger:innen dieser Entscheidungen – ihre Möglichkeiten zur Mitgestaltung ihres Lernumfelds und zur Einflussnahme auf ihre eigene Bildung sind in der Regel stark begrenzt. Diese hierarchische Struktur spiegelt die Annahme wider, dass Erwachsene aufgrund ihrer Lebenserfahrung und ihres Wissens besser in der Lage seien, Entscheidungen über Bildungsprozesse zu treffen. Diese Dynamik fördert nicht nur eine Umgebung, in der die Stimmen der Kinder und Jugendlichen marginalisiert werden, sondern festigt auch eine Kultur, in der junge Menschen lernen, die Autorität anderer und die eigene passive Rolle unhinterfragt zu akzeptieren.

Die Folgen von Adultismus sind vielschichtig und können tiefgreifende Auswirkungen auf die Entwicklung haben. Jugendliche, die wiederholt erleben, dass ihre Meinungen und Perspektiven als minderwertig abgetan werden, können bspw. Unsicherheit, Selbstentwertung und Resignation entwickeln (Liebel & Meade, 2023a). Dies kann wiederum zu einem Mangel an Selbstvertrauen führen, der junge Menschen davon abhält, neue Herausforderungen anzunehmen oder eigenständige Entscheidungen zu treffen (Richter, 2013). Darüber hinaus kann die ständige Konfrontation mit adultistischen Haltungen zu Frustration und Widerstand führen, aber auch die Weitergabe von erlebten Verletzungen und Demütigungen an (vermeintlich) schwächere oder jüngere Personen fördern, was die sozialen Beziehungen innerhalb der Peer-Gruppe oder auch der Familie belasten kann (Liebel & Meade, 2023a). Adultismus kann auch zur Verstetigung weiterer Diskriminierungsformen beitragen, indem er gegenüber Kindern und Jugendlichen frühzeitig den Eindruck erweckt, dass bestimmte Gruppen von Menschen aufgrund angeborener Eigenschaften oder sozialer Rollen unterdrückt werden dürfen. Solche Erlebnisse können später Rassismus, Sexismus und andere diskriminierende Verhaltensweisen begünstigen (Liebel & Meade, 2023a).

Auf institutioneller Ebene manifestiert sich Adultismus in Strukturen und Praktiken, die jungen Menschen systematisch weniger Macht und Einfluss zugestehen, was ihre Fähigkeit zur Teilnahme an gesellschaftlich bedeutenden Entscheidungsprozessen einschränkt

(LeFrancois, 2013; El-Mafaalani et al., 2025). Die Eindämmung von Adultismus und seinen negativen Konsequenzen für das Erleben, Verhalten und die Entwicklung junger Menschen erfordert daher nicht nur ein Umdenken auf der individuellen Ebene, sondern auch strukturelle Veränderungen, die jungen Menschen echte Partizipationsmöglichkeiten in allen Bereichen des Lebens und eine Anerkennung für ihre Perspektiven bieten. Die Schule bildet da keine Ausnahme, sondern im Gegenteil einen Ort, an dem adultistische Praktiken reflektiert werden sollten, nicht zuletzt auch, um ihnen schließlich mit partizipativen Methoden zu begegnen.

Liebel und Meade (2023b) beschreiben Adultismus als Strukturprinzip unserer Gesellschaft: Das Verhalten der Erwachsenen werde über Generationen tradiert und zumeist gar nicht als Abwertung wahrgenommen. Adultismus beschreibt somit insgesamt ein »ungleiches, machtvolles Verhältnis zwischen Älteren und Jüngeren zum Nachteil der Jüngeren«, wobei sich dieses »in interpersonalen Beziehungen ebenso wie in gesellschaftlichen Strukturen und Institutionen« ausdrückt (Liebel & Meade, 2023a, S. 169; vgl. auch El-Mafaalani et al., 2025). Adultismuskritik zielt folglich nicht darauf ab, Lehrkräfte in ihrem Verhalten zu verurteilen, sondern sie zu sensibilisieren für diskriminierendes Verhalten, das ihnen selbst zunächst gar nicht bewusst ist (Kenner, 2024; Kenner & Neuhof, 2024). Denn wie »kompetent oder verantwortungsbewusst junge Personen sind, hängt auch davon ab, wie sie behandelt werden und in welcher sozialen Position sie sich befinden« (Giesinger, 2019, S. 48).

4.2.2 Zu viel Verantwortungsübertragung: Parentifizierung

Kann Adultismus als ein »zu wenig« an Partizipation verstanden werden, ließe sich *Parentifizierung* als ein »zu viel« an Beteiligung einordnen. Dieses Phänomen beschreibt einen Prozess, bei dem Kinder bzw. Jugendliche gezwungen sind, Verantwortung zu übernehmen, die sinnvollerweise Erwachsenen (im engeren Sinne: den Eltern) zugeteilt ist. Dies kann z. B. die Umkehrung der traditionellen

Rollen in einem Familienverbund beinhalten, wobei die Kinder die Aufgaben und Sorgen der Eltern übernehmen.³ Übertragen auf gesellschaftliche Kontexte wie den Umgang mit der Klimakrise bedeutet dies, dass junge Menschen in Rollen gedrängt werden, die normalerweise von Erwachsenen auszufüllen sind (vgl. Peter, Dohm et al., 2023). Sie werden somit zu ›Erwachsenen vor der Zeit‹ (»adults before their time«; Eley, 2004, S. 65), was eine unverhältnismäßige Last auf ihre Entwicklung legt, indem sie gezwungen werden, sich mit komplexen Problemen auseinanderzusetzen, die eigentlich in der Verantwortung der Erwachsenen liegen.

In der englischsprachigen Fachliteratur werden Begriffe wie »adultification« und »parentification« teils synonym verwendet, teils voneinander abgegrenzt (vgl. Dariots et al., 2023; Reiter et al., 2023) und sind im Kontext gesellschaftlicher Krisen aktuell nur selten in Gebrauch (z.B. Benoit et al., 2022; Whitlock, 2023). »Adultification« bezieht sich in der Literatur oft auf den Prozess, bei dem Kinder oder Jugendliche von Erwachsenen oder der Gesellschaft als »reifer« und erwachsener angesehen werden, als es ihrem tatsächlichen Entwicklungsstand entspricht (z.B. Hood, 2023; Iyengar, 2023). Dies kann zwar dazu führen, dass von ihnen erwartet wird, Verhaltensweisen, Entscheidungen oder Verantwortlichkeiten zu übernehmen, die normalerweise für Erwachsene typisch sind. Das beschreibt allerdings weniger die Übernahme konkreter Verantwortlichkeiten, wie es bei der Parentifizierung der Fall ist, sondern mehr die Wahrnehmung und Behandlung von Kindern und Jugendlichen als quasi-erwachsene Individuen.

Die Wahl des deutschen Begriffs »Parentifizierung« im Kontext des Umgangs mit aktuellen gesellschaftlichen Krisen erscheint deshalb für die Begriffssetzung insgesamt treffender als das mögliche Gegenstück der »Adultifikation«, weil er die emotionale und funktionale Last, die Kinder und Jugendliche tragen, wenn sie in derar-

---

3 Wir bewegen uns hier über das ursprüngliche Konstrukt Parentifizierung hinaus, wie es in der Systemischen Therapie oder Familientherapie definiert wurde, und übertragen es bewusst auf die gesellschaftliche Ebene.

tige Rollen gedrängt werden, besser wiederzugeben vermag. Denn es geht hierbei nicht nur um eine vorzeitige »Reifung« oder das bloße Wahrgenommen-Werden als erwachsen, sondern vielmehr um eine tiefgreifende Verschiebung in der Verantwortungsdynamik zwischen den Generationen.

> **Balance halten**
> Die Beachtung von Adultismus und Parentifizierung in Bildungseinrichtungen ist wichtig, um Partizipation wirksam fördern zu können und Realität werden zu lassen – auch in Bezug auf den Umgang mit gesellschaftlichen Krisen. Schulen stehen vor zwei Herausforderungen bei diesem Balanceakt zwischen zwei Extremen des Umgangs von Erwachsenen mit Heranwachsenden:
> Erstens, eine rein erwachsenenzentrierte Haltung zu vermeiden, die die Beiträge von Schüler:innen marginalisiert bzw. lediglich deren Lern- und Leistungsfähigkeit bewertet; zweitens, zu verhindern, dass Schüler:innen mit Blick auf das überwältigende Potenzial gesellschaftlicher Krisen unverhältnismäßig belastet werden, indem sie zu früh zu viel Verantwortung übernehmen bzw. ihnen suggeriert wird, diese Verantwortung übernehmen zu müssen, weil es die Erwachsenen nicht tun. Gleichermaßen gilt es, dass ein Eingreifen Erwachsener dem Kindeswohl durchaus dienen kann, um dieses zu schützen.
> Dieser Balanceakt erfordert von den Erwachsenen, ihre Macht verantwortungsbewusst zu nutzen und gleichzeitig zu teilen und Heranwachsende als echte Partner:innen in der Gestaltung ihres Bildungsweges und ihrer sozialen Umgebung anzuerkennen – ohne die eigene Verantwortung auf die Schultern der Kinder und Jugendlichen zu verlagern.

4.3   Partizipation und psychische Gesundheit

4.3.1   Psychische Gesundheit als soziales Geschehen

Um im Speziellen die Relevanz von Partizipation für die psychische Gesundheit darzustellen, ist ein Blick auf den Rahmen von Partizipation erforderlich: die sozialen Beziehungen, die bereits bei den Themen psychische Gesundheit (▶ Kap. 2.2.1), Resilienz (▶ Kap. 2.3.3), Prävention (▶ Kap. 3.2) und Krisenbewältigung (▶ Kap. 3.3) als bedeutsamer Faktor herausgearbeitet wurden. Partizipation bedeutet immer, mit anderen im Austausch und in der Diskussion zu sein und somit in Beziehung zu stehen. So ist es nur ein kleiner Schritt zur Verbindung von Partizipation mit psychischer Gesundheit über die Brücke der sozialen Beziehungen.

Wenig überraschend sind soziale Beziehungen hoch relevant für die psychische Gesundheit (z. B. Wickramaratne et al., 2022; vgl. auch El-Mafaalani et al., 2025; YEP – Stimme der Jugend, 2025). Eine Vielzahl an Studien zeigt die große Abhängigkeit der ersten Entwicklungsschritte junger Menschen von ihren sozialen Bezugspersonen: So entwickelt sich das Nervensystem unvollständig ohne Berührung durch Bezugspersonen (Spitz, 1946), Babyaffen bevorzugen eine kuschelige Mutter, die Nahrung gibt (Harlow, 1959), und Bindungs- bzw. Beziehungserfahrungen sind die Grundlage für eine gesunde psychische Entwicklung (Bowlby, 1969, 1973; McPherson et al., 2014). Nicht zuletzt haben die Erfahrungen, die Schüler:innen mit ihren Lehrkräften und Mitschüler:innen machen, einen »entscheidenden Einfluss auf das Wohlbefinden« (El-Mafaalani et al., 2025, S. 135). Auch Krisen im Alltag sowie solche auf höheren Ebenen lassen sich eher bewältigen, wenn die betroffene Person Unterstützung durch ihr Umfeld erhält (z. B. Suresh et al., 2021). Dies kann praktische Hilfe in Form von Wissen oder finanziellen/materiellen Ressourcen sein, aber auch emotionale Unterstützung in Form von Validierung von Gefühlen oder schlichtem Zuhören (vgl. auch Antonovsky, 1971). Dabei muss soziale Unterstützung überhaupt erkannt und wertgeschätzt werden, um positiv verarbeitet zu werden und zu emotionalem Wohlbefinden führen zu können. Dies ist auch abhängig von eigenen Lernerfahrungen (bspw. mit der Frage, inwiefern jemand früher Unterstützung erhalten hat; vgl. Turner & Brown, 2010).

> **Soziale Unterstützung**
> Soziale Unterstützung umfasst das Wissen, dass man geliebt und versorgt ist, dass man geachtet und geschätzt wird sowie dass man zu einem Netzwerk der Kommunikation und gegenseitigen Unterstützung gehört (Cobb, 1976). Die soziale Unterstützung kann sowohl instrumentell/direkt sein, bspw. direkte Unterstützung oder Beratung, aktiv (»bemuttern«) oder materiell (Versorgung mit Gütern).

Besonders relevant ist dabei die *wahrgenommene* soziale Unterstützung, also die Überzeugung oder das Gefühl, in ein Netzwerk eingebunden zu sein (z.B. Santini et al., 2015). Die wahrgenommene Unterstützung ist insgesamt bedeutsamer für das subjektive Wohlbefinden und andere gesundheitsbezogene Faktoren als objektive Bedingungen wie die Größe des vorhandenen sozialen Netzwerkes oder die tatsächlich erhaltene Unterstützung (Zell & Stockus, 2024).

Soziale Unterstützung stellt allgemein einen Puffer für das psychische Wohlbefinden dar und spielt außerdem eine größere Rolle, wenn die Stressbelastung hoch ist (Turner & Brown, 2010). Zu beachten ist jedoch die Unklarheit der Kausalität im Zusammenhang zwischen sozialen Beziehungen und psychischer Gesundheit: So kann es durchaus sein, dass psychisch belastete Menschen weniger Kraft haben, soziale Beziehungen einzugehen und zu pflegen. Genauso könnten fehlende soziale Beziehungen die Entstehung und Aufrechterhaltung psychischer Erkrankungen befeuern. Für die frühe Kindheit ist klar, dass soziale Beziehungen und Bindungen für die psychosoziale Entwicklung essenziell sind, im weiteren Leben ist dies weniger klar. Da das Leben nicht monokausal verläuft, wir es in der Regel also mit einem Wechselspiel unterschiedlicher Faktoren zu tun haben, ist die Frage der Wirkrichtung für die psychische Gesundheit in der Schule jedoch vermutlich nicht essenziell: Wichtiger ist vielmehr, ausreichend Möglichkeiten und passende Rahmenbedingungen für soziale Unterstützung und Beziehungen zu schaffen, die – abhängig von den persönlichen Ressourcen der Menschen in der Schule – genutzt werden können.

Ein weiterer Zweig der aktuellen Forschung und Diskussion mit Blick auf soziale Unterstützung ist der Blick auf Einsamkeit (Wang et al., 2018), definiert als Diskrepanz zwischen dem gewünschten und dem erreichten Zustand von sozialer Interaktion (Peplau & Perlman, 1982). Sie steht somit mit – fehlender – sozialer Unterstützung in Zusammenhang. Zugleich fühlen sich Menschen mit psychischen Erkrankungen im Mittel einsamer (Lauder et al., 2004). Zudem kann das Gefühl von Einsamkeit psychische Belastungen verstärken, insbesondere eine depressive Stimmung (Loades et al., 2020; Wang et al., 2018). Bislang ist unklar, ob Einsamkeit ausschließlich zu psychischer Belastung führt, psychische Belastung insbesondere Einsamkeit verstärkt oder ob sich beide gegenseitig bedingen. Unbestritten ist jedoch die hohe Relevanz von sozialer Eingebundenheit und Unterstützung. Da Einsamkeit in der Bevölkerung – mindestens seit der COVID-19-Pandemie – vor allem unter jungen Menschen zuzunehmen scheint (Buecker et al., 2020; Luhmann et al., 2024), muss dies auch in der Gesellschaft und im Gesundheitskontext berücksichtigt werden, ebenso wie im Bildungskontext im Sinne der psychischen Gesundheit junger Menschen ein besonderes Augenmerk auf den Aufbau positiver sozialer Beziehungen gelegt werden sollte.

4.3.2 Die Rolle von Partizipation und Teilhabe für psychische Gesundheit

Kinder und Jugendliche fühlen sich in Deutschland oft nicht ausreichend an gesellschaftlichen Entscheidungsprozessen beteiligt und haben mehrheitlich das Gefühl, dass sie keinen Einfluss auf das Handeln von Politiker:innen haben. Im aktuellen YEP-Jugendbericht Mental Health gaben 92 % der befragten deutschen Jugendlichen an, sich manchmal oder oft im Alltag so zu fühlen, als hätten sie keinen Einfluss und könnten bestimmte Dinge nicht ändern (YEP – Stimme der Jugend, 2025). In einer repräsentativen Umfrage der Universität Bielefeld (2024) gaben 56 % der befragten Kinder und Jugendlichen zwischen zwölf und 16 Jahren an, dass Politiker:innen sich nicht ausreichend bemühen, die wichtigen Probleme der Gesellschaft zu lösen. 78 % gaben an, dass sie selbst keinen Einfluss darauf haben, wie die Regierung handelt, und nur 28 % gaben an, dass Politiker:innen sich ausreichend darum kümmern, was Kinder und Jugendliche denken. 94 % gaben zudem an, dass die Förderung der Bildung von Kindern und Jugendlichen das wichtigste gesellschaftliche Anliegen sei neben der Sicherung der Chancengleichheit von Kindern und Jugendlichen.

Das Gefühl, politisch oft übersehen zu werden, wird ergänzt durch unzureichende Partizipationsmöglichkeiten von Kindern und Jugendlichen. In einer älteren repräsentativen Umfrage des Kinderhilfswerks (2013) an Kindern und Jugendlichen im Alter zwischen zehn und 17 Jahren gaben 44 % der Befragten an, nicht zu wissen, ob und wie sie sich an politischen Entscheidungen vor Ort beteiligen können. Als besonders wichtig wurde zudem die Möglichkeit zur Einflussnahme auf den Lebensbereich Schule und Unterricht benannt. Gleichzeitig gaben 75 % an, dass Kinder und Jugendliche in ihren Schulen nichts oder nur sehr wenige Dinge mitbestimmen können.

Die ohnehin schon nicht optimalen Partizipationsmöglichkeiten wurden in der COVID-19-Pandemie von jungen Menschen als noch stärker eingeschränkt eingeschätzt (Andresen et al., 2021). So stimmte fast die Hälfte (45,4 %) der in der JuCo-Studie Befragten der Einschätzung gar nicht bzw. eher nicht zu, dass ihre Sorgen gehört werden. Die Aussage »Die Sorgen von jungen Menschen werden in der Politik gehört« wurde gar von 64,9 % der Befragten verneint. Die Studie schlussfolgert, dass junge Menschen, die sich politisch und gesellschaftlich einbringen möchten, keine guten und niedrigschwelligen Strukturen zur Partizipation vorfinden. Insbesondere Jugendliche, die über wenige soziale und materielle Ressourcen verfügten, würden sich wenig gehört fühlen. Zugleich bleibt unklar, inwiefern vielen Jugendlichen das Recht, gehört zu werden, überhaupt bewusst ist, ob hierzu also eine entsprechende Aufklärung wirksam stattfindet.

> *Hinweis:* Insgesamt zeigt sich eine große Unzufriedenheit von Kindern und Jugendlichen dazu, inwiefern ihre Anliegen gesellschaftlich aufgegriffen und ernst genommen werden. Besonders im Bereich Schule würden viele Schüler:innen gern mehr mitgestalten, sehen jedoch nur wenige bis gar keine Beteiligungsmöglichkeiten. Kinder und Jugendliche direkt zu beteiligen, ist jedoch ein wichtiges Mittel gegen Gefühle von Hilflosigkeit, Frust oder Ärger.

Dass für die psychische Gesundheit Faktoren wie Selbstwirksamkeit und soziale Unterstützung bzw. Beziehungen hoch relevant sind, unterstreicht die Bedeutung von Partizipation und Teilhabe nicht nur für politische und gesellschaftliche Prozesse, sondern auch für die individuelle psychische Gesundheit (▶ Kap. 2.2.2). Argumentiert wird, dass die aktive Einbindung in gesellschaftliche Prozesse und Entscheidungen die Resilienz junger Menschen gegenüber psychischen Belastungen stärkt (Deutscher Bundesjugendring, 2023). Durch die Möglichkeit zur Mitgestaltung ihrer Umwelt bauen sie soziale Kompetenzen aus und entwickeln ein Gefühl von Zugehörigkeit (im Sinne der Eingebundenheit in ein soziales Netzwerk), das als Schutzfaktor gegen psychische Erkrankungen wirkt (z. B. Wick et al., 2023).

Im Herbst 2024 erschien eine Stellungnahme der Nationalen Akademie der Wissenschaften Leopoldina (Nationale Akademie der Wissenschaften, 2024) zur psychischen Gesundheit von Kindern und Jugendlichen in Deutschland mit Fokus auf die Notwendigkeit,

Selbstregulationskompetenzen zu fördern. Der Begriff der Selbstregulation ist dabei eng mit dem der Selbstwirksamkeit verbunden, also der Überzeugung, das eigene Handeln selbst steuern und gesetzte Ziele erreichen zu können. Ein zentraler Punkt der Stellungnahme ist der Zusammenhang von Selbstregulation bzw. psychischer Gesundheit und Teilhabe an gesellschaftlichen und politischen Prozessen. So gehen die Autor:innen basierend auf der Studienlage davon aus, dass eine stärkere Beteiligung an gesellschaftlichen und politischen Prozessen die Fähigkeit zur Selbstregulation verbessern kann.

Selbstregulation
Selbstregulation umfasst die Fähigkeiten, die es ermöglichen, persönliche Ziele zu erreichen und sich an wechselnde Umstände anzupassen. Im Einzelnen sind dies kognitive, emotionale, motivationale und soziale Fähigkeiten, z. B.:

- kognitiv: sich konzentriert einer Aufgabe widmen,
- emotional: Strategien zur Stimmungsverbesserung anwenden,
- motivational: Formulieren und Erreichen von Handlungszielen bzw. deren Veränderung wie langfristige Planung der Zukunft,
- sozial: Konflikte lösen können.

Der positive Nutzen von Partizipation in der Schule für das Schulklima wurde bereits in zahlreichen Studien untersucht; darunter der Nutzen strukturierter Programme zur Steigerung der psychischen Gesundheit in Grundschulen (z. B. Sanchez et al., 2018) bis zur weiterführenden Schule (z. B. Merry et al., 2012; Werner-Seidler et al., 2017; zusammenfassend auch Margaretha et al., 2023). Dabei zeigen sich Einschränkungen, etwa die insgesamt geringe Größe der nachweisbaren Effekte sowie die Notwendigkeit, sich auf spezifische Bereiche wie die Prävention von Depressionen, Sucht oder Angst zu konzentrieren (z. B. Werner-Seidler et al., 2017) und die langfristigen Wirkungen präventiver Maßnahmen genauer zu untersuchen (z. B.

Merry et al., 2012). Kaum eine Studie widmet sich zudem dem Zusammenhang zwischen Partizipation und psychischer Gesundheit von Kindern und Jugendlichen sowie ggf. auch Lehrkräften.

Fehlende Studien lassen zunächst keinen Schluss darauf zu, dass Partizipation keinen Effekt auf die psychische Gesundheit hat. Vielmehr scheint es hier – im Vergleich zu punktuellen Schulprogrammen – einer größeren Veränderung zu bedürfen, als für einige Wochen oder Monate ein Schulprojekt umzusetzen. Zugleich finden wir in angrenzenden Gesundheitsbereichen (z. B. Heru, 2006) eine Vielzahl an Belegen, dass der Einbezug von Betroffenen (auch im Erwachsenenalter) über die genannten Wege von Selbstwirksamkeit und sozialer Eingebundenheit die psychische Gesundheit stabilisieren und fördern kann. Auch die Einbeziehung von Eltern in der weiterführenden Schule zeigt sich als förderlich für die psychische Gesundheit (Wang & Sheikh-Khalil, 2013).

4.3.3 Ein partizipatives Salutogenesekonzept für die Schule

Wie kann Schule also mittels Partizipation psychische Gesundheit fördern? Die Themen Salutogenese und psychische Gesundheit sind im Zusammenhang mit dem Konzept »gesunde Schule« nicht neu, sondern gar Gegenstand zahlreicher wissenschaftlicher Überlegungen, Sachbücher und Ratgeber (vgl. Frick, 2021). Was jedoch häufig vernachlässigt wird, ist eine ganzheitliche Betrachtung der unterschiedlichen Personengruppen, die in einer Schule zusammenwirken. Dabei ist es essenziell, zu berücksichtigen, dass die psychische Gesundheit dieser Gruppen – Schüler:innen, Lehrkräfte und Schulleitungen sowie Eltern – eng miteinander verknüpft ist (Aldridge & McChesney, 2018; Harding et al., 2018). So können Schüler:innen kaum psychisch gesund sein, wenn Lehrkräfte dauerhaft belastet sind oder sich unwohl fühlen (z. B. Harding et al., 2019). Dies gilt umso mehr in Zeiten gesellschaftlicher Krisen, die alle Beteiligten betreffen und zusätzliche Herausforderungen mit sich bringen.

4.3 Partizipation und psychische Gesundheit

Hier kann Partizipation als verbindendes Element wirken: Der Austausch auf Augenhöhe zwischen Schüler:innen, Lehrkräften und anderen Beteiligten schafft nicht nur Verständnis füreinander, sondern kann auch dazu beitragen, Belastungen abzufedern. So profitieren Lehrkräfte bspw. von den kreativen Ideen und Perspektiven der Schüler:innen – eine wechselseitige Dynamik, die zur Verbesserung des Wohlbefindens aller beitragen kann. Einzelne, punktuelle Präventionsprojekte greifen in diesem Kontext meist zu kurz (▶ Kap. 3.2). Stattdessen ist Gesundheit in der Schule ein dynamischer, gemeinschaftlicher Prozess, der auf aktive Beteiligung angewiesen ist. Partizipation bildet dafür die Grundlage.

Das Ziel von Partizipation dabei ist, funktionale Reflexions- und Handlungsprozesse anzustoßen, durch die Schüler:innen auch Selbstregulationsfähigkeiten entwickeln (vgl. Nationale Akademie der Wissenschaften Leopoldina, 2024). Indem Kinder und Jugendliche aktiv in Entscheidungsprozesse eingebunden werden, erfahren sie Selbstwirksamkeit: »Ich darf mitentscheiden«, »Ich kann Situationen bewusst verändern«. Solche Erfahrungen stärken das Selbstwertgefühl und vermitteln das Gefühl, ernst genommen und wertgeschätzt zu werden. Studien zeigen, dass Kinder, die sich aktiv in ihrer Gemeinschaft einbringen, ein stärkeres Gefühl von Zugehörigkeit und Identität entwickeln, was sich wiederum positiv auf ihre psychische Gesundheit auswirkt (z.B. Vus et al., 2021). Diese Zugehörigkeit und Identität sind entscheidend, um den Herausforderungen gesellschaftlicher Krisen wirksam begegnen zu können (vgl. Fritsche et al., 2021).

Partizipation wirkt also nicht nur als Schutzfaktor für die psychische Gesundheit, sondern auch als Ressource, die Resilienz aufbaut. Ein weiterer zentraler Effekt von Partizipation liegt nicht zuletzt in der Förderung sozialer Kompetenzen. Über die Zusammenarbeit in Gruppen und die aktive Teilnahme an Projekten lernen Kinder und Jugendliche, ihre Gedanken und Gefühle auszudrücken, Konflikte konstruktiv zu lösen und empathisch zu handeln. Diese Fähigkeiten sind entscheidend für die psychische Gesundheit (z.B. Gomez-Lopez et al., 2022), u.a., da sie Isolation und Einsamkeit entgegenwirken. Studien belegen, dass Kinder, die an partizipativen Projekten teilnehmen, signifikante Fortschritte in ihren sozialen Fähigkeiten machen (Anselma et al., 2020; Shamrova & Cummings, 2017; Wolff & Hartig, 2006). Sie lernen nicht nur, sich selbst besser wahrzunehmen, sondern auch, sich in andere hineinzuversetzen und gemeinschaftlich Verantwortung zu übernehmen. Dieses »Lernen am Tun« – etwa in Form von Schulprojekten oder gemeinschaftlichen Aktionen – stärkt die Handlungsfähigkeit und baut Brücken zwischen den individuellen Bedürfnissen und dem Wohl der Gemeinschaft.

Empirisch spricht demzufolge viel für die gemeinsame Berücksichtigung von Gesundheit und Partizipation in der Schule. Ein solches *partizipatives Salutogeneseverständnis* (▶ Abb. 5) für die Schule basiert auf den Grundprinzipien der Salutogenese – Verstehbarkeit, Handhabbarkeit und Sinnhaftigkeit (▶ Kap. 2.2.2 und ▶ Kap. 3.3) – und legt besonderen Wert auf die aktive Einbeziehung der Schüler:innen in schulische Prozesse. Ziel ist es, die Schüler:innen dazu zu befähigen, die Herausforderungen des schulischen Alltags wie Stress oder Konflikte zu verstehen, Strategien zu ihrer Bewältigung zu entwickeln und deren Sinnhaftigkeit für das persönliche Wachstum zu erkennen. Dies ließe sich analog auch auf den Umgang mit größeren Krisen übertragen. Durch bspw. transparente Kommunikation, altersgerechte Erklärungen und echte Mitgestaltungsmöglichkeiten wird die Verstehbarkeit gefördert, während die Handhabbarkeit durch das Erlernen von Fähigkeiten wie Emotionsregulation und Konfliktlösung gestärkt wird. Sinnhaftigkeit entsteht schließlich, wenn Schüler:innen ihre partizipative Teilnahme an schulischen Aktivitäten als bedeutsam und wertvoll erleben.

Dieser Ansatz spiegelt sich in einem iterativen Prozess wider, der auf der stetigen und ineinandergreifenden Wiederholung der Schritte Wahrnehmen, Beobachten, Reflektieren und Handeln basiert. Schüler:innen werden dabei ermutigt, ihre körperlichen und emotionalen Zustände wahrzunehmen, die ausgelösten Gefühle und Handlungsimpulse zu beobachten und diese in einem nächsten Schritt zu reflektieren. Lehrkräfte unterstützen dabei, eine positive

4.3 Partizipation und psychische Gesundheit

Haltung gegenüber der Vielfalt an Emotionen und Perspektiven zu entwickeln. Schließlich wird die Reflexion genutzt, um gesunde und konstruktive Handlungen abzuleiten, etwa durch Deeskalationsstrategien oder kreative Problemlösungen.

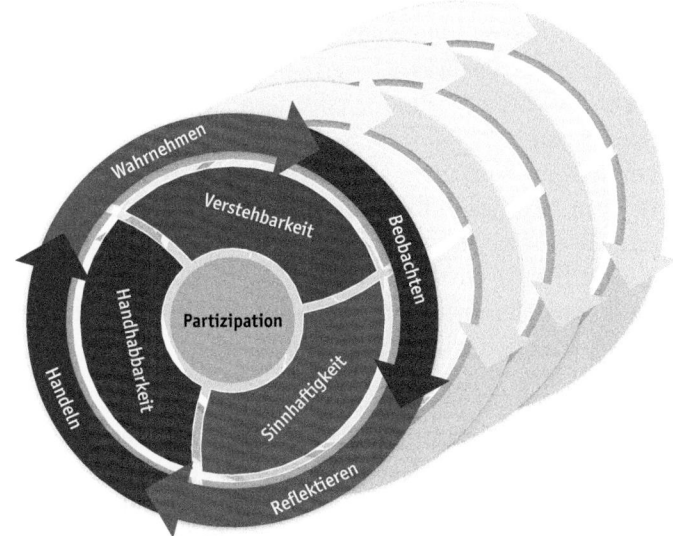

Abb. 5: Entwurf eines partizipativen Salutogenesekonzepts mit zwei ineinandergreifenden und sich wiederholenden Prozessen. Im Zentrum steht Partizipation als verbindendes Element, das diesen gemeinsamen Entwicklungsprozess antreibt. Die Spiralen verlaufen entlang einer Zeitachse und verdeutlichen die kontinuierliche Entwicklung und das Zusammenspiel beider Prozesse (Asbrand & Peter, CC BY-SA 4.0, https://creativecommons.org/licenses/by-sa/4.0/)

Ein wichtiger Baustein des Konzepts ist die Förderung der emotionalen Kompetenz (vgl. Grund & Holst, 2023). Schüler:innen lernen durch Übungen wie Rollenspiele, Sozialtrainings oder Gruppenarbeiten, ihre Gefühle zu erkennen, widersprüchliche Emotionen zu akzeptieren und daraufhin angemessen zu handeln. So können sie z.b. erkennen, dass sie an einem heißen Tag erschöpft und gereizt sind, reflektieren diese Emotionen als Reaktion gegenüber der Hitze (anstatt die Gereiztheit bspw. auf Klassenkamerad:innen oder Lehrkräfte zu beziehen) und sorgen für ihr Wohlbefinden durch gezielte Handlungen wie das Aufsuchen eines kühlen Orts (statt gegenüber Mitschüler:innen aggressiv zu werden). Wiederholte Erfahrungen dieser Art stärken langfristig die Fähigkeit, Herausforderungen bewusst und gesundheitsfördernd sowie sozial angemessen zu bewältigen.

Das langfristige Ziel eines solchen partizipativen Salutogenesekonzepts ist es, ein gesundheitsförderndes Schulklima zu schaffen, das durch Verstehbarkeit, Handhabbarkeit und Sinnhaftigkeit geprägt ist. Gleichzeitig wird die Resilienz der Schüler:innen gestärkt, indem sie lernen, Herausforderungen nicht nur individuell, sondern auch gemeinschaftlich wirksam zu bewältigen.

Hinweis: Psychische Gesundheit in der Schule entsteht durch gemeinsames Wahrnehmen, Beobachten, Reflektieren und Handeln in potenziell herausfordernden Situationen. Die beteiligten Personen sind abhängig voneinander und können einander – im Sinne der Partizipation – unterstützen. Gemeinsam werden Krisen verstehbar, handhabbar und erscheinen nicht gänzlich sinnlos.

4.3.4 Partizipative Bewältigung gesellschaftlicher Krisen

Mit Blick auf die Herausforderungen gesellschaftlicher Krisen lässt sich dieses partizipative Verständnis von Salutogenese mit unserem Bewältigungsmodell für solche Krisen (vgl. ACOMA-Ansatz, ▶ Kap. 3.3) im Rahmen des schulischen Kontextes verbinden. Die vier zentralen Elemente des ACOMA-Ansatzes können dabei in den beschriebenen salutogenen Prozess aus Wahrnehmen, Beobachten, Reflektieren und Handeln integriert werden:

Akzeptanz der Krise. Im Sinne des Salutogenesekonzepts beginnt der Prozess mit dem *Wahrnehmen* und *Beobachten:* Mit den Schüler:innen wird unter Berücksichtigung ihres kognitiven und emotionalen Entwicklungsstands über die Realität sozial-ökologischer Krisen gesprochen und sie werden dabei angeregt, ihre emotionalen Reaktionen wie Angst, Unsicherheit, Wut oder Hoffnung zu beobachten. Dies kann bspw. durch das Führen eines Tagebuchs erfolgen, in dem Emotionen und Gedanken schriftlich reflektiert werden. Diese Bewusstmachung schließt ein, widersprüchliche Gefühle nebeneinander bestehen zu lassen und sich ihrer bewusst zu werden, um langfristig eine konstruktive Auseinandersetzung mit der Krise zu ermöglichen.

Anerkennung von Gründen für Zuversicht. In der nächsten Phase des salutogenen Prozesses, dem *Reflektieren,* werden konstruktive Perspektiven gefördert. Indem realistische Lösungsansätze und Erfolgsgeschichten im Unterricht thematisiert werden, können Schüler:innen Zuversicht entwickeln und erfahren, dass es Fortschritte bspw. im Umwelt- und Klimaschutz gibt. Projekte wie die Planung und Durchführung lokaler Umweltaktionen oder die Beschäftigung mit Ansätzen engagierter Gruppen verdeutlichen dabei, wie kollektives Handeln positive Veränderungen bewirken kann. Dies fördert nicht nur die Verstehbarkeit der Herausforderungen, sondern auch das Gefühl der Handhabbarkeit.

Bedeutung bzw. Sinn finden. Im Rahmen des *Reflektierens* und *Handelns* unterstützt der ACOMA-Ansatz des Weiteren dabei, den Schüler:innen eine sinnstiftende Perspektive auf eine Krise zu eröffnen. Indem die sozial-ökologischen Krisen nicht nur als Bedrohung, sondern auch als Chance für eine nachhaltige Entwicklung und soziale Gerechtigkeit diskutiert werden (▶ Kap. 2.1.3 und ▶ Kap. 4.1.1), können Schüler:innen Motivation entwickeln, sich unter Reflexion ihrer Werte und Ziele im Unterricht aktiv mit Lösungswegen auseinanderzusetzen. Dies stärkt nicht nur die Sinnhaftigkeit, sondern auch das Gefühl, wirksamer Teil einer bedeutsamen Gemeinschaft zu sein.

Einen eigenen sinnstiftenden Beitrag einleiten. Der Auseinandersetzungsprozess wird schließlich im Sinne des *Handelns* durch die aktive Umsetzung konkreter Projekte abgeschlossen. Schüler:innen werden in die Lage versetzt, eigenverantwortlich und zielgerichtet zu handeln, indem sie bspw. ein Energiekonzept für die Schule entwickeln und in die Umsetzung bringen oder Workshops zu nachhaltigem Konsum durchführen, bspw. auch außerhalb der Schule solche Formate anbieten. Solche Maßnahmen können die Selbstwirksamkeit stärken und aufzeigen, dass das Engagement Teil eines größeren gesellschaftlichen Wandels ist – hier lassen sich nicht zuletzt soziales und politisches Engagement verbinden (▶ Kap. 4.1.2). Durch die wiederholte Erfahrung, dass Engagement zu sichtbaren Erfolgen führen kann, wird die langfristige Handhabbarkeit von Herausforderungen gestärkt – bestenfalls über die Schulzeit hinweg im Sinne eines modernen schulischen Bildungsauftrags (▶ Kap. 2.1.2).

Ein verbindendes Element – und hier schließt sich der Bogen wieder zur Verbindung von Partizipation und psychischer Gesundheit über die Brücke sozialer Beziehungen (▶ Kap. 4.3.1) – ist die Nutzung quasi natürlicher sozialer Settings wie der Schule bzw. der Schulklassen. Der Austausch und die Zusammenarbeit mit anderen fördern Verstehbarkeit und Sinnhaftigkeit, da die Schüler:innen erleben, dass sie nicht allein vor den Herausforderungen stehen. Das gemeinsame Wirken in der Gruppe macht die wahrgenommenen Herausforderungen zudem handhabbarer.

4.4 Partizipation und Gesellschaft

Partizipation von Kindern und Jugendlichen in der Schule, aber auch darüber hinaus zu fördern, hat zweifelsfreie positive Effekte. Aus der empirischen Forschung am Beispiel des Engagements in der Obdachlosenhilfe (Youniss & Yates, 1997) und durch Untersuchungen zu den Pfadfindern (Reinders, 2006) lässt sich aufzeigen, dass soziales Engagement einen positiven Effekt auf Handlungswirksamkeit hat. Engagementerfahrungen haben zudem einen größeren Einfluss auf das politische Interesse und Wirksamkeitserleben als der Aufbau politischen Wissens (Quintelier & van Deth, 2014). Wenn Demokratie über Bildung gestärkt und weiterentwickelt werden soll, bedarf es demnach mehr als vermeintlich richtiges Wissen, es braucht vor allem Erfahrung.

Es sei aber auch darauf verwiesen, dass sich empirisch kein Spillover-Effekt von sozialem Engagement zur Identifikation von politischen Problemstellungen erkennen lässt (Wohnig, 2017). Das heißt, dass alleiniges soziales Engagement – das durchaus auch an Schulen bspw. durch das Sozialpraktikum gefördert wird – nicht zwingend zu politischen Lern- und/oder Handlungserfahrungen führt. Es braucht demnach auch den Mut, das Politische in gesellschaftlichen Verhältnissen in der Schule zu thematisieren und Partizipation nicht nur im Sinne eines sozial erwünschten Verhaltens zu fördern.

Partizipative Handlungsfähigkeit in der Schule zu stärken, ist nicht nur für Kinder und Jugendliche als Individuen nötig, sondern auch ein zentraler Aspekt zur Erfüllung des demokratischen Bildungsauftrags (▶ Kap. 2.1). Neben der in 4.2 und 4.3 beschriebenen pädagogisch-psychologischen Dimension umfasst Partizipation von Kindern und Jugendlichen dabei zudem sowohl rechtliche als auch gesellschaftliche Dimensionen, ist aber auch geprägt von Bürgerschafts- und Demokratieverständnissen innerhalb einer Gesellschaft.

Verschiedene Formen der Partizipation werden zumeist zusammengefasst als bürgerschaftliches Engagement. Anlässlich des »Internationalen Jahres der Freiwilligen« (IJF) setzte der 14. Deutsche Bundestag 1999 die »Enquete-Kommission Zukunft des bürgerschaftlichen Engagements« ein. In ihrem Abschlussbericht, der 2002 vorgelegt wurde, formulierte die Kommission ein »Leitbild der Bürgergesellschaft« (Enquete-Kommission, 2002, S. 15) und definierte damit einen weiten Begriff des bürgerschaftlichen Engagements, das sowohl partei- und verbandspolitisches Engagement als auch zivilgesellschaftliches und soziales Engagement einschließt (Kenner, 2021). Im Abschlussbericht heißt es:

> »Für die Kommission ist die Kennzeichnung »bürgerschaftlich« verknüpft mit der Betonung von bestimmten Motiven und Wirkungen wie etwa der Verantwortung für andere, dem Lernen von Gemeinschaftsfähigkeit oder dem Aktivwerden als Mitbürger. Bürgerschaftliches Engagement bleibt nicht allein der Mitwirkung in politischen Parteien und Verbänden und der Beteiligung in Organisationen mit sozialen und politischen Zielen vorbehalten. Es kann sich ebenso im Zusammenhang von Freizeit, Sport und Geselligkeit entwickeln. Die nach wie vor große Bedeutung des Ehrenamtes und die positiven Wirkungen einer reichen Vereins- und Initiativkultur für die Bürgerschaft insgesamt sind heute unbestritten« (Enquete-Kommission, 2002, S. 15).

Für die pädagogische Arbeit stellt sich aber vor allem auch die Frage, welche Rolle Kindern und Jugendlichen in Bezug auf Partizipation zugeschrieben wird. Werden sie vor allem in ihrer Rolle als Schüler:innen wahrgenommen und damit in ihrer Rolle vornehmlich darauf reduziert, Adressat:innen von Bildung zu sein, oder wird ihnen als *Young Citizens* auch eine bedeutende Rolle als Teil der Gesellschaft zugestanden? Um dieser Frage nachzugehen, bedarf es zunächst einer Auseinandersetzung mit den rechtlichen Grundlagen.

4.4.1 Rechte des Kindes – Gesetzliche Grundlagen für Young Citizens

Die Rechte des Kindes sind auf verschiedenen Ebenen international, national und regional/lokal verankert. Dabei lassen sich die in der UN-Kinderrechtskonvention verankerten Rechte in drei Arten unterscheiden: Versorgungsrechte, Schutzrechte und Beteiligungsrechte. Wir werden im Folgenden die rechtliche Verankerung vor allem in Bezug auf die Beteiligungsrechte in den Blick nehmen.

Maßgeblich für die Etablierung und Bewusstwerdung der Rechte des Kindes waren die »UN-Deklaration über die Rechte des Kindes« aus dem Jahr 1959, die zunächst eher eine Deklaration ohne rechtliche Bindung war, und die »UN-Konvention über die Rechte des Kindes« aus dem Jahr 1989, die zu einer völkerrechtlichen Bindung führte. Einklagbar sind die hier formulierten Rechte des Kindes nicht, aber alle Länder, die die Konvention ratifiziert haben, verpflichten sich zur Umsetzung und müssen darüber Bericht erstatten.

In der Allgemeinen Bemerkung Nr. 12 des UN-Ausschuss für die Rechte des Kindes werden Orientierungshilfen und Empfehlungen zur Umsetzung des Rechts des Kindes auf Teilhabe formuliert. Das Recht auf Gehör und die Berücksichtigung der Meinung des Kindes (Beteiligung) werden insbesondere in Artikel 12 »Berücksichtigung des Kindeswillens« hervorgehoben. Dabei handelt es sich um Individualrechte, aber auch das Recht einer Gruppe von Kindern. Die hier formulierten Teilhaberechte beziehen sich demnach auch auf Gruppen wie bspw. Schulklassen.

Artikel 12 der UN-Kinderrechtskonvention
(1) Die Vertragsstaaten sichern dem Kind, das fähig ist, sich eine eigene Meinung zu bilden, das Recht zu, diese Meinung in allen das Kind berührenden Angelegenheiten frei zu äußern, und berücksichtigen die Meinung des Kindes angemessen und entsprechend seinem Alter und seiner Reife.
(2) Zu diesem Zweck wird dem Kind insbesondere Gelegenheit gegeben, in allen das Kind berührenden Gerichts- oder Verwaltungsverfahren entweder unmittelbar oder durch einen Vertreter oder eine geeignete Stelle im Einklang mit den innerstaatlichen Verfahrensvorschriften gehört zu werden.

Grundlage für die Umsetzung der zugesicherten Teilhaberechte ist das Recht auf Gedankenfreiheit (Artikel 14) und das Recht auf Meinungsfreiheit und freie Meinungsäußerung (Artikel 13, Abs. 1).

»[D]ieses Recht schließt die Freiheit ein, ungeachtet der Staatsgrenzen Informationen und Gedankengut jeder Art in Wort, Schrift oder Druck, durch Kunstwerke oder andere vom Kind gewählte Mittel sich zu beschaffen, zu empfangen und weiterzugeben« (UNICEF, 1989, S. 17).

4 Grundlagen der Transformation und der Partizipation in der Schule

Anders als das den Kindern vorenthaltene demokratische Privileg des Rechts auf aktive oder passive Teilnahme an Wahlen wird das Recht auf Vereinigung und Versammlung als Grundrecht des Kindes klar formuliert. So heißt es in Artikel 15, Absatz 1:

> »Die Vertragsstaaten erkennen das Recht des Kindes an, sich frei mit anderen zusammenzuschließen und sich friedlich zu versammeln.«

Die UN-Kinderrechtekonvention war auch Anlass für die Verankerung der Rechte des Kindes auf europäischer Ebene. So verabschiedete der Ministerrat der EU 1996 die »Europäische Charta der Rechte des Kindes«. Bemerkenswert ist, dass die Debatte um die Rechte des Kindes zur Sicherung von Versorgungsrechten, Schutzrechten und Beteiligungsrechten nicht mit den hier skizzierten Papieren abgeschlossen war. Vor allem in Bezug auf nachhaltige Entwicklung und den Umgang mit Krisen und Transformationsprozessen wurde und wird auf internationaler Ebene immer wieder auch die Perspektive junger Menschen explizit hervorgehoben. Mit der Etablierung der Nachhaltigkeitsstrategien im Zuge der UN-Umweltkonferenz in Rio de Janeiro 1992 und der Verabschiedung der »Agenda 21« als Handlungsprogramm zur nachhaltigen Entwicklung wurde der partizipative Charakter betont und schließt dabei explizit die Kinder und Jugendlichen ein. So heißt es in Kapitel 25 »Kinder und Jugendliche und nachhaltige Entwicklung« u. a.:

> »Es ist unbedingt erforderlich, dass Jugendliche aus allen Teilen der Welt auf allen in Betracht kommenden Ebenen aktiv an der Entscheidungsfindung beteiligt werden, weil diese ihr Leben heute beeinflusst und Auswirkungen für die Zukunft besitzt. Abgesehen von ihrem geistigen Beitrag und ihrer Fähigkeit, Unterstützung zu mobilisieren, bringen junge Menschen auch ihre eigenen Betrachtungsweisen mit ein, die der Berücksichtigung bedürfen.« (Vereinte Nationen, 1992, S. 245)

Mit dem Nachfolgeprogramm, der Agenda 2030, betonen die Vereinten Nationen, dass vor allem »Menschen, die verwundbar sind«, im Fokus der Agenda stehen. Dazu werden neben anderen explizit Kinder und Jugendliche gezählt (Vereinten Nationen, 2015, S. 7). Sie werden aber nicht nur als Schutzbefohlene beschrieben, die selbst

4.4 Partizipation und Gesellschaft

kaum zur Mitwirkung an der Umsetzung der Nachhaltigkeitsziele beteiligt werden könnten. Im Gegenteil:

> »Die heute von uns verkündete Agenda für das globale Handeln während der nächsten fünfzehn Jahre ist eine Charta für die Menschen und den Planeten im 21. Jahrhundert. Kinder und junge Frauen und Männer sind entscheidende Träger des Wandels und werden in den neuen Zielen eine Plattform finden, um unerschöpfliches Potenzial für Aktivismus zur Schaffung einer besseren Welt einzusetzen« (Vereinte Nationen, 2015, S. 13).

Dass sich ab 2019 mit »Fridays for Future« eine Jugendbewegung etabliert hat, die aktiv ihre Stimme erhob, kann daher nicht als Angriff auf das Entscheidungsmonopol der Erwachsenen gewertet werden. Die junge Generation kommt vielmehr ihrer Verantwortung zur Mitwirkung an der Entwicklung einer Gesellschaft von morgen nach. Sie darin zu bestärken, folgt den von den Vereinten Nationen formulierten Zielen der Agenda 2030. Gleichzeitig darf dies nicht so weit ausgereizt werden, dass Heranwachsende das Gefühl erhalten, allein in der Verantwortung zu sein, weil Erwachsene und insbesondere die Entscheidungsträger:innen unter ihnen ihrer eigenen Verantwortung nicht nachkommen (vgl. Hickman et al., 2021; ▶ Kap. 4.2.2).

Die international auch völkerrechtlich verbrieften Rechte des Kindes sind bis heute trotz jahrelanger und intensiver Bemühung zivilgesellschaftlicher Gruppen nicht im deutschen Grundgesetz festgeschrieben. Es sei aber darauf verwiesen, dass Kinder von Geburt an Träger aller Grundrechte sind. Die Sicherung der Würde des Menschen (Artikel 1) ist auch ein Kinderrecht, ebenso wie das Recht auf die freie Entfaltung der Persönlichkeit (Artikel 2), das Recht auf Gleichbehandlung vor dem Gesetz (Artikel 3) und das Recht auf ein diskriminierungsfreies Leben (Artikel 3). Hervorzuheben ist vor allem der im Anschluss an die UN-Umweltkonferenz von Rio de Janeiro eingeführte Artikel 20a des Grundgesetzes. Er nimmt implizit die Rechte des Kindes auf und die Verpflichtung des Staates zur intra-, aber auch intergenerationalen Nachhaltigkeit als Leitidee. So heißt es hier:

4 Grundlagen der Transformation und der Partizipation in der Schule

»Der Staat schützt auch in Verantwortung für die künftigen Generationen die natürlichen Lebensgrundlagen und die Tiere im Rahmen der verfassungsmäßigen Ordnung durch die Gesetzgebung und nach Maßgabe von Gesetz und Recht durch die vollziehende Gewalt und die Rechtsprechung.«

Mit Bezugnahme auf diesen Artikel des Grundgesetzes ist es jungen Menschen gelungen, mit ihrer jungen Perspektive das Verfassungsgericht davon zu überzeugen, dass die geltenden Regelungen des Klimaschutzgesetzes unzureichend sind, weil sie das Recht junger Menschen auf die Sicherung natürlicher Lebensgrundlagen in Zukunft unzureichend verteidigen (vgl. BVerfG, 2021).

4.4.2 Mehr als Schüler:innen? – Kinder und Jugendliche als Young Citizens

Den Begriff *Bürger:in* verbinden wir in der Regel mit Staatsbürgerschaft (engl. *citizen*/franz. *Citoyen, urspr. aus dem Lateinischen civitas*). Gemeint waren damit ursprünglich die wahlberechtigten Bürger der *Cité* (Stadt). Der deutsche Begriff geht eher auf das französische Wort *bourgeois* zurück und bezeichnet gewerbetreibende, nicht-adlige Stadtbewohner. Mit dem Adjektiv *bürgerlich* ist damit ein Teil der Gesellschaft bzw. eine Klasse beschrieben, der im 19. Jahrhundert einen bestimmten Lebensstil pflegte und auf eine Beteiligung am Gemeinwesen verzichtete (vgl. Kocka, 2008; Frank, 2004, nach Pohl, 2019). Diese historische Verortung des Begriffs verdeutlicht bereits die vielfältigen Konzeptionen und Begriffsverständnisse und ihren Wandel im Laufe der Geschichte.

Ein modernes Bürgerschaftsverständnis in der Weltgesellschaft erweitert die Perspektiven von Status und Zugehörigkeit – ob zu einer gesellschaftlichen Schicht oder einem Nationalstaat (Staatsbürgerschaft) – auf Bürgerschaft als gesellschaftliche Praxis. Alle Menschen, die in einer Gesellschaft leben, prägen die Gemeinschaft unabhängig von ihrer nationalstaatlichen Zugehörigkeit oder ihnen zugeschriebenen Privilegien (Wahlrecht). Dieses erweiterte Bürgerschaftsverständnis ist vor allem in einer Migrationsgesellschaft bedeutsam, weil es inklusiv ist und den Wert der Teilhabe durch kulturelle, soziale, politische und symbolische Teilhabe *aller* Menschen unabhängig von Alter und Herkunft einbezieht. Isin (2007) beschreibt dieses erweiterte Verständnis bürgerschaftlichen Handelns als »acts of citizenship«. Wir beschreiben diesen theoretischen Ansatz, weil in diesem inklusiven Bürgerschaftsmodell nicht nur Herkunft, sondern auch das Alter als ein exkludierendes Merkmal berücksichtigt wird.

Kinder und Jugendliche gelten im Gegensatz zu Erwachsenen zumeist als unreif, irrational, weniger vernunftbegabt und gar als unmündig. Sie werden abgewertet aufgrund ihres Alters (Ritz, 2008, S. 128; Liebel & Meade, 2023b, S. 149; ▶ Kap. 4.2.1). Strukturell führt diese adultistische Abwertung zu weniger Rechten und damit verbunden zu eingeschränkter Teilhabe. Wenn Schule dem oben umrissenen demokratischen Bildungsauftrag gerecht werden und als »Lernort der Demokratie« (Kenner & Lange, 2019) fungieren will, gilt es, dieses strukturelle Machtungleichgewicht bewusst zu reflektieren und nach Möglichkeiten zu suchen, es abzubauen.

Ein erster Schritt setzt dabei an, Kinder und Jugendliche nicht aufgrund ihres Alters abzuwerten, sondern sie und ihre Ideen, ihre Vorstellungen, ihr demokratisches Bewusstsein (Lange, 2005) als wertvollen Teil gesellschaftlicher Willensbildung anzuerkennen. Mit dem Konzept der *Young Citizens* schlagen Baumgardt und Lange (2022; siehe auch Kenner & Lange, 2022b; Kenner, 2023a) einen emanzipatorischen Ansatz vor, der adultistischen Perspektiven gegenübergestellt werden kann. Vor allem Kindern und Jugendlichen wird noch viel zu häufig unterstellt, dass sie sich auf einer Vorstufe politischer Mündigkeit befänden. Das Konzept der *Young Citizens* versteht junge Menschen demgegenüber nicht als werdende Bürger:innen einer vorpolitischen Lebenswelt, sondern als aktive, denkende und handelnde politische Subjekte (vgl. unser dazu äquivalentes partizipatives Salutogenesekonzept in ▶ Kap. 4.3.3). Politische Mündigkeit wird nicht als Bildungsziel verstanden, sondern als fortlaufender Prozess.

> **Partizipation von Menschen aus eingewanderten Familien (nach Becker & Schramkowski, 2017)**
> Junge Menschen aus eingewanderten Familien sind seltener politisch aktiv als jene ohne diesen Hintergrund, obwohl das Interesse an Politik vergleichbar groß ist. Eine zentrale Hürde stellt die Erfahrung von Rassismus dar, die das gesellschaftliche Zugehörigkeitsgefühl beeinträchtigen kann. Zudem gibt es strukturelle Barrieren wie die nach wie vor mangelhafte politische Repräsentation oder fehlendes Wissen über bestehende Teilhabemöglichkeiten. Als wichtigen Faktor für die Förderung politischer Partizipation identifizieren Becker und Schramkowski (2017) die Unterstützung durch Sozialarbeitende. Diese könnten junge Menschen gezielt auf politische Beteiligungsmöglichkeiten aufmerksam machen und sie in ihrem Engagement begleiten. Darüber hinaus sei entscheidend, Diskriminierungserfahrungen ernst zu nehmen und politische Strukturen offener und inklusiver zu gestalten.

Kinder und Jugendliche setzen sich mit der Demokratie und ihren Strukturen sowie damit verbundenen Macht- und Herrschaftsverhältnissen auseinander. Unter anderem Abendschön (2022) konnte in empirischen Untersuchungen nachweisen, dass bereits Kinder im Grundschulalter Interesse an politischen Fragestellungen entwickeln und über weniger komplexe, aber durchaus fachlich korrekte politische Vorstellungen und Konzepte verfügen. Weniger komplexe Wissensstrukturen müssen dabei nicht zwingend mit geringeren kognitiven Potenzialen zusammenhängen, sondern könnten auch auf fehlende Anreize zurückzuführen sein, die wiederum auf unzureichendem Zutrauen beruhen (Abendschön, 2022).

Die Idee, junge Menschen als *Young Citizens* wahrzunehmen, geht u. a. auf die internationalen Citizenship Studies und den Forschungsansatz *Inclusive Citizenship Education* (Kleinschmidt et al., 2019) zurück. Isin (2007) hat mit seinen Arbeiten zu *Acts of Citizenship* vorgeschlagen, Bürgerschaft nicht nur über den Status, Staatsangehörigkeit, den Pass oder formale Zugangsvoraussetzungen zu definieren, sondern vor allem auch als Praxis zu verstehen, die über soziale, kulturelle, aber auch politische Akte zum Ausdruck gebracht wird. Zuletzt wurde dies bspw. in der jungen Klimabewegung deutlich (vgl. Bleh, 2021). Der demokratische Bildungsauftrag beschränkt sich mit diesem Verständnis von jungen Menschen als *Young Citizens* nicht auf eine Propädeutik für späteres Handeln als »gute Staatsbürger:innen«, sondern unterstellt jungen Menschen, einen wertvollen Beitrag zur Gesellschaftsgestaltung leisten zu können.

> *Hinweis:* »Partizipation bedeutet nicht, ›Kinder an die Macht‹ zu lassen oder ›Kindern das Kommando zu geben‹. Partizipation heißt, Entscheidungen, die das eigene Leben und das Leben der Gemeinschaft betreffen, zu teilen und gemeinsam Lösungen für Probleme zu finden. Kinder sind dabei nicht kreativer, demokratischer oder offener als Erwachsene, sie sind nur anders und bringen aus diesem Grunde andere, neue Aspekte und Perspektiven in die Entscheidungsprozesse hinein.« (Schröder, 1995, S. 14)

Eine zunehmend wichtige Rolle für dieses Feld spielt die Auseinandersetzung mit sozialen Medien. Jugendliche nutzen digitale Medien immer häufiger. Über 90 % der für die Shell-Jugendstudie befragten Jugendlichen nutzen mindestens einmal täglich Messenger-Dienste und über 80 % täglich Social Media. Aber auch bildungsanregende Inhalte, etwa Informationen allgemeiner Art (69 %), für Schule, Ausbildung oder Beruf (57 %) oder zu politisch-gesellschaftlichen Themen (30 %), suchen junge Menschen immer häufiger im Netz (Rysina & Leven 2024).

> »Immerhin ein Viertel der Jugendlichen und junge [sic!] Erwachsenen folgt Politikerinnen und Politikern in den sozialen Medien. Mehr als jeder Dritte kann sich zudem vorstellen, politische Entscheidungsträger bei Fragen über soziale Medien direkt anzusprechen.« (Vodafone Stiftung, 2018, S. 8).

Wenngleich das Vertrauen der jungen Menschen in klassische Medien besonders hoch ist, nutzen sie vor allem digitale Medien, um sich über gesellschaftspolitische Themen zu informieren. Dabei nutzen Befragte mit höherem Bildungsstand vorwiegend Online-Medien, um sich zu informieren; junge Menschen mit geringerem Bildungsstand bevorzugen soziale Netzwerke als Quelle.

Interessant dabei ist, dass »nicht einmal jeder Dritte (29 %) der Befragten Informationen und Nachrichten, die er über soziale Medien erhält, für ausgewogen« erachtet (Vodafone Stiftung, 2018, S. 13). Dies ist nicht zuletzt darauf zurückzuführen, dass die Mehrheit der jungen Menschen regelmäßig im Netz mit Falschinformationen und Hassnachrichten konfrontiert werden (JIMplus, 2022). »Rund zwei Drittel der jungen Menschen (66 %) in Deutschland sehen durch Fake News den gesellschaftlichen Zusammenhalt gefährdet« (Vodafone Stiftung, 2018, S. 10). Die Befragten gaben darüber hinaus an, dass die Schule sie auf den Umgang mit Falschnachrichten und Hasskommentaren nicht adäquat vorbereite. Neun von zehn Jugendlichen finden es (sehr) wichtig, dass der Umgang mit digitalen Medien und das Erkennen von Fake News in der Schule verpflichtend thematisiert werde (Rysina & Leven, 2024). Bei Unsicherheit oder offenen Fragen zu sozialen Medien suchen Jugendliche eher im Internet als in der Schule Rat. Dabei könnte und sollte Schule hier sowohl mit Blick auf die Entwicklung demokratischer Kompetenzen als auch auf die Unterstützung des psychischen Wohlbefindens der Schüler:innen eine wichtigere Rolle spielen (▶ Kap. 5.5.2.3).

Der digitale Raum ist aber nicht nur ein Ort, an dem junge Menschen mit Fake News und Hate Speech konfrontiert werden. Digitale Medien spielen im Leben junger Menschen eine große Rolle und für politisch interessierte und engagierte Jugendliche nehmen sie vor allem in Bezug auf die politische Information und Selbstorganisation einen besonders großen Stellenwert ein. Jugendliche informieren sich über digitale Medien und soziale Netzwerke, sie nutzen den digitalen Raum als Kommunikationsmittel und als Diskursraum und damit als Raum für Teilhabe (Kenner, 2023b).

4.4 Partizipation und Gesellschaft

Ob digital oder analog, es gibt erfolgreiche Modelle der Beteiligung in Deutschland. Das Projekt »Starke Kinder- und Jugendparlamente« unterstützt kommunale Kinder- und Jugendparlamente, um jungen Menschen eine Stimme in ihrer Gemeinde zu geben. Das Deutsche Kinderhilfswerk arbeitet zudem in verschiedenen Bereichen wie der Schulweggestaltung und der Mitbestimmung im KiTa-Alltag aktiv daran, die Beteiligung von Kindern und Jugendlichen zu fördern. Solche Ansätze haben gezeigt, dass Partizipation nicht nur möglich, sondern auch sinnvoll ist, da sie den jungen Menschen ermöglichen, demokratische Erfahrungen zu sammeln und Verantwortung zu übernehmen.

Trotz solcher positiven Entwicklungen gibt es nach wie vor erhebliche Mängel bei der Umsetzung der Beteiligungsrechte. Die Herausforderungen liegen oft in der mangelnden Transparenz und dem fehlenden Zugang zu Informationen, die für eine informierte Teilnahme notwendig sind. Zudem wird die Partizipation häufig als optional betrachtet statt als grundlegendes Recht, was dazu führt, dass viele junge Menschen nicht die Möglichkeit haben, ihre Stimmen wirklich wirksam zu erheben. Die Herausforderungen liegen oft in der mangelnden Unterstützung durch Erwachsene und in der Unkenntnis über die bestehenden Beteiligungsstrukturen, was ebenfalls auf eine mangelnde Unterstützung durch Erwachsene zurückzuführen ist.

Schule als Lern- und Lebensort – Schüler:innen als »Citizen«
Fragen an Inga Feuser, Lehrerin in Köln und 2. Vorsitzende der Teachers For Future

Was verstehst Du unter Partizipation in der Schule?
Partizipation in der Schule bedeutet für mich, dass Eltern, Mitarbeiter:innen und vor allem Schüler:innen ernsthaft und wirksam beteiligt werden – und zwar auf allen Ebenen: Dazu gehören die Mitgestaltung des Lern- und Lebensraumes Schule, die Schulentwicklung und auch die Lerninhalte. Gerade beim Lern-

und Lebensraum Schule gibt es einen breiten Handlungsspielraum für Schulgemeinschaften, aber auch bei den Lerninhalten sollten Lehrende alle Spielräume nutzen, damit Schüler:innen auch mitentscheiden können, was sie lernen.

Welche Herausforderungen siehst Du bei der Umsetzung?
Die größte Herausforderung ist, dass Partizipation gelernt werden muss und nicht von heute auf morgen funktioniert. Schule ist, wie Marina Weisband treffend gesagt hat, eher ein Ort von Fremdbestimmung und erlernter Hilflosigkeit. Dies lässt sich nicht ändern, indem wir einfach sagen: »Jetzt beteiligt euch mal«. Stattdessen muss Beteiligung immer wieder eingeübt und begleitet werden. Eine weitere Herausforderung für Lehrer:innen ist sicherlich, dass das System es ihnen nicht leicht macht, Schüler:innen wirklich auf Augenhöhe zu beteiligen. Kommunen, Schulaufsichten, Lehrpläne – all das sind Hindernisse, deren Überwindung mühsam sein kann. Dafür braucht es auf Seiten der Kolleg:innen einiges »Durchhaltevermögen und Mut«, wie es in der UNESCO-Roadmap BNE für 2030 heißt.

Wie versuchst Du selbst, partizipative Elemente in Deine Arbeit in der Schule einzubinden?
Im Fachunterricht lasse ich, wann immer es geht, Schüler:innen selbst bestimmen und ausdiskutieren, welche Lerninhalte wir im Unterricht behandeln. Das ist manchmal etwas zeitaufwändig, aber das ist gut investierte Zeit, denn Diskursfähigkeit ist eine wichtige Kompetenz für unsere Demokratie. So können sich Schüler:innen zu politisch mündigen Bürger:innen (»citizen«) entwickeln. Ein konkretes Projektbeispiel für Beteiligung und eine wunderbare Gelegenheit für Selbstwirksamkeitserfahrungen ist der Klimarat, den wir mit einigen Kolleg:innen implementiert haben. In diesem Projekt verändern Schüler:innen durch eigene Ideen und eigenverantwortliches Handeln ihre Schule zu einem nachhaltigeren Lern- und Lebensort. Durch konkrete, selbstge-

> wählte Maßnahmen sorgt dieses demokratische Schüler:innen-Gremium dafür, dass der CO_2-Ausstoß der Schule verringert wird, und ermöglicht, dass nachhaltigeres Verhalten im Schulalltag gelebt wird.

4.5 Fazit: Warum Partizipation?

Die Skepsis von Kolleg:innen an der Schule, vielleicht auch die eigene, ist gut nachvollziehbar – in der Regel sind wir alle in Systemen aufgewachsen, die wenig partizipativ oder sogar autoritär waren. Partizipation ist somit nicht naheliegend, sondern wirkt mitunter eher fremd. Warum sollten wir uns also auf diesen Weg begeben? Wir präsentieren eine »Hitliste« der Argumente für Partizipation:

Partizipation nutzt auch den Erwachsenen. Zugegebenermaßen brauchen partizipative Prozesse kurzfristig mehr Zeit und Abstimmung. Langfristig nimmt Partizipation die Schüler:innen jedoch ohnehin von Anfang an mit und kann so zur Gewohnheit werden. Wenn Schüler:innen von Anfang an mit einbezogen werden, werden Konflikte in der Schule konstruktiver ausgetragen. Zugleich lernen Schüler:innen, Verantwortung zu übernehmen und Projekte zu planen. Erwachsene sehen sich dann in der Konsequenz zufriedeneren, kooperativeren, kreativen jungen Menschen gegenüber, die gerne mitgestalten.

Schule kann von Dynamik profitieren – vor allem in Zeiten globaler Krisen. Niemand war auf die COVID-19-Pandemie vorbereitet; Lehrkräfte hatten vermutlich auch kein passendes Unterrichtsmaterial zur Besprechung des Angriffskriegs auf die Ukraine in der Schublade. In Zeiten globaler Krisen entsteht eine starke Dynamik in Politik und Gesellschaft, die sich auch auf die Schule auswirkt. Schulen werden sowohl mit Blick auf die Infrastruktur wie auch das übergeordnete Bildungssystem auf lange Sicht und zumeist unflexibel geplant. Das gibt bei überschaubaren Krisen vor allem Sicherheit und Verlässlichkeit. Mehr Flexibilität erlaubt jedoch einen dynamischeren Umgang mit großen Krisen – und die Neugier, Kreativität und Gestaltungskraft in den Köpfen der Schüler:innen können dabei ungeahnte Fortschritte auftun.

Der Bildungsauftrag erhält eine neue Dimension der Softskills. Partizipation übergibt Schüler:innen (in nicht willkürlich gesetzten, sondern pädagogisch-psychologisch gut begründeten Grenzen) Verantwortung. Zugleich lernen sie, in einer Gruppe Ergebnisse auszuhandeln, sich konstruktiv zu streiten und Grenzen anderer zu respektieren. Sie erwerben somit nicht nur theoretisches Wissen über demokratische Strukturen, sondern erarbeiten sich ein Grundwissen von Demokratie und gesellschaftlichem Miteinander.

Es entstehen Lösungen, auf die keine Erwachsenen gekommen wären. Neue Herausforderungen wie globale Krisen erfordern neue Lösungen. Eine immer wieder fehlende Ressource von Lehrkräften ist Zeit. Wenn nun Schüler:innen mitplanen, eigene Ideen entwickeln und sich in die aktive Umsetzung einbringen, können sich Lehrkräfte stärker auf Prozessbegleitung als auf Inhalte konzentrieren. Gleichzeitig sehen sie, was alles möglich wird, wenn gewisse Schranken im schulischen Kontext auch mal bewusst fallen.

5 Umsetzung von Partizipation in der Schule

»Listening to what children say is not enough in the context of climate change education or child-framed methodologies more broadly.« (Cutter-Mackenzie & Rousell, 2018, S. 11)

5.1 Einführung: Zur Umsetzung von Partizipation in der Schule

Zusammenfassend lässt sich zum Stand der Beteiligung von Kindern und Jugendlichen in Deutschland sagen, dass sie nicht nur rechtlich verankert, sondern auch gesellschaftlich notwendig ist. Während es einzelne positive Beispiele und Initiativen aus dem schulischen Bereich gibt, die Partizipation fördern, sind erhebliche Lücken in einer möglichst breiten praktischen Umsetzung festzustellen. Es bedarf weiterer Anstrengungen, um sicherzustellen, dass alle Kinder und Jugendlichen die Möglichkeit haben, aktiv an Entscheidungen teilzuhaben, die sie betreffen.

Die Gestaltung von Schulen hat einen wichtigen Anteil daran, wie junge Menschen politische Verhältnisse und ihre Rolle darin begreifen. Angesichts global krisenhafter Zeiten und gehäufter rechtsextremer Vorfälle im schulischen Kontext (Kleber 2024) sollte die Beschäftigung mit dieser Gestaltungsaufgabe eine besondere Dringlichkeit erfahren. Ziel sollte es sein, die Schule als werteorientierten, politischen Ort zu gestalten, an dem eine kritische Auseinandersetzung mit gesellschaftlichen, aber auch schulischen

Macht- und Herrschaftsverhältnissen stattfindet und emanzipatorische politische Partizipation ermöglicht wird.

Einen Beitrag dazu können bewusst etablierte (Frei-)Räume leisten, in denen das Politische im Vordergrund steht, verhandelt und gestaltet werden kann. Die Förderung und Normalisierung politischer Arbeitsgemeinschaften und Veranstaltungen, die dann wie andere außerunterrichtliche Aktivitäten den Alltag der Schule mitprägen, bietet eine konkrete Möglichkeit, Jugendlichen Raum zu politischem Austausch und Handeln zu eröffnen. Dies kann auch dazu beitragen, die Einbettung vieler zunächst individuell anmutender Probleme in gesellschaftliche Verhältnisse zu verstehen und sie daraufhin zum Gegenstand politischer Auseinandersetzungen zu machen. Reale demokratische und politische Erfahrungsräume stellen einen zentralen Ansatzpunkt für demokratische Schulentwicklung dar.

Um politischem Handeln in der Schule einen Rahmen zu geben, kann es sinnvoll sein, diesen im Schulprogramm zu formulieren. Damit wird der Bildungsauftrag konkretisiert, der aus Landesverfassung und Schulgesetz abgeleitet werden kann, und es kann im Zuge dessen ein partizipativer Aushandlungsprozess ermöglicht werden. Schüler:innen, Schulleitung, Lehrkräfte und weiteres pädagogisches Personal sollten unter Reflexion von Diskriminierungserfahrungen und bestehender Machtverhältnisse, die auch während eines solchen Prozesses wirken, daran beteiligt sein. Dabei kann auch diskutiert und festgelegt werden, ob, wann und warum bspw. bestimmte Sanktionen angemessen sind und ausgesprochen werden dürfen. Auch einer immer wieder wahrgenommenen Willkür von Sanktionierungen kann so entgegengewirkt werden.

Für Lehrkräfte und Schulleitungen kann ein partizipativ entstandener und fundiert begründeter Kompass für den praktischen Umgang mit politischen Aktionen im Kontext von Schule und schulischer politischer Bildung hilfreich sein, auch angesichts von aktuellen öffentlichen Debatten zu vermeintlicher Neutralität von Lehrkräften (► Kap. 2.1.2.3). Ein solcher Kompass könnte dazu beitragen, dass Lehrkräfte und Schulleitungen nicht in einer defensiven

Rechtfertigungsrolle verharren, sondern selbstbewusst eine partizipative und emanzipatorische politische Bildung fördern sowie politische Räume in der Schule schaffen.

Politische Bildung als Unterrichtsfach kann einen Reflexions- und Diskussionsraum für politische Handlungserfahrungen der Jugendlichen eröffnen. Durch die Gelegenheit, ihre Erfahrungen einzubringen, können politisch Aktive Wertschätzung und Anerkennung erfahren. Die Schulklasse als zumeist heterogene Gruppe kann über die Effizienz, Legitimität, Chancen und Hürden der Strategien und Aktionsformen, welche die politisch aktiven Jugendlichen wählen, diskutieren und damit Perspektiven sowie Argumente politisch Aktiver und Nicht-Aktiver erweitern. Der große Wert solcher Lerngelegenheiten liegt darin, dass politisches Handeln in die Lebenswelt und potenziell in den eigenen Möglichkeitsraum der Jugendlichen Einzug erhält. So kann ein Beitrag zur Förderung der Handlungsfähigkeit geleistet werden, die in schulischer politischer Bildung häufig zu kurz kommt (Kenner & Neuhof 2024). Die Aktiven können eine Vorbildrolle für andere einnehmen, aber auch als politische Widersacher:innen zu eigenem Handeln anregen.

Durch didaktische Einbettung können Analyse- und Urteilsfähigkeit, die häufig Bildungserfahrungen von selbstorganisiertem politischem Engagement darstellen, vertieft werden (Kenner, 2021). Das Anknüpfen an reale Anliegen der Jugendlichen, welche die intrinsische Motivation zum Analysieren, Urteilen und Handeln (vgl. Wahrnehmen – Beobachten – Reflektieren – Handeln im partizipativen Salutogenesekonzept in ▶ Kap. 4.3.3) auslösen und in aller Regel gesellschaftliche Konfliktlinien adressieren, ermöglicht Subjekt-, Handlungs- und Konfliktorientierung. Der Berücksichtigung und Bewusstmachung solcher Prinzipien bedarf es, damit ausgehend von Politikunterricht politisches Handeln überhaupt als relevant betrachtet wird.

5 Umsetzung von Partizipation in der Schule

> **Partizipation junger Menschen muss ernst genommen werden**
> *Fragen an Phillip Gutberlet, 22 Jahre alt, aktiv engagiert seit seinem 13. Lebensjahr, Vorstandsmitglied im Verein Klimabildung e. V. und Mitglied im youpaN, dem Jugendforum in der Nationalen Plattform Bildung für nachhaltige Entwicklung (BNE)*
>
> **Was bedeutet Partizipation in der Schule für Dich?**
> Partizipation hat verschiedene Ebenen: Es beginnt damit, dass Themen im Unterricht gemeinsam ausgesucht werden, und geht bis zur Mitgestaltung von Klassenräumen und Schulstruktur. Wichtig ist, dass Schüler:innen das Gefühl entwickeln, ihre Meinung äußern und aktiv an Veränderungen mitwirken zu können.
>
> **Was wäre ein erster Schritt für Schulen, die Partizipation fördern wollen?**
> Ein erster Schritt könnte eine Klassenstunde sein, in der Schüler:innen gemeinsam darüber sprechen, wie die Schule läuft und was sie sich wünschen. Eine Schüler:innenvertretung ist ebenfalls sinnvoll, aber sie sollte von Lehrpersonen begleitet werden, die wirklich zuhören, und von einer Schulleitung, die das Engagement ernst nimmt.
>
> **Warum ist Partizipation wichtig?**
> Partizipation stärkt das Verständnis für Themen und fördert Kompetenzen wie Diskussion, Kritikfähigkeit und das Erarbeiten konsensfähiger Konzepte. Vor allem ermöglicht sie Schüler:innen, Veränderungen zu bewirken und sich im System zurechtzufinden und es zu gestalten.
>
> **Welche Herausforderungen gibt es?**
> Oft wissen Schüler:innen gar nicht, welche Möglichkeiten sie haben, weil es ihnen nie gezeigt wurde. Außerdem fehlt es häufig an nachhaltigen Strukturen, sodass das Wissen verloren geht, wenn engagierte Personen die Schule verlassen. Ebenso entstehen

Herausforderungen aus der Natur von Partizipation, da andere Schulmitglieder Macht abgeben müssen und das Hinterfragen von System sowie der aktuellen Praxis zulassen müssen, ohne dies als persönlichen Angriff zu verstehen.

Welche Erfahrungen hast Du gemacht?
In meiner Schulzeit haben wir beschlossen, dass die Schule bis 2035 klimaneutral sein soll. Das war ein wichtiger Schritt, der durch Partizipation möglich wurde und mir gezeigt hat, wie wichtig es dabei ist, die Verbündeten in der Sache zu kennen sowie die andere Seite und ihre Gründe. Manche Lehrkräfte sind z. B. aus Prinzip gegen Neuerungen, wenn diese Mehraufwand bedeuten könnten, und andere sprechen konstruktiv inhaltliche Mängel an – das gilt es zu unterscheiden. Ebenso gilt es, andere in Gesprächen nicht als Gegner:innen wahrzunehmen, sondern auf Augenhöhe für das beste Ergebnis zu streiten, auch um Missverständnisse zu vermeiden. Gleichzeitig habe ich gelernt, wie wichtig es ist, Strukturen zu schaffen, die Engagement nachhaltig unterstützen.

Gibt es auch Schattenseiten von Partizipation?
Wenn Partizipation nicht ernst genommen wird, führt das oft zu Frustration und Resignation. Umgekehrt ist eine ernsthafte Beteiligung jedoch bereichernd – für die Schule und die persönliche Entwicklung.

5.2 Gestaltung der Lernumgebung und des Lebensorts Schule

Die Gestaltung der Lernumgebung spielt eine zentrale Rolle für die Umsetzung von Partizipation in der Schule, insbesondere im Kontext globaler Herausforderungen wie der Klimakrise (Brown et al., 2023). So entwickelten z.B. Cutter-Mackenzie-Knowles und Rousell (2020) den sogenannten »Co-Researcher Playspace« – eine Lernumgebung, in der Kinder Themen wie die Klimakrise als para-wissenschaftlich Forschende (»para-academic researchers«) selbstbestimmt und kreativ mituntersuchen können, wobei Ausdrucksfähigkeit, Handlungskompetenz und Wirksamkeit gefördert werden. Wichtig dabei sei, so Brown et al. (2023), dass Wissen sowohl erworben als auch aktiv geschaffen werden kann. Dies unterstütze eine sinnfokussierte Bewältigung (▶ Kap. 3.3) und trage schließlich zur Entwicklung von Vertrauen, Selbstwirksamkeit und kollektiver Wirksamkeit bei.

Brown et al. (2023) schlagen vor, Lernumgebungen möglichst flexibel zu gestalten – insbesondere in drei Bereichen (vgl. auch ▶ Kap. 4.3.3):

- *Kognitive Förderung (»think«):* z.B. Räume schaffen für Diskussionen, Reflexion und soziale Interaktion; Nutzung interaktiver Technologien und flexibler Möblierung; Integration von Naturerfahrungen über neue Schulraum- oder projektbasierte Unterrichtskonzepte.
- *Emotionale Unterstützung (»feel«):* Bereitstellung kreativer Ausdrucksmöglichkeiten, z.B. über Kunstprojekte, Musik oder Bewegung; Nutzung sensorischer biologischer Materialien für eine stärkere emotionale Verbindung zur Umwelt; Ermöglichung von positiven Naturerlebnissen über Fächergrenzen hinaus (vgl. hierzu auch die Rolle von Emotionen: Finnegan & d'Abreau, 2024; Grund et al., 2024; Peter & Rimkus, 2024).
- *Aktives Handeln (»do«):* Projekte mit echter Wirkung (z.B. Naturschutzprojekte; demokratische Schulgestaltung; Mitgestaltung im Schulumfeld bzw. der Gemeinde) ermöglichen Wirksamkeitserfahrungen; Förderung spezifischer Kompetenzen und gemeinschaftlichen Handelns über Bewegung und Aktionen.

5.2 Gestaltung der Lernumgebung und des Lebensorts Schule

Insgesamt erscheint es wichtig, die verschiedensten Aspekte der Lernumgebung (Technologien, Methoden, Tagesstruktur, Architektur, Lernformate, Außengelände etc.) möglichst bewusst zu gestalten und die Schüler:innen dabei aktiv mit einzubinden (whole school approach, ▶ Kap. 3.2). Eine Matrix (▶ Tab. 4) kann dabei unterstützen, die einzelnen Aspekte miteinander verbunden zu betrachten und daraus auf die lokalen Gegebenheiten abgestimmte praktische Ansätze zu entwickeln. Gleichzeitig ist es wichtig, Schule auch als einen zentralen Lebensort zu verstehen und – gemeinsam – zu gestalten (El-Mafaalani et al., 2025), an dem Schüler:innen nicht nur Kompetenzen erwerben, sondern sich auch wohlfühlen sollen.

Tab. 4: Beispiele für Gestaltungsmerkmale partizipativer Lernumgebungen zur Unterstützung der Bewältigung gesellschaftlicher Krisen (nach Brown et al., 2023, S. 18)

Zielbereich	Methode	Räume in der Schule	Schulexterne Orte
kognitive Förderung (think)	Materialien für selbstgesteuerte Projekte (z. B. Klimadatenbanken), digitale Tools für kooperative Planung	Räume für demokratische Entscheidungsprozesse (z. B. Klassenräte), Simulationen zu Klimapolitik in fächerübergreifenden Projekten	Beteiligung an kommunalen Klima- und Umweltworkshops oder Bürgerbeteiligungsverfahren
emotionale Unterstützung (feel)	Werkzeuge für kreative Ausdrucksformen (z. B. Podcast-Ausrüstung, Materialien für gemeinschaftliche Kunstprojekte)	Schulgemeinschaftliche Aktionen (z. B. Planung von Nachhaltigkeitstagen, emotionale Reflexion in Peer-Gruppen)	Kollektive Gestaltung von öffentlichen Kunstwerken, soziales Engagement in der Gemeinde
aktives Handeln (do)	Ausstattung für konkrete Mitmachaktionen (z. B. Kompostieranlagen, Baumsetzlinge, Upcycling-Werkzeuge)	Schüler:innen organisieren Umweltprojekte (z. B. selbst-konzipierte Umgestaltung des Schulgeländes; Aktionstage; Formu-	Teilnahme an regionalen Klimainitiativen, Pflanzaktionen oder Naturschutzprojekten, Einbrin-

Tab. 4: Beispiele für Gestaltungsmerkmale partizipativer Lernumgebungen zur Unterstützung der Bewältigung gesellschaftlicher Krisen (nach Brown et al., 2023, S. 18) – Fortsetzung

Zielbereich	Methode	Räume in der Schule	Schulexterne Orte
		lierung von Forderungen an die Politik bspw. PV-Anlage für das Schuldach)	gen von Initiativen in die lokale Verwaltung

5.3 Kommunikation auf Augenhöhe

Die Kommunikation mit Schüler:innen als wesentlicher Teil der Schüler:innen-Lehrkräfte-Interaktionen stellt nicht nur eine zentrale Grundlage für deren Wohlbefinden dar (vgl. z. B. El-Mafaalani et al., 2025), sondern auch für ihre Beteiligung. Um Schüler:innen zu vermitteln, dass ihre Anliegen und Bedürfnisse bei der Gestaltung von Schule und Unterricht willkommen sind, ist – ausgehend von einer positiven Grundhaltung – eine Kommunikation auf Augenhöhe erforderlich. Der Begriff beschreibt eine dialogische Beziehung zwischen Lehrkräften und Kindern und Jugendlichen, in der beide Seiten als gleichberechtigt angesehen werden. Dieser Ansatz steht im Gegensatz zu einer hierarchischen Kommunikationsstruktur, in der die Lehrkraft die dominierende Rolle einnimmt und Kinder und Jugendliche hauptsächlich als Lernende von Wissen betrachtet werden. Lehrkräfte können dieses Modell für die Reflexion ihrer Haltung ihren Schüler:innen gegenüber verwenden, ebenso wie Schulleitungen gegenüber dem Kollegium.
Kommunikation auf Augenhöhe kann u.a. durch die folgenden Prinzipien etabliert werden:

- *Respekt und Wertschätzung.* Wertschätzung umfasst den respektvollen Umgang miteinander, unabhängig von individuellen Unterschieden wie Herkunft, Fähigkeiten, Überzeugungen oder sozialen Hintergründen. Jede Person wird in ihrer Individualität respektiert und ihre Meinungen und Ideen werden ernst genommen. Es besteht ein positives Interesse gegenüber allen Mitgliedern der Schulgemeinschaft, einschließlich Schüler:innen, Lehrkräften und Eltern. Dies zeigt sich z.b. darin, dass alle Mitglieder einer Klasse ihre Meinung sagen dürfen, ohne sofort hinterfragt oder kritisiert zu werden.
- *Aktives Zuhören.* Lehrkräfte zeigen durch aktives Zuhören, z.B. durch Nicken und Augenkontakt sowie durch Gesprächstechniken wie zusammenfassendes Paraphrasieren oder Nachfragen, dass sie die Perspektiven der Schüler:innen hören, wertschätzen und bereit sind, diese in den schulischen Kontext einzubeziehen.
- *Empathie und Verständnis.* Lehrkräfte bemühen sich, die Perspektive der Schüler:innen zu verstehen und sich in ihre Lage zu versetzen. Dazu ist eine wertschätzende Kommunikation bspw. durch Paraphrasieren und Validieren hilfreich (▶ Kap. 5.3.1). Wichtig ist, dass die Übernahme einer Perspektive nicht als gleichbedeutend mit der Übernahme einer Position bzw. Meinung aufgefasst wird.
- *Offenheit und Transparenz.* Entscheidungen und Prozesse sollten klar und nachvollziehbar kommuniziert werden, sodass Kinder und Jugendliche die Gründe und die Folgen verstehen können. Entscheidungen erscheinen so nicht als willkürlich, sondern abgewogen und im Idealfall unter Berücksichtigung der Bedürfnisse der Schüler:innen (▶ Kap. 3.2.4). Zudem ergibt sich die Möglichkeit, gemeinsam über Entscheidungsgründe zu diskutieren.
- *Kooperative Entscheidungsfindung.* Entscheidungen sollten gemeinsam getroffen werden, wobei die Meinungen und Wünsche der Schüler:innen in großem Maß berücksichtigt werden. Widersprüchliche Wünsche der Schüler:innen werden gesammelt und in einer Moderation zu einem Kompromiss oder Konsens geführt.

Diese Prinzipien schaffen eine Lernumgebung, in der Schüler:innen sich sicher und eingeladen fühlen, ihre Meinungen zu äußern und aktiv an der Gestaltung des Schulgeschehens teilzunehmen. Sie fördern ein positives Selbstbild und die Entwicklung sozialer Kompetenzen.

Methode: Kompromiss oder Konsens?
Kompromiss. Alle Beteiligten machen Zugeständnisse, um eine Lösung zu finden, die zwar akzeptabel ist, aber nicht unbedingt ideal für alle. Das Ergebnis besteht aus einem pragmatischen Mittelweg, der oft schneller erreicht wird, aber möglicherweise nicht die Bedürfnisse aller vollständig erfüllt.

Konsens. Ziel ist eine Lösung, die von allen Beteiligten aktiv unterstützt oder zumindest akzeptiert wird, ohne dass jemand größere Abstriche machen muss. Das Ergebnis trifft auf ein hohes Maß an Zustimmung, ist jedoch häufig zeitaufwändiger zu erreichen und anspruchsvoller im Prozess.

Technik zur Konsensfindung:

1. Thema: Fragestellung klären, zu der ein Konsens gefunden werden soll.
2. Lösungsideen: Vorschläge werden gesammelt und klar ausformuliert.
3. Skalierung: Jede Person gibt an, wie stark sie mit einem Vorschlag einverstanden ist.
4. Reflexion: Vorschläge werden diskutiert und angepasst.

Abschluss: Eine Lösung wird dann angenommen, wenn alle einverstanden sind oder niemand schwerwiegende Bedenken hat. Bei schwerwiegenden Bedenken wird weiter diskutiert.

5.3.1 Gesprächsführung für eine Kommunikation auf Augenhöhe

Die Gesprächsführung mit Kindern und Jugendlichen spielt eine zentrale Rolle für eine Kommunikation auf Augenhöhe. Hilfreich kann hier bspw. der klientenzentrierte Gesprächsansatz sein. Er betont die Bedeutung von Empathie, bedingungsloser positiver Wertschätzung und Authentizität im Gespräch. In der Schule bedeutet dies, dass Lehrkräfte die Perspektive der Schüler:innen verstehen und validieren, ohne sofort zu bewerten oder zu kritisieren. Dies kann durch folgende konkrete Gesprächstechniken erreicht werden. In der Regel braucht es wiederholtes Üben, um diese Gesprächstechniken erfolgreich anzuwenden.

Aktives Zuhören. Aktives Zuhören ist nicht nur ein Kommunikationsprinzip, sondern auch eine zentrale Technik in der Gesprächsführung und erfordert von Lehrkräften, die Aussagen der Schüler:innen bewusst wahrzunehmen und zu reflektieren. Die Wirkung aktiven Zuhörens kann dadurch verdeutlicht werden, wenn man einmal versucht, in einem Gespräch völlig auf Merkmale wie Blickkontakt, Nicken oder gerichtete Aufmerksamkeit zu verzichten. In der Regel wird die sprechende Person sehr verunsichert und zu sprechen aufhören.

> **Kernaspekte aktiven Zuhörens**
> *Aufmerksames Zuhören.* Konzentration auf das Gesagte, ohne Unterbrechungen oder Ablenkungen, z.B. Blickkontakt halten, zustimmendes Nicken, offene Körpersprache
> *Verbale Rückmeldungen.* Das Gesagte paraphrasieren oder zusammenfassen, um Verständnis zu überprüfen (z.B. »Habe ich richtig verstanden, dass ...?«)
> *Gefühle spiegeln.* Emotionen des Gegenübers benennen, um Empathie zu zeigen (z.B. »Es klingt so, als wärst Du darüber enttäuscht ...«)

> *Offene Fragen stellen.* Fragen, die Gesprächspartner:innen zur weiteren Ausführung ermutigen, was ein tieferes Verständnis fördern kann (z. B. »Was hat Dich besonders beschäftigt?«)
> *Vermeidung von Bewertungen.* Keine vorschnellen Ratschläge oder Urteile äußern

Fragetechniken. Die Technik des Fragens ist ein wesentlicher Bestandteil einer konstruktiven Gesprächsführung. Sie zeigt das Interesse des Gegenübers an der Meinung, den Gedanken und Gefühlen der anderen Personen. Offene Fragen fördern das Nachdenken und ermöglichen es den Schüler:innen, ihre Gedanken frei auszudrücken. Geschlossene Fragen können dagegen hilfreich sein, um spezifische Informationen zu erhalten oder Entscheidungen zu unterstützen.

> *Formulierungsbeispiele:*
> Offene Frage: »Wie hast Du Dich dabei gefühlt?«
> Geschlossene Frage: »Hast Du das Gefühl, dass Du heute mehr mitbestimmen konntest?«

Ich-Botschaften. Ich-Botschaften ermöglichen es Lehrkräften, eigene Gefühle und Beobachtungen ohne Vorwurf oder Bewertung auszudrücken. Dies fördert eine offene Kommunikation auf Augenhöhe und reduziert die Wahrscheinlichkeit, dass Schüler:innen in eine Abwehrhaltung geraten, die Äußerung als subjektiv und nicht als objektive Wahrheit geäußert wird. Bestenfalls wird das Teilen der Beobachtung mit einem Angebot verknüpft.

> *Formulierungsbeispiel:*
> »Mir fällt auf, dass Du aktuell weniger im Unterricht mitmachst als im letzten Halbjahr. Ich frage mich, woran das liegen könnte. Wollen wir da mal drüber sprechen?«

Paraphrasieren. Das Paraphrasieren, also die Wiederholung oder Zusammenfassung der Aussagen von Schüler:innen mit eigenen Worten, dient nicht nur der Klarstellung und dem Abgleich von Gesagtem und Verstandenem, sondern zeigt auch, dass die Lehrkraft aufmerksam zuhört. Paraphrasieren umfasst sowohl das Verbalisieren der Gefühle und Gedanken der Schüler:innen als auch das Stellen klärender Fragen. Eine effektive Technik ist jenes Paraphrasieren, bei dem die Lehrkraft die Aussage des Schülers in eigenen Worten zusammenfasst, um sicherzustellen, dass das Gesagte korrekt verstanden wurde.

Formulierungsbeispiel:
»Wenn ich Dich richtig verstanden habe, dann fandest Du die Menge der Hausaufgaben bis heute zu viel. Stimmt das?«

Validieren. Bekräftigen, auch Validieren genannt, bedeutet, die Gefühle, Gedanken und Perspektiven der Schüler:innen anzuerkennen und ernst zu nehmen, selbst wenn man nicht unbedingt mit ihnen übereinstimmt. Es stärkt die emotionale Sicherheit, fördert das Vertrauen und schafft eine Grundlage für konstruktive Gespräche, insbesondere in Konflikten oder belastenden Situationen, weshalb es auch ein wichtiges Element der akuten Krisenintervention ist.

Formulierungsbeispiel:
»Es klingt, als wärst Du traurig, weil Du das Gefühl hast, ich hätte Dich nicht ernst genommen. Das ist völlig verständlich.«

5.3.2 Rahmenbedingungen für Kommunikation auf Augenhöhe

Ein geeignetes Setting für Gespräche mit Schüler:innen spielt über die interaktionale Gestaltung hinaus ebenfalls eine wichtige Rolle. Dies beinhaltet die Umgebung, die Zeit sowie die Art und Weise, wie das Gespräch eingeladen und begonnen wird.
Räumliche Rahmenbedingungen. Ein ruhiger, störungsfreier Raum ermöglicht es den Schüler:innen, sich auf das Gespräch einzulassen.

Die Sitzordnung sollte eine offene und gleichberechtigte Kommunikation fördern, bspw. durch das Sitzen im Kreis oder über Eck am Tisch. Ein Schreibtisch zwischen den Gesprächsteilnehmenden könnte hingegen Hierarchie und Distanz vermitteln sowie zur Konfrontation einladen.

Zeitlicher Rahmen. Der zeitliche Rahmen eines Gesprächs sollte klar abgesteckt und kommuniziert werden. Es ist wichtig, genügend Zeit einzuplanen, um Kindern und Jugendlichen das Gefühl zu geben, dass ihre Anliegen wichtig sind und nicht unter Zeitdruck abgehandelt werden. Gleichzeitig führt ein klar kommunizierter zeitlicher Rahmen dazu, dass keine falschen Erwartungen hinsichtlich der Gesprächsdauer bei den Beteiligten und damit Missverständnisse aufkommen, die das inhaltliche Ziel des Gespräches untergraben könnten.

Gesprächseinstieg. Der Einstieg in das Gespräch sollte wertschätzend und positiv gestaltet werden. Es sollte benannt werden, dass es positiv ist, dass Schüler:innen zu einem Gespräch bereit sind, und welche positiven Ergebnisse mit dem Gespräch erreicht werden sollen.

Formulierungsbeispiel:
»Ich finde es schön, dass ihr heute hier seid. Beim letzten Mal habt ihr euch sehr engagiert eingebracht, das hat mich gefreut. Heute möchte ich mit euch besprechen, wie wir es schaffen können, unseren Unterricht noch mehr gemeinsam zu gestalten.«

Effektive Gesprächsführung mit Schüler:innen erfordert ein fundiertes Verständnis von psychologischen und pädagogischen Prinzipien sowie die Fähigkeit, diese in der Praxis anzuwenden. Durch den Einsatz der vorgestellten Techniken und die durchdachte Wahl des richtigen Settings können Lehrkräfte eine Atmosphäre von Vertrauen und Offenheit schaffen, welche die Schüler:innen nicht zuletzt in ihrer Entwicklung unterstützt.

> **Exkurs: Authentizität und Erwartungsmanagement beim aktiven Zuhören**
>
> Aktives Zuhören umfasst weit mehr als den Einsatz von Techniken wie Paraphrasieren oder das Spiegeln von Gefühlen – es lebt von Authentizität und echtem Interesse an den Gesprächspartner:innen. Standardisierte Formulierungen können mechanisch oder oberflächlich wirken, wenn sie nicht glaubwürdig und an die Situation angepasst sind. Das Gegenüber muss – nicht nur im Gespräch, sondern auch im Anschluss – spüren, dass seine Perspektive ernst genommen wird. Ebenso entscheidend ist ein klares Erwartungsmanagement: Es sollte bereits im Gespräch deutlich gemacht werden, welche Ziele realistisch erreichbar sind und welche Grenzen bestehen. Wenn Inhalte nicht wie gewünscht umgesetzt werden können, ist es wichtig, dies transparent zu erklären und nachvollziehbare Gründe zu nennen. Wird dies beachtet, können Vertrauen geschaffen und Enttäuschungen vermieden werden.

5.3.3 Herausforderungen von Kommunikation auf Augenhöhe

Trotz sorgfältiger Vorbereitung und Umsetzung kann es zu Herausforderungen in der Gesprächsführung kommen. Widerstand von Seiten der Schüler:innen, Missverständnisse oder emotionale Reaktionen können den Gesprächsverlauf beeinflussen. Hier ist es wichtig, flexibel zu bleiben und gegebenenfalls die Technik oder den Gesprächsrahmen anzupassen. Zudem kann es auch hilfreich sein, Gruppengespräche bei Problemen abzukürzen und anschließend Einzelgespräche oder Gespräche in Teilgruppen zu führen.

Wenn Schüler:innen im Gespräch Widerstand zeigen, also sich nicht beteiligen oder mit unangenehmen Emotionen wie Ärger reagieren, ist es hilfreich, dies nicht zu ignorieren, sondern offen anzusprechen. Die Technik der »doppelten Perspektive« kann hierbei genutzt werden, indem die Lehrkraft sowohl die eigene Sichtweise als auch die einer Schülerin klar benennt und Gemeinsamkeiten herausstellt.

Formulierungsbeispiel:
»Ich verstehe, dass Du gerade keine Lust hast, über das Thema zu sprechen. Das ist für mich in Ordnung. Gleichzeitig ist es mir wichtig, dass wir jetzt überlegen, wie es weitergehen kann. Wie können wir gemeinsam einen Weg finden?«

Viele Schulen sind in ihrer Kultur stark hierarchisch geprägt, was die Umsetzung einer gleichwertigen Kommunikation erschwert. Zudem sehen manche Lehrkräfte ihre Rolle eher als Wissensvermittler:innen und leistungsbewertende Autoritätspersonen und weniger als lernbegleitende Personen auf Augenhöhe im Bildungsprozess. Weiter erschwerend kann sein, wenn der schulische Alltag stark durchgetaktet und in Fächer zergliedert ist, was wenig Raum für dialogische Prozesse lässt. Auch haben viele Lehrkräfte keine spezifische Ausbildung im Bereich der Gesprächsführung und Kommunikation auf Augenhöhe, was es erschweren kann, diese in den Unterricht und den Schulalltag zu integrieren. Um die Kommunikation auf Augenhöhe für die Beteiligung von Kindern und Jugendlichen in der Schule zu fördern, sind daher mehrere Ansatzpunkte hilfreich:

> **Förderung von Kommunikation auf Augenhöhe**
> *Fortbildung und Sensibilisierung der Lehrkräfte.* Lehrkräfte sollten gezielt im Bereich der Kommunikation auf Augenhöhe und in der Gesprächsführung geschult werden. Workshops und Trainings können helfen, die nötigen Kompetenzen zu entwickeln. Hilfreich kann das Üben innerhalb des Kollegiums sein.
> *Strukturelle Anpassungen im Schulalltag.* Schulen können organisatorische Strukturen schaffen, die Raum für dialogische Prozesse

5.3 Kommunikation auf Augenhöhe

und Beteiligung bieten, bspw. regelmäßige Klassenräte oder Beteiligungsprojekte, etwa zu Unterrichtsformen oder zur Schulgestaltung.

Einbeziehung von Schüler:innen in die Gestaltung des Unterrichts. Schüler:innen können aktiv in die Planung und Gestaltung des Unterrichts einbezogen werden. Hierbei können Methoden wie Projektarbeit oder kooperatives Lernen zum Einsatz kommen.

Förderung einer positiven Fehlerkultur. Eine Atmosphäre, in der Fehler als Lerngelegenheiten betrachtet werden, ermutigt Kinder und Jugendliche, ihre Meinungen zu äußern und aktiv am Unterrichtsgeschehen teilzunehmen.

Feedbackkultur etablieren. Regelmäßiges und konstruktives Feedback von Lehrkräften und Gleichaltrigen fördert eine offene Kommunikation sowie den selbstbewussten und reflektierten Umgang mit Feedback und hilft, die Qualität des Unterrichts zu verbessern.

Kommunikation auf Augenhöhe stellt zusammengefasst einen zentralen Ansatz dar, um die Partizipation von Schüler:innen in der Schule zu fördern. Sie erfordert oft eine grundlegende Veränderung der schulischen Kommunikationskultur und eine Abkehr von traditionellen hierarchischen Strukturen. Die Implementierung von Kommunikationsprozessen auf Augenhöhe kann langfristig nicht nur zu mehr Partizipation und Beteiligung, sondern auch zu einem besseren Schulklima, gesteigerter Lernmotivation und einer stärkeren Identifikation mit der Schule führen und somit das Wohlbefinden der Kinder und Jugendlichen verbessern.

5.4 Partizipationsprozesse in der Schule vorbereiten

An dieser Stelle sind Sie als Leser:in vielleicht schon davon überzeugt, dass Partizipation sinnvoll ist, aber wissen nicht genau, wo und wie Sie anfangen sollen. Vorab sei angemerkt, dass es zwar formale und inhaltliche Voraussetzungen gibt (▶ Kap. 4.4), die Partizipation innerhalb und außerhalb der Schule erlauben und einfordern. Erfahrungsgemäß ist jedoch der Wille zur Partizipation auf einer systemischen Ebene schnell verpufft, wenn es um tatsächliche Systemänderungen geht. Es ist zu erwarten, dass nicht jede einzelne Person oder Behörde von einem partizipativen Ansatz begeistert ist. Dies ist umso mehr der Fall, wenn das Engagement der Schüler:innen den Rahmen der Schule verlässt.

Sprich: Müllsammeln im kommunalen Wald im Rahmen eines Projekttags auf Initiative der Schüler:innen ist sehr willkommen; ein Abladen des Mülls vor dem Rathaus, um auf fehlende Konzepte zum Umgang mit immer mehr Müll hinzuweisen, kann schnell zu einem Dorn im Auge werden. Die Müllentsorgung in der Schule neu zu verhandeln, könnte womöglich nicht nur an rechtlichen und bürokratischen Hürden scheitern, sondern auch an der Haltung, dass die Schüler:innen das gar nichts angehen würde.

Hinweis: Die positive Konnotation von Partizipation ist eine Frage der subjektiven Wahrnehmung. Je weniger »störend« Partizipation aufgefasst wird, desto einfacher wird sie angenommen und umgesetzt. Dennoch sollte Partizipation nicht einfach aufgrund potenzieller Widerstände oder des zusätzlichen Aufwands zurückgestellt werden. Dabei sollten diejenigen, die Macht abgeben müssen, auch ihre eigenen Privilegien hinterfragen und gleichzeitig anerkennen, dass die Einbindung von Kindern und Jugendlichen nicht nur ein Recht, sondern auch einen Gewinn für die Gemeinschaft darstellt. Essenziell ist zudem, Partizipation

5.4 Partizipationsprozesse in der Schule vorbereiten

> konstruktiv und zielorientiert zu gestalten. Erfahrungen zeigen, dass Beteiligung dort besonders erfolgreich ist, wo klare und umsetzbare Vorschläge eingebracht werden – sei es in Form von Beschlussvorlagen, Strukturvorschlägen oder anderen konkreten Maßnahmen.

In der Planung dieses Buchs wurden Lehrkräfte, Eltern, Schulsozialarbeiter:innen und Schüler:innen nach ihren Erfahrungen mit Partizipation gefragt. Obgleich fast alle Partizipation generell als sehr wichtig und hilfreich einschätzen, waren die Erfahrungen mit Partizipation gemischt. So wurde von Schwierigkeiten mit der Konsensfindung berichtet, von einem hohen Zeitumfang, von Rückschlägen oder auch dem fehlenden Mitwirken der anderen in der Schule. Wenn Partizipation gelang, bspw. Schule gemeinsam weiterzudenken, entstand jedoch auch große Begeisterung. Dies deckt sich mit Erfahrungen an vielen Stellen zum Thema Partizipation: Sie ist abhängig davon, welche und wie viele Mitstreiter:innen gewonnen werden. Man braucht Ausdauer und nicht immer werden direkt die Erfolge erzielt, die man sich gewünscht hätte. Ein wichtiger Aspekt der Planung von Partizipation ist somit das *Erwartungsmanagement*.

Erwartungen an Partizipation
Partizipation ist kein Allheilmittel, sondern sollte zunächst als Experiment und wertvolle Quelle für Informationen, Gestaltungsoptionen, Ideen und Perspektiven betrachtet werden, um daraus zu lernen und neue Wege zu erkunden. Dazu gehört auch, die Grenzen von Gestaltungsspielräumen zu identifizieren und nachvollziehbar zu erklären, wenn Strukturen oder Forderungen aufgrund von Vorgaben auf anderen Ebenen des Schulsystems nicht umsetzbar sind. Wichtig ist dabei, dass ein Engagement für Veränderungen auf diesen Ebenen nicht ausgeschlossen bleibt und je nach Anliegen sogar notwendig sein kann. Gesetzte Grenzen von Partizipation spiegeln häufig bestehende Machtstruktu-

> ren wider, die nicht ohne Weiteres aufgebrochen werden wollen. In Fällen, in denen Entscheidungen aus bestimmten Gründen von einer einzelnen Person getroffen werden müssen, ist es essenziell, diese Entscheidungen ausführlich zu begründen und ein Gesprächsangebot im Vorfeld zu machen. Nur so kann Partizipation auch innerhalb bestehender Grenzen respektvoll und transparent gestaltet werden.

Daran schließt sich an, dass Partizipation umso eher zum Erfolg führt, wenn man eine »Allianz der Willigen« schmiedet. Dazu gehört es, Kolleg:innen und im besten Fall auch Schulleitungen ins Boot zu holen. Eine in unserer Befragung wiederholt geäußerte Frage bezog sich darauf, wie man die Schulleitung zur Partizipation »überreden« könne. Mit Blick auf die oben genannten Erwartungen wird dies nicht bei jeder Schulleitung möglich sein. Wohl aber können kleine Schritte (▶ Kap. 5.3.2) ein Anfang sein; genauso wie eine offene Kommunikation über die Vorteile von Partizipation (▶ Kap. 4.4). Gelingende Beispiele und ihre positiven Konsequenzen können schließlich mitunter überzeugender wirken als der bloße Austausch über Konzepte.

Schulleitungen stehen oft in einem Spannungsfeld zwischen den Vorgaben von Bildungsbehörden, den Erwartungen des Kollegiums und der Elternschaft sowie den Bedürfnissen der Schüler:innen. Dieser Spagat kann dazu führen, dass Innovationen und neue Ideen als »blockiert« wahrgenommen werden, obwohl häufig strukturelle oder systemische Zwänge dahinterstehen, mitunter auch eine Überforderung mit der hohen Komplexität und dem Workload bei wenig zeitlichen Ressourcen. Diese komplexe Rolle von Schulleitungen sollte anerkannt werden. Wenn es jedoch gelingt, Lehrkräfte stärker in Entscheidungsprozesse einzubinden, und Schulleitungen als Moderator:innen statt als »Gatekeeper« agieren, können potenzielle Blockaden überwunden werden.

Der große Wunsch an den Schulalltag ist in der Regel, dass alles reibungslos funktioniert, es Schüler:innen und Lehrkräften gut geht und der Lehrplan erfüllt wird. Dies funktioniert besser miteinander als gegeneinander. Kolleg:innen können in Veränderungsprozessen bereits wertvolle Kooperationspartner:innen sein, während die Schulleitung noch hauptsächlich damit beschäftigt ist, den ohnehin schon komplexen Alltag zu organisieren. Hier können z. B. Denkanstöße über kollegiale Hospitationen in der Schule gewonnen werden – wie macht Kollege Meier seinen Unterricht, wie motiviert Kollegin Schmidt ihre neue 5. Klasse etc.? Bestenfalls wird auch über die Grenzen der eigenen Schule hinaus geschaut. Diesen Ansatz können Schulen zudem erweitern, indem auch Schüler:innen aktiv eingebunden werden. So könnten Schüler:innen bspw. Lehrkräfte zu ihrem Unterrichtsalltag befragen oder nach einer Schüler:innen-Hospitation in Gesprächsrunden gemeinsam reflektieren, was sie besonders motivierend, hilfreich oder interessant fanden. Nicht zuletzt wären auch Fortbildungen durch Schüler:innen für Lehrkräfte denkbar.

Hinweis: Soziale Unterstützung hilft auch für den Start der Partizipation. Es muss nicht direkt die ganze Schule vom Thema Partizipation überzeugt sein, ein kleiner Kreis an Vertrauten reicht aus, um neue spannende Prozesse zu initiieren. Der Kreidestaub e. V. bietet z. B. für solche Erfahrungen sogenannte Lernreisen an, um Lehrpersonen oder Lehramtsstudierende aus »konventionellen« Schulen in Kontakt mit funktionierenden alternativen Systemen zu bringen.

Neben dem Erwartungsmanagement kann auch ein bewusstes *Veränderungsmanagement* hilfreich sein, um Entwicklungsprozesse gut in Gang zu setzen. Dabei handelt es sich um einen systematischen Ansatz, um Veränderungen innerhalb der Schule erfolgreich zu planen, umzusetzen und nachhaltig zu verankern. Hierbei müssen sowohl formale als auch menschliche Aspekte berücksichtigt werden. Ein solcher Prozess beginnt in der Regel mit der Analyse des Veränderungsbedarfs und der Entwicklung einer realisierbaren

Strategie. Wichtig ist eine offene und transparente Kommunikation, um alle Beteiligten angemessen zu informieren und einzubinden. Die Akzeptanz unter den Schulmitgliedern wird bspw. durch Schulungen, Workshops, Beteiligungsformate und das stetige Einholen von Feedback gefördert. Widerstände werden als natürlicher Bestandteil von Veränderungsprozessen identifiziert, wertgeschätzt und adressiert.

8-Stufen-Modell eines partizipativen Veränderungsprozesses in Anlehnung an Kotter (1995)
Dringlichkeit erzeugen: Sensibilisierung der Schulgemeinschaft für die Bedeutung von Partizipation, z.B. durch Workshops, Diskussionen oder Präsentation aktueller Herausforderungen und Chancen.

»Koalition der Willigen« aufbauen: Ein Team aus engagierten, gleichberechtigten Vertreter:innen aller Gruppen (Schulleitung, Lehrkräfte, Schüler:innen, Eltern) bilden, das den Prozess gestaltet.

Vision und Strategie entwickeln: Gemeinsam eine klare Vision für partizipative Strukturen in der Schule entwickeln und konkrete Ziele sowie Schritte festlegen.

Vision kommunizieren: Die Vision auf verständliche Weise in der gesamten Schulgemeinschaft verbreiten, z.B. durch regelmäßige Informationsveranstaltungen, Aushänge, Newsletter oder digitale Plattformen.

Hindernisse gemeinsam überwinden: Identifizieren und Abbauen von strukturellen, kulturellen oder individuellen Barrieren, die Partizipation behindern (z.B. Zeitmangel, Haltungen, Widerstände oder unklare Verantwortlichkeiten).

Kurzfristige Erfolge erzielen: Erste sichtbare Maßnahmen umsetzen und die damit erzielten Erfolge schulöffentlich feiern.

Veränderungen ausbauen: Weitere Beteiligungsmöglichkeiten schaffen, bestehende Maßnahmen evaluieren und anpassen, um

> nachhaltige Mitbestimmung in verschiedenen Bereichen (Unterricht, Schulregeln, Projekte etc.) zu fördern.
> *Veränderung in der Kultur verankern:* Partizipation als festen Bestandteil der Schulkultur etablieren, z.B. durch Verankerung in Leitbildern, in der Ausgestaltung der Lehrpläne, und langfristige partizipative Strukturen schaffen.

5.5 Partizipation praktisch umsetzen

5.5.1 Ebenen der Partizipation in der Schule

Die Umsetzung von Partizipation in der Schule erfolgt auf verschiedenen Ebenen, die sich gegenseitig ergänzen und aufeinander aufbauen. Durch die gezielte Integration partizipativer Ansätze auf diesen Ebenen können sowohl individuelle als auch kollektive Mitwirkungsmöglichkeiten geschaffen werden, die den Schulalltag bereichern und demokratische Kompetenzen fördern. Dabei können im Sinne eines realistischen Erwartungs- und Veränderungsmanagements zunächst kleine Schritte auf der individuellen und Klassenebene erfolgen und auf ihre Wirkung hin überprüft werden, bevor schulweite Entwicklungsprozesse angegangen werden. Das heißt nicht, dass nicht auch gleich mit einem schulweiten Prozess begonnen werden kann – dies hängt ganz von den tatsächlichen Gegebenheiten ab. So ließe sich jedoch zunächst in einem überschaubaren Rahmen »experimentieren« und aus Fehlern lernen, bevor die gesamte Schulgemeinschaft einbezogen wird.

Individuelle Ebene. Auf der individuellen Ebene steht die Stärkung der Selbstwirksamkeit der Schüler:innen im Mittelpunkt. Partizipation beginnt hier mit der Unterstützung eigenständiger Entscheidungen im Lernprozess. Beispiele dafür sind die Wahl von Lernmethoden, die Auswahl von Themen für Projektarbeiten oder die

Festlegung persönlicher Lernziele. Denkbar ist auch eine individuelle Entscheidung darüber, wann eine Lernzielkontrolle erfolgt. Diese Form der Mitgestaltung ermöglicht es den Schüler:innen, die direkte Wirkung ihrer Entscheidungen auf ihren Lernalltag zu erleben. Dadurch können Eigenverantwortung und Selbstbewusstsein gestärkt sowie grundlegende Bedürfnisse wie Autonomie und Kompetenzerleben (▶ Kap. 3.2.4) erfüllt werden.

Klassenebene. Auf der Klassenebene erweitert sich der Fokus auf die gesamte Lerngruppe. Hier geht es darum, gemeinsam mit den Mitschüler:innen über Themen, Methoden und Regeln zu entscheiden. Beispiele für partizipative Prozesse sind die gemeinsame Planung von Unterrichtsinhalten, die Organisation von Gruppenprojekten oder das Erarbeiten, Festlegen und Überprüfen von Klassenregeln und Klassenaufgaben. Durch den Einbezug aller Beteiligten entsteht ein Bewusstsein für die gemeinsame Verantwortung innerhalb der Klassengemeinschaft. Gleichzeitig lernen die Schüler:innen, unterschiedliche Perspektiven einzunehmen, Meinungen abzuwägen und Kompromisse oder sogar einen Konsens zu finden. Diese Ebene fördert sowohl soziale Kompetenzen als auch ein Bewusstsein für partizipative und kollektive Wirksamkeit.

Schulebene. Auf der Schulebene wird Partizipation schließlich institutionell verankert. Dies umfasst die Mitwirkung in formalen Gremien wie dem Schüler:innenrat, der Schulkonferenz oder in Arbeitsgruppen zur Schulentwicklung. Darüber hinaus können Schüler:innen in projektbezogenen Gruppen Verantwortung für spezifische Themenbereiche übernehmen, etwa Nachhaltigkeit, Digitalisierung oder Inklusion. Besonders aktuelle Fragestellungen wie der Umgang mit sozial-ökologischen Krisen oder sozialer Gerechtigkeit bieten hier Potenzial. Auf dieser Ebene können Schüler:innen ihre Teilhabe an Entscheidungsprozessen erweitern, die über den direkten Unterricht hinausgehen und die gesamte Schulgemeinschaft betreffen. Dabei sammeln sie nicht zuletzt Erfahrungen über die Anforderungen und die Umsetzungsmöglichkeiten von Interessenausgleichen in komplexen sozialen Systemen.

Wie lässt sich Partizipation in einer Schule möglichst breit umsetzen?
Fragen an Jan Riedel, bis 2025 Schulleiter am Lyonel-Feininger-Gymnasium in Halle (Saale)

Lieber Herr Riedel. Sie konnten Ihre Schule selbst mit aufbauen. Ab wann haben Sie dabei die Schüler:innen direkt mit einbezogen?
Das war von Anfang an ein großes Thema, vor allem in der Gründungsphase. Damals waren wir auf das Engagement aller Beteiligten angewiesen: Schüler:innen, Eltern und Lehrkräfte. Es war klar, dass wir die Schule nur gemeinsam entwickeln können. Schon zu Beginn haben wir Workshops gemacht und die Schüler:innen gefragt, wie sie sich ihre Schule vorstellen, was ihnen wichtig ist und wo sie sich einbringen möchten. Von Anfang an ging es darum, dass die Schule nicht einfach »da ist« und sagt, was gemacht wird, sondern dass die Schüler:innen mitgestalten. Das war ein starkes Motiv, das wir bis heute weitertragen, auch wenn es zwischendurch Momente gab, wo wir diesen Gedanken fast ein wenig verloren haben.

Welche Strukturen haben Sie geschaffen, um diese Mitgestaltung zu ermöglichen?
Wir haben verschiedene Ebenen der Beteiligung: Es gibt jede Woche eine Klassenstunde, in der in der Regel ein Klassenrat abgehalten wird und in der Themen besprochen werden können. Die Schüler:innensprecher:innen sind Teil der erweiterten Schulleitung und können direkt mitdiskutieren. Sie erleben hautnah, wie Entscheidungen getroffen werden, und bringen gleichzeitig ungefiltert die Perspektive der Schüler:innen ein. In der Gesamtkonferenz haben bei uns Schüler:innen und Eltern zusammen 50 % der Stimmen. Ich versuche immer klarzumachen, dass sie das gezielt nutzen können, um Mehrheiten zu organisieren. Und über Schulvollversammlungen, den Schülerrat und

den Schüler-Podcast gibt es Plattformen, auf denen Schüler:innen ihre Ideen ebenfalls einbringen und mitentscheiden können.

Was ist mit den Lehrkräften? Welche Rolle spielt deren Partizipation?
Eine ganz zentrale. Wenn Lehrkräfte selbst keine Partizipation erleben, können sie sie auch schwer authentisch an die Schüler:innen weitergeben. Das hat viel mit Haltung zu tun. Ich glaube, Schüler:innen lernen sehr viel informell – mehr darüber, wie Lehrkräfte mit Situationen umgehen, wie sie mit ihnen kommunizieren, als über das, was im Lehrplan steht. Wenn Lehrkräfte Partizipation erleben, hat das einen direkten Effekt auf die Schüler:innen. Sie bringen diese Haltung mit in den Unterricht. Außerdem schafft es ein Gemeinschaftsgefühl. In den Jahrgangsteams, die über mehrere Jahre zusammenarbeiten, entstehen richtige Schicksalsgemeinschaften. Dort müssen sich die Kolleginnen auch mal mit anderen Fachrichtungen auseinandersetzen und im Sinne der Schüler:innen denken. Das sind keine losen Verbindungen, sondern echte Zusammenarbeit. Natürlich gibt es auch Konflikte – aber genau das gehört dazu. Teamarbeit heißt nicht, dass alle nett miteinander Kaffee trinken. Es heißt, sich mit den Aufgaben auseinanderzusetzen, die uns anvertraut wurden.

Wie fördern Sie Partizipation bei den Lehrkräften?
Das war ein Prozess. Viele Lehrkräfte kommen aus einem System, das wenig Eigenverantwortung zulässt. Da gibt es klare Vorgaben von oben und man hat seinen Unterricht – das war's. Wir haben versucht, das aufzubrechen, indem wir Verantwortung in Jahrgangsteams oder Initiativen übertragen. Die Teams arbeiten eng zusammen und entscheiden gemeinsam, wie sie die Schüler:innen am besten unterstützen können. Ein weiteres Format, das sich bei uns bewährt hat, sind sogenannte Initiativen. Wenn Lehrkräfte ein Thema haben, das ihnen wichtig ist – sei es Unterrichtsevaluation oder die Weiterentwicklung von Schulstrukturen –, kön-

nen sie das in der Lehrkräftekonferenz vorstellen. Wer möchte, schließt sich an, und die Initiative arbeitet daran, bis möglicherweise eine fertige Idee/ein Antrag der Lehrkräftekonferenz zur Entscheidung vorgelegt wird. Das gibt Raum für Mitgestaltung, ohne dass alles über die Schulleitung laufen muss.

Was sind die größten Herausforderungen bei der Umsetzung?
Eine Herausforderung ist, dass Partizipation Arbeit macht – egal ob bei Schüler:innen oder Lehrkräften. Es ist nicht immer einfach, Verantwortung zu übernehmen. Zudem kann Partizipation auch dazu genutzt werden, ungefiltert Kritik zu äußern. Da achten wir darauf, dass Anliegen konstruktiv eingebracht werden und über die richtigen Wege laufen – vom Klassenlehrer bis zur Schulleitung. Und dann gibt es natürlich noch die Frage, wie viel Partizipation man tatsächlich zulassen kann. Schule hat immer auch Strukturen, die nicht verhandelbar sind. Wichtig ist, dass Partizipation nicht nur ein Schlagwort ist, sondern gelebte Realität – mit allen Höhen und Tiefen. Es lohnt sich auf jeden Fall. Die Beteiligten fühlen sich gesehen und wertgeschätzt, und das schafft eine Kultur, die allen zugutekommt.
Anmerkung: Seit Juli 2025 ist Jan Riedel Bildungsminister des Landes Sachsen-Anhalt, das Interview fand noch in seiner Zeit als Schulleiter statt.

Öffnung der Schule in den sozialen Nahraum. Als letzte Ebene ist die Öffnung der Schule nach außen hervorzuheben. Schulen als Lernorte der Demokratie sind keine geschlossenen Systeme. Sie sind eingebunden in gesellschaftliche Verhältnisse und ein Baustein einer pluralen Bildungslandschaft. Die Kooperationen mit Akteur:innen und Orten der non-formalen (Bildungshäuser, Vereine, Initiative, Kollektive u.v.m.), der informellen (bspw. Jugendverbände, soziale Bewegungen) Bildung und der Jugendarbeit bereichern vor allem in Bezug auf Fragen des gesellschaftlichen Wandels und nachhaltiger Entwicklung das »didaktische Repertoire« (Singer-Brodowski, 2018,

S. 3) der Schule und ermöglichen es, die Expertise non-formaler Bildungsakteur:innen einzubinden. Auch das Verlassen des Lernorts Schule und das Erkunden neuer, anderer Erfahrungsräume kann Lern- und Partizipationsgelegenheiten eröffnen, die schulische Bildung alleine nicht ermöglichen kann (Wohnig, 2020; Butterer & Wohnig, 2019).

5.5.2 Methoden und Formate zur Förderung von Partizipation

Wenngleich häufig der Eindruck entsteht, im System »festzuhängen« und nichts ändern zu können, zeigt ein genauerer Blick, wie viel innerhalb bestehender Strukturen partizipativ gestaltet werden kann. So lässt sich etwa durch eine neue Gesprächskultur auf Grundlage kommunikativer Prinzipien das Klassenklima positiv beeinflussen. Daran anschließend könnten Wahlmöglichkeiten zwischen verschiedenen alternativen Themen, Handlungen, Prozessen oder Zielen Schüler:innen Möglichkeiten der Mitbestimmung eröffnen. Solche Formen der Beteiligung erfordern von Lehrkräften allerdings die Bereitschaft, Macht abzugeben – ein Konzept, das als *Powersharing* bezeichnet wird. Dieses erfordert vor allem eine konsequente Umsetzung. Wenn Schüler:innen bspw. über Methoden oder Themen für den Unterricht entscheiden dürfen, muss ihre finale Wahl akzeptiert und realisiert werden. Darüber hinaus gibt es verschiedene Formate der Partizipation, die wir im Folgenden exkursartig vorstellen.

Partizipative Elemente in der Grundschule
Fragen an Kerstin Grimm, bis 2025 Schulleiterin der Grundschule Neumarkt in Halle (Saale)

Wie wird Partizipation an Ihrer Schule gestaltet?
Ein wichtiges Element ist unser Kinderrat. Der trifft sich regel-

mäßig, etwa alle 14 Tage. Die Kinder bringen selbst Themen ein, über die sie sprechen wollen – z. B., dass sie sich auf dem Spielplatz mehr Geräte wünschen. In den Klassen wird z. B. darüber beraten, was gut wäre, und die Kinder dürfen mitentscheiden, je nachdem, wie frei der Unterricht auch gestaltet ist. Manchmal haben sie aber auch Ideen, die einfach nicht umsetzbar sind. Dann sage ich: »Träume sind wichtig, doch wir können nicht alles umsetzen.« Trotzdem sollen die Kinder spüren, dass sie gehört werden. Und wir dürfen sie nicht verprellen, wenn wir sie beteiligen.

Was wurde bei Ihnen an der Schule gemeinsam mit den Kindern umgesetzt?
Seit ein paar Jahren bekommen alle Schulabgänger am letzten Schultag ein kleines Bäumchen. Das soll die Umwelt symbolisieren und das Wachsen und Großwerden. Die Kinder mögen das sehr. Auch unser Logbuch, das wir vor einigen Jahren eingeführt haben, wurde von den Kindern mitgestaltet. Jedes Jahr schauen die dritten Klassen, was sich daran verbessern lässt. Bei uns ist zudem Theater ein großes Thema. Die Kinder gestalten da Vieles mit: Szenen entwickeln, Kostüme überlegen, Ideen einbringen. Aktuell arbeiten wir an »Hans im Glück«, weil unser Jahresthema Glück ist. Die Kinder wachsen dabei unglaublich. Man merkt richtig, wie stolz sie sind, wenn sie sagen können: »Das war meine Idee!«

Was bewirkt Partizipation bei den Kindern?
Sie werden selbstbewusster. Gerade beim Theater sieht man das: Kinder, die vielleicht schüchtern sind, blühen auf, weil sie sich in einer Rolle sicher fühlen. Das gibt ihnen Kraft. Es ist toll zu sehen, wie sie an solchen Aufgaben wachsen. Es gibt ihnen Selbstbewusstsein und das Gefühl, etwas bewegen zu können. Wir brauchen junge Leute, die sich später im öffentlichen Leben oder in der Politik einbringen. Das fängt damit an, dass sie jetzt lernen, sich zu beteiligen. Sie sollen sehen: »Ich kann etwas bewegen, meine Meinung zählt.«

5.5.2.1 Projektarbeit und die strukturelle Etablierung durch das Format FREI DAY

Partizipation und Selbstbestimmung in Bezug auf unterrichtliche Praxis können u. a. durch die Etablierung der Projektarbeit erreicht werden. Sie fördert selbstständiges und selbstbestimmtes Lernen und die aktive Teilnahme der Lernenden, die selbst Verantwortung übernehmen. Der Ansatz basiert auf der Annahme, dass Lernen eine fortlaufende, selbstständige Entwicklung, Entdeckung oder Forschung erfordert. Selbstbestimmtes Lernen unterscheidet sich vom fremdbestimmten Lernen, indem es mehr auf Selbstorganisation und weniger auf instruktive Aspekte fokussiert ist. Die Projektmethode ist ein zentraler Ansatz im selbstständigen Lernen und fördert demokratisches und handlungsorientiertes Lernen als Subjekt, aber auch innerhalb von Gruppen, die Aufgaben lösen oder sich gemeinsam mit Problemen auseinandersetzen. Projektarbeit fördert ein demokratisches Verständnis von Bildung, bei dem die Beteiligung der Schüler:innen und ein partizipatives Lernen im Vordergrund stehen.

Projektarbeit konsequent in den Schulalltag zu integrieren, ist bspw. durch die Etablierung des FREI DAY möglich. Der FREI DAY (Rasfeld, 2021) ist ein Format demokratischer Schulentwicklung, in dem Schüler:innen selbst gewählten Zukunftsfragen nachgehen. Die Kinder und Jugendlichen entwickeln innovative und konkrete Lösungen für die Herausforderungen einer Gesellschaft im Wandel. Dafür erhalten sie ganz konkret räumlichen und zeitlichen Freiraum in der Schule und werden in diesem emanzipatorischen Selbstbildungsprozess begleitet.

Außerdem sollte sich jede Schule als Kinderrechteschule verstehen. Wie der Weg zu einer Kinderrechteschule auch projektorientiertes Lernen ermöglicht, kann der folgenden Materialsammlung entnommen werden.

Weiterführende Informationen zum Projektlernen
Prof. Dr. Dirk Lange (Leibniz Universität Hannover) erklärt die Grundlagen der Projektarbeit in einer E-Lecture in weniger als fünf Minuten.

 https://www.youtube.com/watch?v=kjUPrIMIUfk

Allgemeine Informationen zur Projektarbeit sowie vertiefende Materialien sind im Methodenpool der Universität zu Köln zusammengestellt.

 http://methodenpool.uni-koeln.de/download/projekt methode.pdf

Der FREI DAY als strukturelle Etablierung des Projektlernens an der Schule
Auf dem Youtube-Kanal des Bündnisses »Schule im Aufbruch« wird der FREI DAY in drei Minuten vorgestellt.

 https://www.youtube.com/watch?v=QjG2tYkcBaE

Alle Informationen zu dem Format FREI DAY und die Umsetzung an der eigenen Schule gibt es hier:

 https://frei-day.org/

5 Umsetzung von Partizipation in der Schule

Jede Schule sollte Lernort der Demokratie und Kinderrechteschule sein
Im folgenden Dokument sind didaktisch konzipierte Übungen und Materialien zu folgenden Themen enthalten: Was sind Menschenrechte? Schutz vor Diskriminierung, Zugang zum Recht, Behinderung und Inklusion, Kinderrechte und Partizipation sowie Flucht und Asyl. Dieses Material wurde vom Institut für Menschenrechte entwickelt.

 https://www.institut-fuer-menschenrechte.de/filead min/user_upload/Publikationen/Unterrichtsmateriali en/Menschenrechte_Materialien_fuer_die_Bildungsar beit_mit_Jugendlichen_und_Erwachsenen.pdf

Wie werden wir zu einer Kinderrechteschule? Arbeitshilfe und Material »Auf dem Weg zur Kinderrechteschule«.

 https://www.schulministerium.nrw/sites/default/ files/documents/Makista-Broschu_re-Arbeitshilfe.pdf

5.5.2.2 Bedürfnisse, Wünsche, Vorstellungen der Kinder und Jugendlichen einbeziehen

Ausgangspunkte einer emanzipatorischen und partizipativen Schule sind die Bedürfnisorientierung (▶ Kap. 3.2.4) sowie das Aufgreifen von Themen, die für die Schüler:innen gerade wichtig sind. Dabei geht es aber längst nicht nur um den Unterricht und den Schulalltag. Auch die gegenwärtigen Krisenverhältnisse, Transformationsprozesse und Fragen des gesellschaftlichen Zusammenhalts treiben junge Menschen um. Damit dies gelingt, bedarf es einer Erhebung von Wünschen und subjektiven Vorstellungen der jungen Menschen. Das kann z.B. gelingen durch einen anonymen Kummerkasten, ernsthafte Evaluationsprozesse, aber auch durch Formate wie den Klassenrat, Schüler:innenparlamente und Vollversammlungen.

Klassenrat

Im folgenden Video erklärt Helmolt Rademacher, warum er Fan des Klassenrats ist. Der Klassenrat tagt einmal die Woche und gibt den Schüler:innen Raum, ihre Angelegenheiten selbst zu regeln. Das können z.B. die Schul- und Schulhofsgestaltung, das Planen einer Projektwoche oder das Überlegen eines Schulmottos sein.

 https://www.youtube.com/watch?v=RsJSaJ9pkhs

Hier berichten Lehrkräfte über ihre Erfahrung mit dem Klassenrat:

 https://www.youtube.com/watch?v=tGKOxMZ-080

In dieser Reportage werden unterschiedliche Formate demokratischer Schulentwicklung wie bspw. der Klassenrat, aber auch die SV und die kollegiale Hospitation vorgestellt. Dabei kommen auch Schüler:innen zu Wort und berichten über ihre Partizipationserfahrungen.

 https://www.youtube.com/watch?v=HxQqoabUafY

Damit diese Formate ein Erfolg werden, braucht es methodische und organisatorische Rahmenbedingungen. Praxiserprobt sind bspw. die Methoden Zukunftswerkstatt und Barcamp. Zu diesen Formaten gibt es bereits sehr gutes Material, wir werden sie daher im Folgenden nur in aller Kürze beschreiben und empfehlen weiterführende Materialien.

Vollversammlung. Bei Vollversammlungen kommen alle Schüler:innen einer Schule zusammen. Je nach Schulgröße treffen sich bei diesen Versammlungen auch die Schüler:innen mehrerer Jahrgangs- oder Schulstufen. Oftmals werden sie nur dafür genutzt, um den Schüler:innen etwas zu präsentieren. Lehrkräfte oder die Schulleitung nutzen dies, um die Kinder und Jugendlichen zu informieren oder Auszeichnungen zu vergeben. Dann verbleibt die Vollversammlungen aber auf einer Informationsebene und die Schüler:innen werden auf die Rolle der Zuschauenden reduziert (► Abb. 3). Das Format kann aber auch dafür genutzt werden, die Schüler:innen aktiv einzubinden. Wenn bspw. über eine Befragung, einen Kummerkasten, eine regelmäßige Evaluation oder ein Barcamp Probleme, Herausforderungen oder Themen identifiziert wurden, die die Schüler:innen umtreiben, kann die Vollversammlung zu einer Zukunftswerkstatt werden.

Barcamp. Das Barcamp ist eine Methode, die Kinder und Jugendliche als Expert:innen einbindet. Es ist eine Unkonferenz. Es gibt kein vorher festgelegtes Programm, sondern die Teilnehmenden gestalten das Programm selbst. So werden in einer ersten Phase Themen und Ideen gesammelt. Die Teilnehmenden entscheiden gemeinsam, was sie besprechen möchten. Sie können Ideen einreichen, Workshops anbieten oder Diskussionen anregen. Dafür stellen sie ihre Ideen mit wenigen Worten dem Plenum vor. Aus dem Plenum heraus signalisieren die Teilnehmenden, wer Interesse daran hat, über diese Ideen zu diskutieren und daran gemeinsam zu arbeiten. Im Anschluss gibt es Raum für die verschiedenen Formate (das können Gesprächsrunden, Workshops, Impulse usw. sein). In verschiedenen Räumen und mehreren Zeitschienen erhalten die Teilnehmenden, die damit automatisch zu Teilgeber:innen werden, die Möglichkeit, sich auszutauschen. Die Ergebnisse der Austauschphase werden schriftlich (analog über Pinnwände oder digital bspw. über Taskcards) festgehalten. Wer wann und wie an welchem Angebot teilnimmt, entscheiden alle Anwesenden individuell. Sie stimmen mit den Füßen ab.

Die Ergebnisse einer Vollversammlung, die als Barcamp durchgeführt wird, könnten anschließend bspw. von der Schüler:innenvertretung gemeinsam mit der Schulleitung aufgegriffen werden, um etwaige Projekte oder vertiefende Formate zu initiieren. An eine solche Versammlung könnte sich auch eine Vollversammlung als Zukunftswerkstatt anschließen, wobei dieses Format auch mit kleineren Gruppen, bspw. Arbeitsgemeinschaften, Klassenverbänden oder Jahrgangsstufen durchgeführt werden kann.

Barcamp-Methode
Jan Vedder erklärt die Methode Barcamp in diesem Kurzfilm in weniger als zwei Minuten.

 https://www.youtube.com/watch?v=w0-AUIVAt7Y

Diese Kurzreportage zu einem Barcamp »Gesellschaft im Wandel« wurde an der Pädagogischen Hochschule Weingarten aufgenommen. Beteiligt waren Schüler:innen, Studierende, Lehrkräfte und Professor:innen. Alle haben auf Augenhöhe zusammengearbeitet. Dejan Mihajlović beschreibt in dieser Reportage die Idee des Barcamps in weniger als einer Minute.

 https://www.youtube.com/watch?v=Z0Xm7e1vdpI&t

Zukunftswerkstatt. In einer Zukunftswerkstatt werden alle Beteiligten selbst als Expert:innen einbezogen. Das Denken in Kategorien wie Expert:innen/Laien, Herrschende/Beherrschte, Mächtige/Machtlose oder Wissende/Unwissende werden aufgebrochen. Ziel ist es, Lösungen für gemeinsam festgelegte Probleme oder Herausforderungen zu finden. Vorgeschaltet ist der Zukunftswerkstatt eine Vorbereitungsphase, in der sich die Teilnehmenden gegenseitig vorstellen, Wünsche und Erwartungen formuliert und die Regeln sowie der Ablauf erklärt werden. Im Anschluss durchlaufen die Teilnehmenden drei Phasen: Kritikphase, Fantasiephase und Verwirklichungs-/Erprobungsphase. Abschließend gibt es eine Reflexionsphase.

Vertiefende Materialien zu Methode Zukunftswerkstatt
Silvia Savelsberg beschreibt die Methode Zukunftswerkstatt in einem Erklärfilm in weniger als drei Minuten.

 https://www.youtube.com/watch?v=Gj7bsX2U8c0

Allgemeine Informationen zur Methode Zukunftswerkstatt sowie vertiefende Materialien sind im Methodenpool der Universität zu Köln zusammengestellt.

 http://methodenpool.uni-koeln.de/download/zukunftswerkstatt.pdf

Meine Krise, deine Krise – unsere Krise(n)? Eine Zukunftswerkstatt zum Thema Klimakrise und Energiegewinnung an der Schule
Udo Dannemann und Friedemann Gürtler beschreiben die von ihnen entwickelte Zukunftswerkstatt zur Klimakrise in einem Beitrag der Fachzeitschrift POLIS in der Ausgabe 1/2024 (S. 22–24), der hier frei abrufbar ist:

 https://dvpb.de/wp-content/uploads/2024/12/POLIS_1-24_web.pdf

Materialien zur Zukunftswerkstatt inklusive Hinweise zum Ablauf, Kopiervorlagen u.v.m. stehen auf der Seite der POLIS/der Deutschen Vereinigung für Politische Bildung (DVPB) als Zusatzmaterialien frei zu Download zur Verfügung.

https://dvpb.de/wp-content/uploads/2024/04/PO
LIS_1_2024_Zusatzmaterial_Zukunftswerkstatt.pdf

5.5.2.3 Die eigene Schule mit einem digitalen Tool demokratisieren

Bildung und Partizipation im digitalen Zeitalter fokussieren die differenzierte Auseinandersetzung mit Möglichkeiten, Potenzialen und Chancen, aber auch Gefahren und Risiken der Digitalisierung. Um auf die neuen Herausforderungen des digitalen Zeitalters adäquat reagieren zu können, bedarf es demnach einer Auseinandersetzung mit Nutzungsgewohnheiten und Erfahrungen junger Menschen im digitalen Raum, die Entwicklung technischer Fähigkeiten als Voraussetzung für den reflektierten Umgang mit digitalen Medien, digitale Orientierungskompetenzen, um sich in den neuen politischen Sphären zu bewegen, die Fähigkeit, neue Macht- und Herrschaftsverhältnisse im digitalen Raum kritisch zu reflektieren, und digitale Partizipationsfähigkeiten, um eigene Interessen im Internet zu artikulieren und zu vertreten sowie für die Wahrung der Rechte anderer (Grund- und Menschenrechte) eintreten zu können (Kenner & Lange, 2020). Es lohnt sich daher nicht nur, über Digitalisierung als Thema im Unterricht zu sprechen, sondern digitale Infrastruktur zur Demokratisierung der Schule zu nutzen und im Prozess immer wieder zu reflektieren.

Ein geeignetes Format stellt das Projekt »aula« dar, das einen Beitrag zur Demokratisierung der Schule mithilfe digitaler Tools leisten soll. Das Projekt ist ein innovatives Beteiligungskonzept, das Jugendlichen aktive Mitbestimmung im Alltag ermöglicht. Mithilfe einer digitalen Plattform und didaktischer Begleitung werden demokratische Praktiken und Kompetenzen der Kinder und Jugendlichen gefördert. Basis ist eine freiwillige Selbstverpflichtung der Schulkonferenz. Sie trägt die Ideen mit, die über die digitale Platt-

5 Umsetzung von Partizipation in der Schule

form aula von den Schüler:innen eingebracht, diskutiert und beschlossen werden und die nicht dem Vertrag widersprechen, der zur Einführung von aula durch die Schule gezeichnet wird und der die Schulkonferenz zur Einhaltung anhält. Im Vertrag sind die Möglichkeiten und die Grenzen der Beteiligung festgehalten. Ein Muster-Vertrag ist auf der Homepage des Projekts verfügbar. Alle Schüler:innen können sich jederzeit und überall per App oder über den Browser einloggen und einbringen. Ihre Ideen und Vorschläge werden von der Schulleitung daraufhin überprüft, ob die Idee mit dem Vertrag vereinbar und umsetzbar ist. Dann wird sie abgestimmt.

Theoretische Grundlage zu Digitalisierung und Partizipation
Steve Kenner und Dirk Lange widmen sich der Bedeutung der Digitalisierung für die Entwicklung des Bürgerbewusstsein, für die Praxis politischer Bildung und realer Partizipationserfahrungen in einem Fachaufsatz, der hier zum Download frei verfügbar ist:

https://www.pedocs.de/volltexte/2021/21704/pdf/ DDS_2020_2_Kenner_Lange_Buergerbewusstsein_politisches_Lernen.pdf

Reportage mit Stimmen aus der Praxis von Schüler:innen, Lehrkräften und Multiplikator:innen:

https://www.youtube.com/watch?v=UQ1y8AwXpS0&t

Das Projekt AULA
Projektseite AULA:

https://www.aula.de/

5.5 Partizipation praktisch umsetzen

Das Projekt AULA in zwei Minuten erklärt:

 https://www.youtube.com/watch?v=4xQKckG2KDU

Das Projekt AULA wird mit Erläuterungen u.a. von Marina Weisband von politik-digital e.V. sowie Einblicken in die praktische Umsetzung in einer Reportage vorgestellt.

 https://www.youtube.com/watch?v=fPSD_vLQdxE&t

5.5.2.4 Freiräume für politische Handlungserfahrungen in Arbeitsgemeinschaften

Im Sinne einer auf Mündigkeit und Emanzipation zielenden Schule braucht es auch Freiräume für reale politische Handlungserfahrungen. Dafür müssen gleichzeitig das Gebot der Freiwilligkeit und das Recht auf Nicht-Teilnahme gelten (Nonnenmacher, 2011). Reale politische Handlungserfahrungen können in der Schule daher nur in fakultativen Formaten eröffnet werden. Ein Ermöglichungsraum ist die Schüler:innen-Arbeitsgemeinschaft. Die Lehrkraft ist dabei nur als Begleitung involviert, Schüler:innen wählen ihre Themen und auch ihre Aktionsformen selbst. Zur Gründung einer solchen Arbeitsgemeinschaft haben sie das Recht. In Niedersachsen ist es bspw. im Schulgesetz geregelt. Mit dem zunächst unscheinbaren §86 »Schülergruppen« wird festgelegt, dass Schüler:innen sich für eines der Ziele des Bildungsauftrags (dazu gehören in der Regel die Stärkung von Menschenrechten, Nachhaltigkeit, Vielfalt u.v.m.) zusammenschließen dürfen/können.

Es lohnt sich, selbstbestimmtes und selbstorganisiertes Engagement sowie politische Partizipation als Bildungsgelegenheit in den Fokus zu rücken. Soziales Engagement wird bei Kindern und Jugendlichen auch in der Institution Schule schon lange gefördert (bspw. Sozialpraktikum, Müllsammelaktionen). Wir wissen aber aus der empirischen Forschung, dass sich aus sozialem Handeln nicht automatisch politisches Lernen entwickelt (Reinhardt, 2010; Wohnig, 2017; ▶ Kap. 4.1.2). Reale politische Partizipationserfahrungen dagegen, darauf lassen explorative Studien schließen (Kenner, 2021; Wohnig, 2021), bieten vielfältige Lerngelegenheiten für politische (Selbst-)Bildungserfahrungen. Schulen können zu Ermöglichungsräumen von politischen Selbstwirksamkeitserfahrungen werden. Selbstbestimmte politische Aktionen, bspw. im Kontext einer Klima-AG an der Schule, können zu vielfältigen Bildungsgelegenheiten führen. Hervorzuheben sind dabei Organisationswissen, Perspektivenwahrnehmung, Konfliktfähigkeit und die Entwicklung eines politischen Selbst- und Weltverständnisses über Wirksamkeits-, Anerkennungs- und Frustrationserfahrungen (Kenner, 2021). Ein Blick hinter das öffentlich Sichtbare der politischen Aktionen, die zumeist nur die Spitze des Eisbergs politischer Bildungs- und Handlungserfahrungen darstellen, lohnt sich dabei und kann in der Schule pädagogisch und didaktisch begleitet werden.

Jugendliche nutzen (Frei-)Räume für politische Handlungserfahrungen, um ihre eigene Position, aber auch ihre politischen Aktionen zu reflektieren, sie machen sich Gedanken über die Legitimation und die Wirksamkeit ihres Handelns, organisieren nicht nur ihre politische Aktion, sondern erleben auch die Arbeit im Vorfeld und in der Nachbereitung als sinnstiftende und authentische Lernerfahrung. Darüber hinaus entwickeln sie arbeitsteilig Strategien zum zivilen Lösen von Konflikten innerhalb der Gruppe und auch im Austausch mit Menschen, die nicht Teil der eigenen Peer-Group sind. Wenn Nachhaltigkeit an der Schule also nicht nur bedeutet, eine Müllsammel-Aktion im nahegelegenen Wald zu organisieren oder das Angebot der Mensa in Bezug auf den Anteil veganer Alternativen hin zu befragen, kann aus individuellem Handeln auch eine politische Lerngelegenheit werden.

Am Beispiel eines Projekts an einer Berliner Schule kann das gut illustriert werden: Die Schüler:innen befassten sich mit dem Thema

Klimaneutralität. Im Fokus standen aber nicht (nur) individuelle Verhaltensänderungen, die zu einer Senkung des CO_2-Fußabrucks führen, sondern auch Analysen des Wirtschaftssystems (lineare Wirtschaft vs. Kreislaufwirtschaft) und politischer Entscheidungsträger:innen. Das Ergebnis: Die Schüler:innen forderten eine Photovoltaik-Anlage für das Flachdach ihrer Schule und wandten sich dafür an den Schulträger, das Bezirksamt sowie die Bürgermeisterin und richteten schließlich eine Petition ein, um ihrer Forderung Nachdruck zu verleihen (Elsen, 2024).

Es lohnt sich demnach, Freiräume für reale politische Handlungserfahrungen in der Schule zu eröffnen und damit die Schule als einen politischen Sozialisationsort (Kenner, 2023a) und nicht nur als Lehranstalt zu verstehen.

Freiräume in Arbeitsgemeinschaften schaffen
Politische Bildung in Aktion – warum soziales Engagement nicht unbedingt politische Bildung wird und es sich lohnt, reale politische Partizipationsräume zu eröffnen, wird in einem kurzen Lehrstück von Steve Kenner in der Reihe der Abendschule der JoDDiD Forschungsstelle dargestellt.

 https://www.youtube.com/watch?v=-LHaP3NV0NI&t

Eine Demokratie-, Nachhaltigkeits- oder Klima-AG an der Schule einführen und Freiräume für politische Bildungs- und Handlungserfahrungen eröffnen? In dieser Handreichung des Transferprojektes KLIMA AKTIV gibt es mehr als 40 Seiten mit Leitfänden, Methoden und Materialien zur Einführung einer Arbeitsgemeinschaft.

 https://www.idd.uni-hannover.de/fileadmin/idd/Projekte/Klima_Aktiv/Material_Section/Zukunft_nachhaltig_gestalten_DIGITAL.pdf

Hier finden Sie eine Reportage über Engagement und politische Partizipation an Schulen. Von den Pfandpiraten bis zur rassismuskritischen AG, die ein Konzert und einen Workshoptag an der Schule organisiert.

 https://www.youtube.com/watch?v=pDwRSucmHuQ

5.5.2.5 Die Schüler:innen-Vertretung stärken

Die Wahl zur Schüler:innenvertretung kann eine erste wertvolle Demokratieerfahrung für junge Menschen sein. Viel zu häufig wird dafür aber unzureichend Zeit zur Verfügung gestellt. Mihajlović (2022) kritisiert die gängige Praxis einer raschen und wenig reflektierten Durchführung der Wahlen von Schüler:innenvertretungen, die häufig ohne ausreichende Vorbereitung und Wertschätzung demokratischer Prozesse abliefen. Er identifiziert zwei zentrale Problemfelder: erstens die schnelle Abwicklung in den ersten Schultagen, die vor allem der Erfüllung administrativer Pflichten diene, und zweitens die bewusste oder unbewusste Beeinflussung durch Lehrkräfte, die bspw. leistungsstarke Schüler:innen bevorzugen würden. Diese Herangehensweise untergrabe die Ziele der Demokratiebildung, da sie weder echte Mitbestimmung fördere noch die Bedeutung demokratischer Strukturen verdeutliche. Mihajlović plädiert daher für eine fundierte Vorbereitung des Wahlprozesses, die klare Definition der Aufgaben von Klassensprecher:innen sowie die Einbindung der Schüler:innen in echte Entscheidungsprozesse.

Schüler:innenvertretungen als wichtige gesellschaftliche Stimme
Wie wichtig Schüler:innenvertretungen auch über die Ebene der Schule hinaus für die Artikulation der Schüler:innen-Interessen in der Gesellschaft sind, zeigt z.B. eine Stellungnahme Landesschü-

ler:innenvertretungen der ostdeutschen Bundesländer und Berlin vom 20. Januar 2025[4]. Unter dem Eindruck der aufgewühlten gesellschaftlichen Lage und der Bedrohung der Demokratie mit ihren Auswirkungen auf die Schulen besonders im Osten Deutschlands betonen die Vertretungen die zentrale Rolle der politischen Bildung. Diese solle gemeinsam mit einer verbesserten Medienbildung Schüler:innen befähigen, faktenbasiert zu reflektieren und eigenständige Meinungen zu entwickeln. Zudem wird die notwendige Stärkung der Schüler:innenvertretungen betont, um demokratische Prozesse erlebbar zu machen und die Mitbestimmung der Schüler:innen zu fördern. Auch die notwendige Qualifizierung und Sensibilisierung der Lehrkräfte wird adressiert.

Wenngleich sie noch immer allzu häufig darauf reduziert werden, sind Klassensprecher:innen und Jahrgangs- sowie Schulsprecher:innen nicht der verlängerte Arm der Klassen- oder Schulleitungen. Ihre Rolle als Interessenvertretung der Schüler:innen können sie nur einnehmen, wenn sie in ihrer Funktion gestärkt und ernst genommen werden. Problematisch wird es immer dann, wenn sie im Einüben repräsentativer Rollen in der Demokratie instrumentalisiert werden und Ordnungsaufgaben übernehmen müssen oder gar zum Zweck der Disziplinierung ihrer Mitschüler:innen eingebunden werden. Leider finden sich bis heute in wenigen Schulgesetzen Anleihen auf dieses längst überholte Bild der Schüler:innenvertretung. So ist im Bayerischen Gesetz über das Erziehungs- und Unterrichtswesen in Artikel 62, der u.a. die Aufgaben der Schüler:innenvertretung regelt, Folgendes festgehalten:

»Zu den Aufgaben der Schülermitverantwortung gehören insbesondere die Durchführung gemeinsamer Veranstaltungen, *die Übernahme von Ordnungsaufgaben*, die Wahrnehmung schulischer Interessen der Schülerinnen und

---

4 https://lsr-brandenburg.de/2025/01/20/politische-bildung-demokratie-beginnt-im-klassenzimmer/

Schüler und die Mithilfe bei der Lösung von Konfliktfällen« (BayEUG, Artikel 62, Absatz 1, Satz 3 – eigene Hervorhebungen).

Was eine Schüler:innenvertretung vielmehr alles bedeuten und mit welchen Formaten sie Schulen zu demokratischeren Orten machen kann, hat Benjamin Mosebach für das SV Bildungswerk wunderbar zusammengefasst.[5] Diese Übersicht vielfältiger Formate für mehr Partizipation an der Schule durch die Schüler:innen-Vertretungen ist sehr empfehlenswert.

5.5.2.6 Vom Sozialpraktikum bis zum eigenen politischen Projekt

Die Schule wird noch immer viel zu häufig nur als Erfahrungsort für soziales Handeln wahrgenommen, dabei wissen wir didaktisch erforscht und empirisch belegt (▶ Kap. 4.1.2.1), dass aus sozialen Handlungserfahrungen nicht automatisch politische Bildungsprozesse erwachsen. Eine Müllsammelaktion im nahegelegenen Wald oder ein Spendenlauf für Baumpflanzaktionen im Amazonas als soziale Handlungserfahrung führen möglicherweise zu einer Sensibilisierung für die Themen Umwelt- und Naturschutz, aber nicht automatisch dazu, dass sich junge Menschen selbst als politische Subjekte verstehen, sich kritisch-reflektiert mit den Ursachen des Klimawandels auseinandersetzen und auch politischen Handlungsoptionen reflektieren. Alexander Wohnig, Alexander Mack und Michael Götz haben mit »Das Wesen der Erfahrung« bei der Bundeszentrale für politische Bildung eine lesenswerte Materialsammlung vorgelegt mit theoretischen Einordnungen und vielen Praxistipps sowie konkreten Materialien inklusive Kopiervorlagen.[6] Diese unterstützen dabei, Sozialprojekte und politische Handlungserfahrungen in der Schule und in Kooperation mit außerschulischen Part-

---

5 https://sv-bildungswerk.de/wp-content/uploads/2019/12/15SV-Projekte.pdf
6 https://www.bpb.de/shop/materialien/themen-und-materialien/519213/das-wesen-der-erfahrung/

ner:innen durchzuführen, zu reflektieren und damit politische Bildungsgelegenheiten für Young Citizens zu eröffnen.

Der erste Teil des Materials dient dazu, Sozialprojekte, bspw. Sozialpraktika, Compassion- und Service-Learning-Projekte, als Ausgangspunkt und Gegenstand politischer Bildung zu verstehen und junge Menschen als politische Subjekte ernst zu nehmen. Gesellschaftliche und politische Themen, Probleme und Konflikte, die in Sozialprojekten sichtbar werden, können mithilfe des hier verfolgten Ansatzes analysiert und bearbeitet werden.

Im zweiten Teil des Materials stehen didaktische Perspektiven und konkrete Materialien zur Verfügung, um reale politische Handlungserfahrungen von Kindern und Jugendlichen pädagogisch zu begleiten. Entsteht also nach einem Sozialprojekt oder von den Kindern und Jugendlichen ausgehend das Interesse, sich mit politischen Fragestellungen intensiver auseinanderzusetzen und letztlich selbst politisch aktiv zu werden, können die hier zur Verfügung gestellten Materialien helfen, die damit verbundenen Prozesse zu begleiten.

5.5.2.7 Multiple Krisen interdisziplinär und mit neuen Perspektiven erschließen

Die Materialsammlung *Urbane Monster einer imperialen Lebensweise*, entwickelt von Oliver Emde, ermöglicht es, Lernende zu Monsterforscher:innen zu machen und mit ihnen gemeinsam den (politischen) Nahraum zu erkunden.[7] Sie gehen auf die Suche nach »urbanen Monstern der imperialen Lebensweise«, die sich hinter jeder Ecke, im Supermarkt oder einfach am Straßenrand tummeln oder verstecken. Das »Plastikmonster« finden wir überall, das »Handymonster« sowieso, aber auch die »Kleidermonster und Leuchti« sind schnell gefunden. All diese Monster vereint, dass sie in ihrer Entstehung, während ihrer Nutzung oder am Ende ihrer Lebenszeit auf Kosten anderer existieren. Die Lernenden erforschen, welche

---

7 https://www.urbanemonster.de/

strukturellen, negativen Folgen in den Monstern versteckt sind und damit auch in der ausbeuterischen Lebens- und Produktionsweise unserer Zeit. Die Arbeit mit den Monstern ermöglicht es, spielerisch mehr über die Verwobenheit von Macht- und Herrschaftsverhältnissen zu erfahren und darüber ins Gespräch zu kommen. Im Idealfall werden reale Utopien, die schon in Nischen existieren, kennengelernt oder gar selbst erfahrbar gemacht (bspw. Solidarische Landwirtschaft).

Das Projekt ist in vier Phasen untergliedert. In der ersten Phase wird in das Konzept der imperialen Lebensweise sowie in die Monsterkunde eingeführt. Dafür ist auch schon eine erste Exploration im (politischen) Nahraum vorgesehen. In der darauffolgenden Planungsphase sollen die Lernenden einen Umsetzungsplan entwickeln und sich dafür in Gruppen zusammenfinden. Die dritte Phase kann als Herzstück des Projekts beschrieben werden: Es ist die praktische Arbeit am Projekt, in der vielfältige Impulse vorgestellt werden. Sie reichen von der Herstellung und Gestaltung eigener Monsterskulpturen über die eigene Anfertigung von Monster-Steckbriefen bis hin zu der Aufnahme von eigenen Geschichten über die urbanen Monster. In der letzten Projektphase werden die in den Gruppen entstandenen Monsterskulpturen, Steckbriefe und Hörstücke präsentiert. Dies kann auf unterschiedliche Weise geschehen. Skulpturen können im öffentlichen Raum ausgewildert oder in der Schule präsentiert werden. Die Präsentation hat zum Ziel, dass die Projektteilnehmenden mit anderen Personen in den Austausch kommen. Dies kann nicht nur zur Selbstwirksamkeitserfahrung beitragen, sondern auch die reflektierte Urteilsbildung stärken.

5.5.2.8 Bildungsportal »Endlich Wachstum«

Das Bildungsportal »Endlich Wachstum« vom Konzeptwerk Neue Ökonomie e.V. bietet mehr als 200 kostenfreie Methoden und konkrete Materialien (bspw. durch Interaktive Quizze, PowerPoint-Folien für den direkten Einsatz im Unterricht) zu den breiten Themenfeldern der sozial-ökologischen Transformation.[8] Das Konzeptwerk Neue Ökonomie e.V. erarbeitete die Materialien und stellt alle kostenlos online zur Verfügung. Der Fundus reicht von Methodenkarten für eine Kleingruppendiskussion zur Wirkmächtigkeit des nachhaltigen Konsums über ein Quiz zu globalen Ungleichheitsverhältnissen bis zu einem Zitatepuzzle, das sich mit Arbeit und Lebensqualität befasst. Die Plattform bietet vielfältige didaktische Materialien für die Beschäftigung mit multiplen Krisenverhältnissen und ermöglicht es dabei, die politischen Dimensionen einzubeziehen und altersgerecht, aber in gebotener Ernsthaftigkeit in der Schule zu thematisieren.

Das Portal ist eine Fundgrube für vielfältige Methoden und Materialien, die sich unmittelbar für einen Einsatz in der Schule eignen und zugleich partizipativen, emanzipatorischen und inklusiven Anforderungen an politische Bildungsgelegenheiten gerecht werden. So ist hervorzuheben, dass sich die Materialien nach Barrieren bzw. Beeinträchtigungen (bspw. Sehvermögen) filtern lassen. Auch andere potenzielle Hürden wie notwendiges Vorwissen werden transparent gemacht.

5.5.3 Herausforderungen und Lösungsansätze zu schulischer Partizipation

Partizipative Strukturen in Schulen umzusetzen ist eine komplexe Aufgabe, die in aller Konsequenz eigentlich auch tiefgreifende Veränderungen im Bildungssystem erfordert. Bestehende hierarchische Strukturen und bürokratische Systeme stellen erhebliche Barrieren für eine echte Mitbestimmungskultur dar (z.B. Bacia et al., 2022). Ein wesentliches Hindernis liegt in den traditionellen Machtstrukturen innerhalb des Schulsystems und damit jeder einzelnen Schule. Lehrkräfte und Schulleitungen sind es gewohnt, Entscheidungen top-down zu treffen, was die Entwicklung von Partizipation behin-

---

8 https://endlich-wachstum.de/

5 Umsetzung von Partizipation in der Schule

dert. Hinzu kommen strukturelle Herausforderungen: Zeitdruck, starre Lehrpläne und hohe Leistungserwartungen lassen wenig Spielraum für partizipative Ansätze. Ein weiteres Problem ist die Ressourcenknappheit. Oft fehlt es an Zeit, personellen Kapazitäten und finanziellen Mitteln, um die notwendigen Schritte zur Etablierung einer Mitbestimmungskultur einzuleiten. Schulen sind zudem unterschiedlich in ihrer Struktur und ihren Herausforderungen: Manche kämpfen mit disziplinarischen Problemen, andere mit struktureller Überforderung.

Um diese Barrieren zu überwinden, bedarf es eines komplexeren Ansatzes. Fortbildungen für Lehrkräfte sollten nicht nur methodische Kompetenzen vermitteln, sondern vor allem eine Veränderung der Haltung gegenüber Mitbestimmung bewirken. Denn Vertrauen zwischen Lehrkräften und Schüler:innen entsteht nicht durch Vorschriften und Konzepte, sondern durch gemeinsame Erlebnisse und eine offene Kommunikation. Partizipation muss im schulischen Alltag zudem praktisch gelebt werden. Dabei ist entscheidend, dass Schüler:innen als Expert:innen ihrer Lebenswelt ernst genommen werden. Ebenso entscheidend ist, Macht an Kinder und Jugendliche abzugeben und sich auf unsichere Prozesse einzulassen, deren Ergebnis nicht vorab festgelegt ist. Die Entwicklung einer partizipativen Schulkultur erfordert zudem einen grundlegenden Wandel hin zu Begegnungen auf Augenhöhe. Nicht zuletzt gilt es, die Ebenen zu identifizieren, auf denen sich Partizipation an der jeweiligen Schule wirksam einführen und von dort aus ausbauen lässt.

> *Hinweis:* Partizipation bedeutet, Macht abzugeben bzw. zu teilen und sich nicht nur Jubel der Schüler:innen abzuholen. Überlegen Sie vorab, womit Sie sich zunächst persönlich wohl fühlen und was Sie ausprobieren möchten. Es gehört dazu, sich auf den Prozess einzulassen und das Ergebnis nicht vorab zu kennen. Das kann natürlich auch ein Gefühl der Unsicherheit mit sich bringen.

5.5 Partizipation praktisch umsetzen

Eine weitere Herausforderung ist der Gegenstand der Entscheidungen: Schulkonferenzen, Schüler:innenräte oder Projektgruppen benötigen echte Entscheidungskompetenzen, denn Simulationen stellen im Endeffekt keine echte Partizipation dar. Deshalb wäre schulspezifisch zu klären, was über die rechtlichen Vorgaben hinaus tatsächlich beschlossen und spürbar verändert werden kann. Dabei sollten Lehrkräfte ihre Rolle stärker als Moderierende, Begleitende und Unterstützende verstehen, anstatt zu viele Vorgaben zu machen und Steuerungsprozesse zu kontrollieren. Digitale Plattformen können Kommunikation und Abstimmungsprozesse dabei erleichtern, indem sie diese transparenter und niedrigschwelliger gestalten. Dennoch darf Partizipation nicht auf technische Lösungen reduziert werden oder allein von ihnen abhängen.

Sogenannte Brennpunktschulen, die oft als »Problemorte« wahrgenommen werden, können durch partizipative Prozesse transformiert werden. Gerade indem Kindern und Jugendlichen echte Gestaltungsperspektiven eröffnet werden, können sie aktiv an der Lösung von Herausforderungen mitwirken. Dies fördert nicht nur eine positive Schulatmosphäre, sondern stärkt auch das Selbstbewusstsein und die Eigenverantwortung der Schüler:innen und hilft bestenfalls das zu kompensieren, was Schulen oft erst zu Brennpunktschulen macht: Ohnmacht, Exklusion, fehlende Wirksamkeitserfahrungen und prekäre Lebensperspektiven. Die Mühe, partizipative Strukturen und Prozesse zu etablieren, lohnt sich langfristig: Schüler:innen fühlen sich gehört und ernst genommen, was ihre Motivation und ihr Engagement nachhaltig steigert. Dies verbessert wiederum die Situation der Lehrkräfte in der Schule.

Hinweis: Partizipation erfordert auch den Blick auf andere relevante Themen für Schulen mit Blick auf Diversität, Vorurteile/Ausgrenzung und Rassismus, aber auch auf eine Überlastung des Schulsystems. Menschen, die gestresst und/oder verängstigt sind, müssen besonders sensibel einbezogen werden.

5 Umsetzung von Partizipation in der Schule

Wenn Partizipation insgesamt als Herausforderung betrachtet wird, dann erscheint sie in sogenannten *schwierigen Klassen*, die z.b. geprägt sind durch eine hohe Heterogenität, ein eher negatives Klassenklima oder zahlreiche Unterrichtsstörungen, umso schwieriger in der Umsetzung. Hier liegt der Schluss nahe, dass es eher eine starke frontale Führung braucht, die wenig Spielraum für abweichendes Verhalten lässt, um die für den Unterricht nötige Ruhe und Disziplin herzustellen und aufrechtzuerhalten. Je nach Unterrichtsstil und Persönlichkeit der jeweiligen Lehrkraft kann dies mit der Zielsetzung eines möglichst störungsfreien Unterrichts auch gelingen. Allerdings werden dabei womöglich wichtige Grundbedürfnisse der Schüler:innen übergangen und somit (weiter) frustriert und der Kompetenzerwerb mit Blick auf die modernen Funktionen von Schule kann weniger gut ermöglicht werden. Nicht zuletzt besteht die Gefahr, dass Ruhe und Disziplin sofort wieder weichen, wenn sich an den konkreten Rahmenbedingungen etwas ändert (z.B. Ausfall oder Wechsel bestimmter Lehrkräfte).

Auch wenn es zunächst kontraintuitiv klingt, könnten partizipative Methoden dabei unterstützen, ein fragiles Klassengefüge längerfristig so zu stabilisieren, dass es als Gemeinschaft auch ohne ein strenges Korsett funktionieren kann. Ein erster Ansatzpunkt dafür ist, den Bedürfnissen bzw. ihrer Frustration auf den Grund zu gehen, die der schwierigen Situation in der Klasse zugrunde liegen. Fühlen sich Schüler:innen bspw. nicht sicher oder erleben sie sich als nicht kompetent genug? Wo werden Ungerechtigkeiten erlebt und geäußert? An welchen Punkten gibt es Schwierigkeiten in den sozialen Beziehungen (zwischen den Schüler:innen ebenso wie in der Interaktion mit bestimmten Lehrkräften)? Solche und andere Fragen könnten gemeinsam mit den Schüler:innen im Rahmen eines Klassenrats und bei Bedarf in Kleingruppen oder Einzelgesprächen herausgearbeitet und reflektiert werden.

In einem nächsten Schritt könnte, bspw. in Arbeitsgruppen, erarbeitet werden, wie das Miteinander und der Unterricht so gestaltet werden können, dass die Bedürfnisse besser erfüllt werden. Wie können z.B. Vertrauen gestärkt und eine bessere Kommunikation entwickelt werden? Welche Formen der kontinuierlichen Mitbestimmung könnten etabliert werden? Welche verlässlichen Strukturen braucht es für die Konfliktbewältigung und welche Erfolgserlebnisse können die Gemeinschaft stärken? Wichtig ist dabei, mit kleinen Schritten zu starten, die spürbare Erfolge ermöglichen, die gemeinsam »gefeiert« werden können. Zudem braucht es Hartnäckigkeit, Geduld und Verlässlichkeit seitens der Lehrkräfte (vgl. für ausführlichere Ansätze z.B. das Konzept der *Neuen Autorität*, Omer & Haller, 2019; »Gemeinsam Klasse sein«, Hansen et al., 2023a; Modul Klassenklima, Unfallkasse Berlin, 2014; MindMatters, Franze et al., 2007).

Fehlerkultur und Partizipation
Eine konstruktive Fehlerkultur sollte für eine erfolgreiche Partizipation in der Schule mitgedacht werden. Fehler sollten grundsätzlich nicht als Versagen, sondern als Chance zur Weiterentwicklung verstanden werden. Im Kontext von Partizipation bedeutet dies, dass sowohl Schüler:innen als auch Lehrkräfte in Entscheidungsprozessen Fehler machen dürfen, ohne bspw. Sanktionen oder Stigmatisierung fürchten zu müssen. Vielmehr sollten Fehler offen angesprochen und reflektiert werden können, um sie in der Folge gemeinsam zu analysieren und Schlussfolgerungen daraus zu ziehen, ganz im Sinne unseres partizipativen Salutogenesekonzepts (▶ Kap. 4.3.3): »Wahrnehmen – Beobachten – Reflektieren – Handeln« im Zusammenhang mit dem Erreichen von Verstehbarkeit (z.B. einen Fehler transparent machen, um ihn gemeinsam analysieren zu können), Sinnhaftigkeit (z.B. einen Fehler als wertvolle Lerngelegenheit begreifen) und Handhabbarkeit (z.B. gemeinsam eine Lösung für den Fehler entwickeln). Schüler:innen erleben so, dass ihre Initiative wertgeschätzt wird, auch wenn sie nicht immer die »richtige« Entscheidung treffen oder Entscheidungen formal nicht immer richtig treffen. Darüber hinaus unterstützt eine positive Fehlerkultur die Entwicklung von

Vertrauen und einer toleranten und kooperativen Schulgemeinschaft.

5.5.4 Evaluation und Weiterentwicklung von Partizipation

Schulentwicklung hört nicht mit der Einführung neuer Konzepte auf. Vielmehr ist eine fortlaufende Überprüfung wichtig, um die Wirksamkeit partizipativer Prozesse in der Schule zu sichern und gegebenenfalls weiterzuentwickeln. Methoden wie die Befragung von Schulmitgliedern, Fokusgruppen oder die Beobachtung von Entscheidungsprozessen – z.B. durch externe Kooperationspartner:innen aus der non-formalen Bildung sowie der Wissenschaft – bieten wichtige Erkenntnisse über den aktuellen Stand der Partizipation. Diese dienen nicht nur der gemeinsamen Reflexion, sondern auch der Identifikation von Schwachstellen und Verbesserungspotenzialen. Dabei ist insbesondere zu berücksichtigen, dass Partizipation – vor allem im Rahmen von Feedbackprozessen – umso schwieriger ist, wenn weiterhin Abhängigkeits- bzw. Hierarchieverhältnisse bestehen, also Lehrkräfte z.B. Leistungen bewerten (müssen).

Für eine nachhaltige Weiterentwicklung sollten die Ergebnisse der Evaluation genutzt werden, um bestehende Strukturen anzupassen und neue Ansätze zu entwickeln. Hier kann dann auf bereits etablierte Strukturen der Partizipation und der Überwindung von Widerständen zurückgegriffen werden. In diesem Sinne wird die Schule selbst zu einem lernenden System, in dem kontinuierliche Veränderung die Normalität und keine Ausnahme darstellt.

5.6 Wie stelle ich die Systemfrage?

Ein moderner Führungsansatz in Schulen erfordert Mut, traditionelle Hierarchien und starre Strukturen zu hinterfragen, um Raum für innovative und partizipative Prozesse zu schaffen. Schulleitungen haben dabei nicht nur organisatorische Aufgaben, sondern agieren auch als Vorbilder, die eine Kultur der Mitbestimmung fördern, die Potenziale aller Beteiligten erkennen und gezielt fördern. Ein solcher Ansatz verlangt, den Fokus von Unterrichtsorganisation und Leistungsbewertung hin zu kreativen, kollaborativen und inklusiven Prozessen zu verschieben. Gleichzeitig fordert er, steilen Hierarchien und autoritären Mustern aktiv entgegenzuwirken. Dafür braucht es bestenfalls eine institutionelle Unterstützung durch Fortbildungen, Supervision und kollegialen Austausch zwischen den Schulen sowie zwischen Schule und Schulbehörden und die Öffnung der Schule nach außen im Sinne einer Kooperation mit Institutionen der außerschulischen Bildung auf Augenhöhe.

Solange Partizipation auf den einzelnen Ebenen und über die Ebenen – von der Klasse X über Schule Y bis ins Schulministerium – nicht so selbstverständlich ist, wie es in einer vollentwickelten Demokratie eigentlich anzunehmen wäre, lastet letztlich die Aufgabe, für die Initiierung und Umsetzung von Partizipation zu werben und einzustehen, anfangs immer auf den Schultern einzelner: Schulleitungen, die gegenüber dem Schulamt – und mitunter auch Eltern – Unterrichtsausfall zugunsten von Klassenräten oder aufwändigen Projektprozessen rechtfertigen müssen; Lehrkräfte, die gegenüber Schulleitungen erklären müssen, warum sie ihren Stoff nicht geschafft haben; Schüler:innen, die abwägen müssen, ob sie sich wirklich trauen können, eine Lehrkraft zu kritisieren, wenn sie das Gefühl haben, als Klassensprecher:in instrumentalisiert zu werden oder im Klassenrat nicht offen sprechen zu können, mit dem Wissen, dass in der Woche danach eine Prüfung bei derselben Lehrkraft ansteht.

Hier schließt sich der Kreis zu den traditionellen und modernen Funktionen und Aufgaben von Schule: Was stellen wir heute in den Vordergrund – Selektion durch Leistungsbewertung oder Emanzipation, Ermächtigung durch Partizipationsprozesse? Für letzteres gibt es durchaus rechtliche Grundlagen, wenngleich diese nicht ganz so differenziert ausgeführt sind wie die Erlasse und Verordnungen zur Erteilung von Ziffernnoten. Doch Spielräume sind vielerorts da, sodass es für das Stellen der Systemfrage letztlich Menschen braucht, die Interesse an Veränderung haben. Und diese brauchen dann andere Menschen, die das mit ihnen gemeinsam angehen wollen: In einem Raum entsteht eine Idee für Verbesserung, die ausgesprochen wird, um die sich motivierte Menschen versammeln, die der Idee Handlungen folgen lassen, die schließlich Veränderungen herbeiführen. Bestenfalls treffen dabei Bestrebungen von »unten nach oben« auf von »oben nach unten« geöffnete Strukturen und Prozesse.

Partizipation über die Schule hinaus
Beteiligungsformate außerhalb von Schulen, die auf das Schulsystem einwirken können, spielen eine zentrale Rolle bei der Gestaltung von Bildungspolitik und der Förderung partizipativer Strukturen. Schüler:innenvertretungen auf regionaler, Länder- oder Bundesebene, aber auch informelle Strukturen wie Jugendbewegungen (siehe Fridays for Future) und Institutionen der außerschulischen Bildung bieten Kindern und Jugendlichen die Möglichkeit, ihre Anliegen über die eigene Schule hinaus zu artikulieren und in bildungspolitische Entwicklungen einzubringen. Berufsverbände und Gewerkschaften der Lehrkräfte und diverse Bildungsinitiativen können ebenfalls wichtige Impulsgeber:innen für Veränderungen im System sein. Parlamente gestalten schließlich den rechtlichen und finanziellen Rahmen, in dem Schulen agieren, und können durch politische Initiativen oder das Engagement in politischen Parteien adressiert werden. Zudem schafft die mediale Öffentlichkeit eine Plattform, um Missstände

5.6 Wie stelle ich die Systemfrage?

zu thematisieren und Bewusstsein für die Bedeutung von Partizipation im schulischen Kontext zu schaffen – gerade in Zeiten, in denen die Demokratie unter Druck steht. Durch solche und weitere Wege entsteht ein Netzwerk an Einflussmöglichkeiten, das dazu beiträgt, das Bildungssystem nicht nur von innen, sondern auch von außen demokratisch zu transformieren.

6 Fazit und Ausblick

Die Welt heute ist für viele schon im Kleinen sehr komplex – und noch viel komplexer erscheint sie uns im Großen. Die neue Normalität der permanent präsenten sozial-ökologischen Krisen und einer zunehmend diversen und fragmentierten Gesellschaft hat daran einen deutlichen Anteil. Junge Menschen setzen sich mit dieser Komplexität frühzeitig auseinander und nehmen Krisen oft sehr bewusst wahr. Gleichzeitig haben sie in unserer Gesellschaft kaum Instrumente, wirksam mitzugestalten, sich wirksam einzubringen, sich wirksam zu erleben und zu fühlen. Das liegt auch daran, dass Erwachsene ihnen Sachverstand, Mitwirkung und Entscheidungsmacht oft weder zutrauen noch zugestehen. Dabei wird nicht nur eine Menge Potenzial verschenkt, sondern gleichzeitig werden auch fundamentale Rechte verwehrt. Dabei sollen junge Menschen spätestens als Erwachsene diese komplexe und ungewisse Welt in ihre Hände nehmen und verantwortungsvoll damit umgehen. Bereiten wir sie darauf wirklich ausreichend vor?

In diesem Buch stellen wir die erziehungswissenschaftliche, sozialwissenschaftliche, bildungswissenschaftliche und psychologische *Notwendigkeit* der Beteiligung von Kindern und Jugendlichen an Prozessen der Mitgestaltung und Mitbestimmung dar und wählen dafür den Kontext der Schule, der alle Menschen mindestens einmal im Leben erreicht. Wir arbeiten die Notwendigkeit anhand wissenschaftlicher Belege heraus, die uns vielfach vor Augen führen: Partizipation junger Menschen ist neben ihrer gesellschaftlichen und demokratischen Bedeutung nicht zuletzt auch wichtig für deren psychische Gesundheit und Entwicklung. Wir geben Ideen zur Umsetzung, um im Kleinen wie im Großen partizipative Strukturen und Prozesse in der Schule aufzubauen, und stellen so dar, wie Partizipation möglich(er) werden kann. Die großen Fragen bleiben jedoch: Wird Partizipation auch zugelassen, wenn sie der Mehrheitsmeinung

6 Fazit und Ausblick

der Erwachsenen widerspricht? Wie viel Entwicklung können Schulen gerade überhaupt noch leisten? Wie können adultistische Grundhaltungen nachhaltig aufgebrochen und verändert werden, sodass »Minderjährige« nicht als »minderwertig« in Bezug auf grundlegende Beteiligungsrechte angesehen werden?

In diesen Tagen in der Mitte der 2020er Jahre müssen wir feststellen, dass die große, zielführende Debatte über solche Fragen noch immer auf sich warten lässt. Die Sorge um Kinder und Jugendliche ist zwar immer wieder Gegenstand politischer Diskussionen, doch zu oft werden sie dabei nur für die Themen der Erwachsenen instrumentalisiert und zu selten als Expert:innen auf Augenhöhe einbezogen. Sie dürfen politische Prozesse zwar in den verschiedensten Formaten nachspielen, simulieren und dabei auch in Parlamenten Platz nehmen, sogar während der Schulzeit – doch etwas Relevantes zu entscheiden haben sie nicht. Da sieht es in vielen Schulen tatsächlich schon besser aus als in anderen Bereichen unserer Gesellschaft.

Die rechtlichen und formalen Grundlagen für echte Partizipation liegen längst vor, aber an der Umsetzung mangelt es aus verschiedenen Gründen massiv. Wir wollen dieses Buch deshalb mit diesem bewusst provokanten Fazit schließen, das anregen soll zur Reflexion, Stellungnahme und Positionierung sowie Aktion. Letztlich haben Erwachsene dieselben Bedürfnisse wie Kinder und Jugendliche – und sie streben ebenso nach Wohlbefinden und Wirksamkeit. Das ist eine starke gemeinsame Grundlage. So fragmentiert die Alltagsrealitäten sind: Über Partizipation als sinnstiftendes Handeln ließen sich in der Schule und darüber hinaus wichtige Brücken bauen, auch um den gesellschaftlichen Zusammenhalt wieder zu stärken. Wenn alle wirksam partizipieren können, fiele es schwerer, bestimmte Lebensrealitäten zu übersehen. Gleichzeitig gilt es dabei, Wege zu finden, die den Schulalltag nicht noch komplexer machen, sondern es ermöglichen, Komplexität gemeinsam besser zu gestalten.

Der Fokus im Schulsystem liegt jedoch trotz aller bestehenden partizipativen Ansätze nach wie vor sehr stark auf Leistungsmessung und Abschlüssen und darauf, wie arbeitsmarktfähig junge Menschen

6 Fazit und Ausblick

am Ende das Schulsystem verlassen. Seit Jahren beklagen Teile von Wirtschaft und Politik immer »schlechtere« Schulabgänger:innen und verweisen auf unzulängliche Bewerbungsunterlagen, Umgangsformen oder eine fehlende Leistungsbereitschaft. Dieser Fokus schiebt Lehrkräfte immer wieder in die Rolle der Bewertenden und Selektierenden. Doch wer fragt eigentlich danach, wie gesund, demokratie- und gemeinschaftsfähig junge Menschen am Ende die Schule verlassen? Wer ermittelt zusätzlich zu den Durchschnitten der Abschlussnoten das Niveau demokratischer Kompetenzen oder die Ausprägung der Gesundheitskompetenz? Wer untersucht, welche Priorisierung täglich von Lehrkräften und Schulleitungen bei der Umsetzung von Erlassen, Verordnungen, Ministeriumsmails und Gesetzen getroffen wird in der Abwägung zwischen einer gesunden und demokratischen, menschenfreundlichen Schule versus rechtskonforme Notengebung und Zeugnisausstellungen, Klassenkonferenzen, enge zeitliche Taktung oder Anwesenheitslisten? Wann sprechen wir in unserer Gesellschaft darüber, welche Indikatoren wir mit dem Schulerfolg künftig verbinden wollen? Schulerfolg im Sinne einer ganzheitlich erfolgreichen Schule, in vielen Feldern erfolgreichen Schüler:innen und einer Gesellschaft, die Schule erfolgreich zu gestalten vermag – als Orte der Demokratie, der Gemeinschaft, des transformativen Lernens. Wir denken, dass wir uns über diese Fragen stärker austauschen müssen und dass es ernsthafte Lösungen braucht statt noch mehr Simulationen.

Wir schließen mit der Einsicht, dass in diesem Buch immer noch Perspektiven fehlen: Heranwachsende und Eltern wurden befragt, haben aber – als Sachverständige in diesen Rollen – nicht mitgeschrieben. Als Wissenschaftler:innen und Beschäftigte im öffentlichen Dienst gehören wir Autor:innen zudem zu einer privilegierten Gruppe und haben nur begrenzt Einsicht in Schwierigkeiten, die sich für andere Personengruppen aus fehlenden Privilegien ergeben. Ein solches Buch kann daher nur ein Schritt im Rahmen eines längeren Prozesses sein – wir freuen uns über den weiteren Austausch mit Ihnen und Euch.

7 Literaturverzeichnis

Abendschön, S. (2022). Politische Sozialisation von Kindern im Vorschul- und Grundschulalter. In I. Baumgardt & D. Lange (Hrsg.), *Young Citizens. Handbuch politische Bildung in der Grundschule* (S. 60–68). Bundeszentrale für politische Bildung (BpB).

Abi-Jaoude, E., Naylor, K. T. & Pignatiello, A. (2020). Smartphones, social media use and youth mental health. *CMAJ, 192*(6), E136–E141. https://doi.org/10.1503/cmaj.190434

Achour, S. & Gill, T. (2020). Extremismusprävention als politische Bildung? *POLIS, 24*(4), 11–13.

Adorno, T. W. (1966). Erziehung zur Mündigkeit, Vorträge und Gespräche mit Hellmuth Becker 1959–1969. Hrsg. von Gerd Kadelbach. Suhrkamp.

Aldridge, J. M. & McChesney, K. (2018). The relationships between school climate and adolescent mental health and wellbeing: A systematic literature review. *International Journal of Educational Research, 88*, 121–145.

Al-Samarraie, H., Bello, K. A., Alzahrani, A. I., Smith, A. P. & Emele, C. (2022). Young users' social media addiction: causes, consequences and preventions. *Information Technology & People, 35*(7), 2314–2343.

Andresen, S., Heyer, L., Lips, A., Rusack, T., Schröer, W., Thomas, S. & Wilmes, J. (2021). *Das Leben von jungen Menschen in der Corona-Pandemie. Erfahrungen, Sorgen, Bedarfe.* https://www.bertelsmann-stiftung.de/fileadmin/files/Projekte/Familie_und_Bildung/Studie_WB_Das_Leben_von_jungen_Menschen_in_der_Corona-Pandemie_2021.pdf

Anselma, M., Chinapaw, M. & Altenburg, T. (2020). »Not only adults can make good decisions, we as children can do that as well« Evaluating the Process of the Youth-Led Participatory Action Research ›Kids in Action‹. *International Journal of Environmental Research and Public Health, 17*(2), 625. https://doi.org/10.3390/ijerph17020625

Antonovsky, A., Maoz, B., Dowty, N. & Wijsenbeek, H. (1971). Twenty-five years later: A limited study of the sequelae of the concentration camp experience. *Social Psychiatry, 6*, 186–193.

Arslan, Ph. D., Gökmen. (2021). School belongingness, well-being, and mental health among adolescents: Exploring the role of loneliness. *Australian Journal of Psychology, 73*(1), 70–80. https://doi.org/10.1080/00049530.2021.1904499

7 Literaturverzeichnis

Asbrand, J. & Schmitz, J. (2024). »Digital Natives« – Psychisch gesund aufwachsen in einer digitalen Welt. *Monatszeitschrift Kinderheilkunde, 172*, 859–864. https://doi.org/10.1007/s00112-024-02006-7

Asbrand, J., Peter, F., Calvano, C. & Dohm, L. (2024). *Umgang mit gesellschaftlichen Krisen in der Schule* (Reihe »Psychologie im Schulalltag«). Hogrefe.

Asbrand, J., Spirkl, N., Reese, G., Spangenberg, L., Shibata, N. & Dippel, N. (2024). Understanding coping with the climate crisis: An experimental study with young people on agency and mental health. *Anxiety, Stress, & Coping, 38*(1), 1–16. https://doi.org/10.1080/10615806.2024.2388255

August, V. (2024). Dynamiken des Klimakonflikts: Eskalation, Gegeneskalation und De-Eskalation seit Fridays for Future und der Letzten Generation [Dynamics of the Climate Conflict: Escalation, Counterescalation, and De-escalation since Fridays for Future and the Last Generation]. *Politische Vierteljahresschrift, 66*, 381–405. https://doi.org/10.1007/s11615-024-00577-4

Bacia, E., Dohmen, D., Hurrelmann, K., Fichtner, S. & Kühn, V. (2022). *Studie: Die Schule der Zukunft. Demokratische Lernorte für eine demokratische Gesellschaft.* https://www.ghst.de/fileadmin/images/01_Bilddatenbank_Website/Demokratie_staerken/Kommission_Demokratie_Bildung/Studie_2022/FiBS_Hertie_Stiftung_Demokratiestudie_Schule_der_Zukunft_2022.pdf

Baker, C., Clayton, S. & Bragg, E. (2021). Educating for resilience: Parent and teacher perceptions of children's emotional needs in response to climate change. *Environmental Education Research, 27*(5), 687–705. https://doi.org/10.1080/13504622.2020.1828288

Bandura, A. (1977). Self-efficacy: Toward a unifying theory of behavioral change. *Psychological Review, 84*(2), 191–215. https://doi.org/10.1037/0033-295X.84.2.191

Barmer (2023). *SINUS-Jugendforschung. Ergebnisse einer Repräsentativ-Umfrage unter Jugendlichen 2022/2023.* https://www.barmer.de/resource/blob/1158160/1af3551761a2a83cd033c41bdd80dfd5/dl-sinus-jugendstudie-data.pdf

Baumgardt, I. & Lange, D. (2022). Einleitung. In I. Baumgardt & D. Lange (Hrsg.), *Young Citizens. Handbuch politische Bildung in der Grundschule* (S. 12–16). Bundeszentrale für politische Bildung (BpB).

Becker, K. J. & Schramkowski, B. (2017). Politische Partizipation junger Menschen mit Migrationshintergrund. *Soziale Arbeit, 66*(12), 470–476. https://doi.org/10.5771/0490-1606-2017-12-470

Behrens, R., Besand, A. & Breuer, S. (2021). *Politische Bildung in reaktionären Zeiten: Plädoyer für eine standhafte Schule.* Wochenschau Verlag.

Benoit, L., Thomas, I. & Martin, A. (2022). Review: Ecological awareness, anxiety, and actions among youth and their parents – a qualitative study of newspaper narratives. *Child and Adolescent Mental Health, 27*(1), 47–58. https://doi.org/10.1111/camh.12514

Berking, M. (2017). *Training emotionaler Kompetenzen* (4. Auflage). Springer. https://doi.org/10.1007/978-3-662-54273-6

Bleh, J. (2021). What do we want!? Identität, Moral und Wirksamkeit. Eine sozialpsychologische Perspektive auf die Erfolgsfaktoren der jungen Klimabewegung. In L. Dohm, F. Peter & K. van Bronswijk (Hrsg.), *Climate Action – Psychologie der Klimakrise. Handlungshemmnisse und Handlungsmöglichkeiten* (S. 251–282). Psychosozial-Verlag.

BMFSJ (2020). *16. Kinder- und Jugendbericht. Förderung demokratischer Bildung im Kindes- und Jugendalter.* https://www.bmfsfj.de/resource/blob/162232/27ac76c3f5ca10b0e914700ee54060b2/16-kinder-und-jugendbericht-bundestagsdrucksache-data.pdf

Böttger, T. & Zierer, K. (2024). To ban or not to ban? A rapid review on the impact of smartphone bans in schools on social well-being and academic performance. *Education Sciences, 14*(8), 906. https://doi.org/10.3390/educsci14080906

Bourdieu, P. (2023). *Die feinen Unterschiede. Kritik der gesellschaftlichen Urteilskraft* (29. Auflage; Erstveröffentlichung 1987). Suhrkamp.

Bourdieu, P. (2015). *Die verborgenen Mechanismen der Macht* (Erstveröffentlichung 1992). VSA.

Bowlby, J. (1969). *Attachment and loss* (Vol. 1. Attachment). Hogarth.

Bowlby, J. (1973). *Attachment and loss* (Vol. 2. Separation, anxiety and anger). Hogarth.

Brand, U. & Wissen, M. (2017). *Imperiale Lebensweise. Zur Ausbeutung von Mensch und Natur im globalen Kapitalismus.* Oekom Verlag.

Breuer, S. (2018). *Wie politisch dürfen Lehrerinnen und Lehrer sein?* (Stand v. 4.10.2020). https://deutsches-schulportal.de/expertenstimmen/wie-politisch-duerfen-lehrerinnen-und-lehrer-sein/

Brown, A., Collado, S., Evans, G. W. & Loebach, J. E. (2023). Chapter Six – Designing learning environments for promoting young people's constructive coping with climate change. In J. J. Lockman (Hrsg.), *Advances in Child Development and Behavior* (Band 65, S. 169–198). JAI. https://doi.org/10.1016/bs.acdb.2023.05.005

Brunnengräber, A. & Dietz, K. (2011). Der Klimawandel – eine multiple Krise gesellschaftlicher Naturverhältnisse. In A. Demirović, J. Dück, F. Becker & P. Bader (Hrsg.), *VielfachKrise im finanzmarktdominierten Kapitalismus* (S. 95–110). Hamburg.

7 Literaturverzeichnis

Buecker, S., Horstmann, K. T., Krasko, J., Kritzler, S., Terwiel, S., Kaiser, T. & Luhmann, M. (2020). Changes in daily loneliness for German residents during the first four weeks of the COVID-19 pandemic. *Social Science & Medicine, 265*, 113541.

Butterer, H. & Wohnig, A. (2019). Kooperationen zwischen schulischer und außerschulischer politischer Bildung. *POLIS, 23*(2), 7–10.

BVerfG. (24.03.2021). *Beschluss des Ersten Senats vom 24. März 2021*, 1 BvR 2656/18. https://www.bundesverfassungsgericht.de/SharedDocs/Entscheidungen/DE/2021/03/rs20210324_1bvr265618.html

Chmielewski, F. (2023). Globale Krisen in der Psychotherapie. Therapeutisch konstruktiv in schwierigen Zeiten arbeiten. Beltz.

Cobb, S. (1976). Social support as a moderator of life stress. *Psychosomatic Medicine, 38*, 300–314.

Conroy, M. A., Sutherland, K. S., Snyder, A., Al-Hendawi, M. & Vo, A. (2009). Creating a Positive Classroom Atmosphere. Teachers' Use of Effective Praise and Feedback. *Beyond Behavior, 18*(2), 18–26.

Cremer, H. (2019). *Das Neutralitätsgebot in der Bildung. Neutral gegenüber rassistischen und rechtsextremen Positionen von Parteien?* Deutsches Institut für Menschenrechte. https://www.institut-fuer-menschenrechte.de/publikationen/detail/das-neutralitaetsgebot-in-der-bildung

da Cunha, J. M., Thomas, K. J., Sukhawathanakul, P., Santo, J. B. & Leadbeater, B. (2021). Socially responsible children. A link between school climate and aggression and victimization. *International Journal of Behavioral Development, 45*(6), 504–512. https://doi.org/10.1177/01650254211020133

Cutter-Mackenzie-Knowles, A. & Rousell, D. (2020). The Mesh of Playing, Theorizing, and Researching in the Reality of Climate Change: Creating the Co-research Playspace. In A. Cutter-Mackenzie-Knowles, K. Malone & E. Barratt Hacking (Hrsg.), *Research Handbook on Childhoodnature: Assemblages of Childhood and Nature Research* (S. 199–222). Springer International Publishing. https://doi.org/10.1007/978-3-319-67286-1_14

Dalbert, C. (Hrsg.) (2013). *Gerechtigkeit in der Schule*. Springer Fachmedien. https://doi.org/10.1007/978-3-531-93128-9

Dariotis, J., Chen, F., Park, Y. R., Nowak, M., French, K. & Codamon, A. (2023). Parentification vulnerability, reactivity, resilience, and thriving: A mixed methods systematic literature review. *International Journal of Environmental Research and Public Health, 20*, 6197. https://doi.org/10.3390/ijerph20136197

Deci, E. L. & Ryan, R. M. (1993). Die Selbstbestimmungstheorie der Motivation und ihre Bedeutung für die Pädagogik. *Zeitschrift für Pädagogik, 39*(2), 223–238.

7 Literaturverzeichnis

Demirovic, A. (2023). Politische Bildung und Demokratie. In M. S. Baader, T. Freytag & K. Kempa (Hrsg.), *Politische Bildung in Transformation – Transdisziplinäre Perspektiven* (S. 25–42). Springer VS.

Dennison, J. (2023). Emotions: Functions and significance for attitudes, behaviour, and communication. *Migration Studies, 12*(1), 1–20. https://doi.org/10.1093/migration/mnad018

Deutsche Vereinigung für Politische Bildung (DVPB) (2024). Demokratie braucht Politische Bildung, keine Neutralität! Unterstützt von Bundeselternrat, Deutsche Gewerkschaftsbund (DGB) und Gewerkschaft Erziehung und Wissenschaft (GEW). www.dvpb.de/nicht-neutral

Deutscher Bundesjugendring (2023). *Mentale Gesundheit junger Menschen in Krisenzeiten stärken.* https://www.dbjr.de/artikel/mentale-gesundheit-junger-menschen-in-krisenzeiten-staerken

Deutsches Institut für Wirtschaft (o.J.). *Armut.* https://www.diw.de/de/diw_01.c.411565.de/armut.html

Deutsches Kinderhilfswerk e. V. (2013). *Umfrage zum politischen Engagement von Jugendlichen.* https://www.kinderrechte.de/fileadmin/Redaktion/1_Unsere_Arbeit/1_Schwerpunkte/3_Beteiligung/3.6_Umfrage_politisches_Engagement/Ergebnisse_Engagement_von_Jugendlichen_DKHW_2013.pdf

Deutsches Zentrum für Suchtfragen des Kindes- und Jugendalters (2023). *Problematische Mediennutzung im Kindes- und Jugendalter in der post-pandemischen Phase. Studie im Auftrag der DAK.* https://caas.content.dak.de/caas/v1/media/57130/data/1e99c74f76c82194594692bcf2e2337d/dzskj-dak-mediensuchtstudie-2023-24-ergebnisbericht.pdf

Dohm, L., Saha, S., Fronhoffs, K. & Gieler, U. (2024). Psychische Folgen von Klima- und Umweltveränderungen am Beispiel der Dermatologie. *Die Dermatologie, 75*(9), 704–710. https://doi.org/10.1007/s00105-024-05396-7

Döring, H. (2022). *Gesellschaftliche Krisen und Proteste. Dialog als Mittel der Konfliktmoderation.* Kohlhammer.

Eichinger, M., Andreas, M., Hoeppe, A., Nisius, K. & Rink, K. (2023). Kinder- und Jugendgesundheit in der Klimakrise: Herausforderungen und Chancen für Kinder- und Jugendärzt:innen. *Monatsschrift Kinderheilkunde, 171*(2), 114–123. https://doi.org/10.1007/s00112-022-01685-4

Eley, S. (2004). ›If they don't recognize it, you've got to deal with it yourself‹: Gender, young caring and educational support. *Gender and Education, 16*(1), 65–75. https://doi.org/10.1080/0954025032000170345

El-Mafaalani, A., Kurtenbach, S. & Strohmeier, K. P. (2025). *Kinder – Minderheit ohne Schutz: Aufwachsen in der alternden Gesellschaft.* Kiepenheuer & Witsch.

Elsen, P. (2024). Mit politischer Bildung in der Schule einen Beitrag zu sozial-ökologischer Transformation leisten? *POLIS, 4*, 22–24.

Emde, O. & Prehm, F. (2024). Politische Bildung und gesellschaftliche Transformation – Versuch einer Verhältnisbestimmung. In O. Emde, C. Keuler & F. Prehm (Hrsg.), *Gesellschaftliche Transformation und politische Bildung* (S. 15–19). Wochenschau Wissenschaft.

Endler, N. S., Speer, R. L., Johnson, J. M. & Flett, G. L. (2000). Controllability, coping, efficacy, and distress. *European Journal of Personality, 14*(3), 245–264. https://doi.org/10.1002/1099-0984(200005/06)14:3<245::AID-PER375>3.0.CO;2-G

Engel, G. L. (1977). The need for a new medical model: A challenge for biomedicine. *Science, 196*(4286), 129–136. https://doi.org/10.1126/science.847460

Enquete-Kommission (2002). »Zukunft des Bürgerschaftlichen Engagements« *Bericht Bürgerschaftliches Engagement: auf dem Weg in eine zukunftsfähige Bürgergesellschaft*. Deutscher Bundestag.

Ewton, M. (2014). Student safety: Parents' and school principals' perceptions. *New Waves – Educational Research & Development, 17*(1), 109.

Fend, H. (2015). Die sozialen und individuellen Funktionen von Bildungssystemen: Enkulturation, Qualifikation, Allokation und Integration. In *Handbuch der Erziehungswissenschaft* (Hrsg. im Auftrag der Görres-Gesellschaft) (S. 43–55). Brill Schöningh.

Fend, H. (2009). *Neue Theorie der Schule*. Springer VS.

Finnegan, W. & d'Abreu, C. (2024). The hope wheel: A model to enable hope-based pedagogy in climate change education. *Frontiers in Psychology, 15*, 1347392. https://doi.org/10.3389/fpsyg.2024.1347392

Folkman, S. (1997). Positive psychological states and coping with severe stress. *Social Science & Medicine, 45*(8), 1207–1221. https://doi.org/10.1016/S0277-9536(97)00040-3

Frank, G. (2009). Die zögerliche Annäherung des Bürgers an den Citoyen. *Einblicke. Das Forschungsmagazin der Universität Oldenburg*, 14–17.

Franze, M., Meierjürgen, R., Abeling, I., Rottländer, M., Gerdon, R. & Paulus, P. (2007). »MindMatters«. *Prävention und Gesundheitsförderung, 2*(4), 221–227. https://doi.org/10.1007/s11553-007-0071-3

Frick, J. (2021). Resilienz und Salutogenese im Lehrberuf: Förderung und Aufrechterhaltung der Lehrer* innen-Gesundheit. In K. Fröhlich-Gildhoff & M. Rönnau-Böse (Hrsg.), *Menschen stärken. Resilienzförderung in verschiedenen Lebensbereichen* (S. 109–155). Springer.

Fritsche, I., Barth, M. & Reese, G. (2021). Klimaschutz als kollektives Handeln. Die psychologische Forschung zur Rolle sozialer Identität. In L. Dohm, F. Peter &

K. van Bronswijk (Hrsg.), *Climate Action – Psychologie der Klimakrise. Handlungshemmnisse und Handlungsmöglichkeiten* (S. 229–250). Psychosozial-Verlag.

Fröhlich-Gildhoff, K. & Rönnau-Böse, M. (2021). Resilienzförderung in der (Grund)Schule. In K. Fröhlich-Gildhoff & M. Rönnau-Böse (Hrsg.), *Menschen stärken. Resilienzförderung in verschiedenen Lebensbereichen* (S. 85–107). Springer.

Funcke, A. & Menne, S. (2023). *Kinder- und Jugendarmut in Deutschland*. Factsheet. https://www.bertelsmann-stiftung.de/de/publikationen/publikation/did/factsheet-kinder-und-jugendarmut-in-deutschland

Giesinger, J. (2019). Kinder und Erwachsene: Abgrenzungs- und Zuordnungsprobleme. In J. Drerup & G. Schweiger & (Hrsg.), *Handbuch Philosophie der Kindheit* (S. 43–49). J. B. Metzler.

Gomez-Lopez, M., Viejo, C., Romera, E. M. & Ortega-Ruiz, R. (2022). Psychological well-being and social competence during adolescence: Longitudinal association between the two phenomena. *Child Indicators Research, 15*(3), 1043–1061.

Green Legal Impact (2025). *Green Legal Spaces Studie 2025. Entwicklung politischer Teilhaberechte der Klimabewegung in Deutschland*. Green Legal Impact Germany e. V. https://www.greenlegal.eu/wp/wp-content/uploads/2025/01/Green_Legal_Spaces_Studie_2025.pdf

Groß, M. (o.J.). 12 Punkte im Umgang mit rassistischen, antisemitischen oder rechtsextremen Vorfällen. Adolf-Bender-Zentrum für Demokratie und Menschenrechte. https://adolfbender.de/blog/12-punkte-im-umgang-mit-rassistischen-antisemitischen-oder-rechtsextremen-vorfaellen/

Grund, J. & Brock, A. (2019). Why we should empty Pandora's box to create a sustainable future: Hope, sustainability and its implications for education. *Sustainability, 11*(3), 893. https://doi.org/10.3390/su11030893

Grund, J., Singer-Brodowski, M. & Büssing, A. G. (2024). Emotions and transformative learning for sustainability: A systematic review. *Sustainability Science, 19*(1), 307–324. https://doi.org/10.1007/s11625-023-01439-5

Grund, J. & Holst, J. (2023). Emotional competence: The missing piece in school curricula? A systematic analysis in the German education system. *International Journal of Educational Research Open, 4*, 100238. https://doi.org/10.1016/j.ijedro.2023.100238

Habel, A. & Peter, F. (2024). Zu kurz gedacht mit langfristigen Auswirkungen. Welche tiefgreifenden Denkrahmen die sozial-ökologischen Krisen antreiben und welche sie lösen helfen. In K. Gondlach, B. Brinkmann, M. Brinkmann & J. Plath (Hrsg.), *Regenerative Zukünfte und künstliche Intelligenz: Band 2: PEOPLE*

(S. 285–299). Springer Fachmedien. https://doi.org/10.1007/978-3-658-44852-3_20

Habermas, J. (1996). Drei normative Modelle der Demokratie: Zum Begriff deliberativer Demokratie. In H. Münkler (Hrsg.), *Die Chancen der Freiheit. Grundprobleme der Demokratie* (S. 11–24). Piper.

Habermas, J. (1992). Faktizität und Geltung. Beiträge zur Diskurstheorie des Rechts und des demokratischen Rechtsstaats. Suhrkamp.

Habich, J. & Remete, P. (2023). Einstellungen und Sorgen der jungen Generation Deutschlands 2023. Hrsg. von Liz Mohn Center GGmbH. https://www.bertelsmann-stiftung.de/de/publikationen/publikation/did/einstellungen-und-sorgen-der-jungen-generation-deutschlands-2023

Hamborg, S. (2023). Zuviel des Guten. Proklamationen und Realitäten der Bildung im Spiegel von Nachhaltigkeit und Transformation. *Die Deutsche Schule (DDS), 2*(115), 153–161.

Hamborg, S. (2020). Bildung in der Krise – Eine Kritik krisendiagnostischer Bildungsentwürfe am Beispiel der Bildung für nachhaltige Entwicklung. In H. Kminek, F. Bank & L. Fuchs (Hrsg.), *Kontroverses Miteinander – Interdisziplinäre und kontroverse Positionen zur Bildung für eine nachhaltige Entwicklung* (S. 169–184). Goethe-Universität Frankfurt.

Hansen, J., Liegmann, K. & Hanewinkel, R. (2023a). Evaluation des Präventionsprojekts »Gemeinsam Klasse sein« gegen Mobbing und Cybermobbing an Schulen. Abschlussbericht Dezember 2023. IFT-Nord. https://www.tk.de/resource/blob/2164944/0953b474df9cc678d0fe23a14479cf7f0/evaluation-gemeinsam-klasse-sein--lang--data.pdf

Hansen, J., Neumann, C. & Hanewinkel, R. (2023b). Wohlbefinden und Gesundheitsverhalten von Kindern und Jugendlichen in Deutschland – Ausgewählte Ergebnisse des Präventionsradar 2022/2023. IFT-Nord. Kiel. https://caas.content.dak.de/caas/v1/media/40840/data/a9018013330bc9ade945734aeb266476/praeventionsradar-ergebnisbericht-2022-2023.pdf

Harding, S., Morris, R., Gunnell, D., Ford, T., Hollingworth, W., Tilling, K., Evans, R., Bell, S., Grey, J., Brockman, R., Campbell, R., Araya, R., Murphy, S. & Kidger, J. (2019). Is teachers' mental health and wellbeing associated with students' mental health and wellbeing? *Journal of Affective Disorders, 242,* 180–187. https://doi.org/10.1016/j.jad.2018.08.080

Harlow, H. E. (1959). Love in infant monkeys. *Scientific American, 200,* 68–74.

Hart, R. A. (1992). *Children's participation: From tokenism to citizenship.* Innocenti Essays (No. 4). Florence.

Hauff, V. (1987). Unsere gemeinsame Zukunft. Der Brundtland-Bericht der Weltkommission für Umwelt und Entwicklung. Greven.

Haus, M. (2011). Entpolitisierte Zivilgesellschaft? Engagement und politische Partizipation. In B. Widmaier & F. Nonnenmacher (Hrsg.), *Partizipation als Bildungsziel. Politische Aktion in der politischen Bildung* (S. 17–30). Wochenschau Verlag.

Hayes, S. C., Strosahl, K. D. & Wilson, K. G. (2012). *Acceptance and commitment therapy: The process and practice of mindful change* (2nd ed) (S. xiv, 402). Guilford Press.

Heinzel, S. (2022). Klima-Angst. Eine angemessene Reaktion auf eine maßlose Krise? In K. van Bronswijk & C. Hausmann (Hrsg.), *Climate Emotions. Klimakrise und psychische Gesundheit* (S. 129–143). Psychosozial-Verlag. https://www.nomos-elibrary.de/10.30820/9783837978667/climate-emotions?page=1

Hedtke, R. (2020). Politik machen, statt Politik spielen. Plädoyer für eine politische Bildung in der Schule. In M. P. Haarmann, S. Kenner & D. Lange (Hrsg.), *Demokratie, Demokratisierung und das Demokratische. Zugänge im Feld der Politischen Bildung* (S. 139–154). Springer VS.

Heru, A. M. (2006). Family psychiatry: from research to practice. *American Journal of Psychiatry, 163*(6), 962–968. https://doi.org/10.1176/ajp.2006.163.6.962

Himmelmann, G. (2018). Demokratie als Gesellschaftsform – Politische Bildung und Zivilgesellschaft. In S. Kenner & D. Lange (Hrsg.), *Citizenship Education. Konzepte, Anregungen und Ideen zur Demokratiebildung* (S. 26–37). Wochenschau Verlag.

Himmelmann, G. (2001). *Demokratie Lernen als Lebens-, Gesellschafts- und Herrschaftsform. Ein Lehr- und Arbeitsbuch.* Wochenschau Verlag.

Hinkel, J., Mangalagiu, D., Bisaro, A. & Tàbara, J. D. (2020). Transformative narratives for climate action. *Climatic Change, 160*(4), 495–506. https://doi.org/10.1007/s10584-020-02761-y

Hobfoll, S. E., Watson, P., Bell, C. C., Bryant, R. A., Brymer, M. J., Friedman, M. J., Friedman, M., Gersons, B. P. R., de Jong, J. T. V. M., Layne, C. M., Maguen, S., Neria, Y., Norwood, A. E., Pynoos, R. S., Reissman, D., Ruzek, J. I., Shalev, A. Y., Solomon, Z., Steinberg, A. M. & Ursano, R. J. (2007). Five essential elements of immediate and mid-term mass trauma intervention: Empirical evidence. *Psychiatry, 70*(4), 283–315; discussion 316–369. https://doi.org/10.1521/psyc.2007.70.4.283

Hoggan, C. D. (2016) Transformative learning as a metatheory. *Adult Education Quarterly, 66*(1), 57–75. https://doi.org/10.1177/0741713615611216

Holst, J. (2023a). Bildung für nachhaltige Entwicklung (BNE): Auf dem Weg in den Mainstream, doch mit welcher Priorität? Analyse von Koalitionsverträgen, BNE- und Nachhaltigkeitsstrategien, Weiterbildungsgesetzen, Bildungsberichten und weiteren Dokumenten von Bund, Ländern und Stiftungen. Institut Futur, Freie Universität Berlin. http://dx.doi.org/10.17169/refubium-40460

Holst, J. (2023b). Towards coherence on sustainability in education: A systematic review of Whole Institution Approaches. *Sustainability Science, 18*(2), 1015–1030. https://doi.org/10.1007/s11625-022-01226-8

Holst, J., Grund, J. & Brock, A. (2024). Whole Institution Approach: Measurable and highly effective in empowering learners and educators for sustainability. *Sustainability Science, 19*, 1359–1376. https://doi.org/10.1007/s11625-024-01506-5

Holzinger, D. (2024). Auswirkungen der Klimakrise auf die Gesundheit und Entwicklung von Kindern und Jugendlichen. *Kindheit und Entwicklung, 33*(4), 203–213. https://doi.org/10.1026/0942-5403/a000464

Homer-Dixon, T., Renn, O., Rockstrom, J., Donges, J. F. & Janzwood, S. (2021). *A call for an international research program on the risk of a global polycrisis.* https://dx.doi.org/10.2139/ssrn.4058592

Hood, A. (2023). Dual status and adultification: Black girls' lives in context. *Journal of Family Strengths, 23*(1), 3. https://doi.org/10.58464/2168-670X.1472

Hoppe, A., Becker, A. M., Fritsche, I. & Lautenbacher, J. (2025). Make it through tough times as a group: On the importance of collective predictors of protection behavior and policy acceptance of mitigation measures during the COVID-19 pandemic. *Social Influence, 20*(1), 2447272. https://doi.org/10.1080/15534510.2024.2447272

Hughes, K., Bellis, M. A., Hardcastle, K. A., Sethi, D., Butchart, A., Mikton, C., Jones, L. & Dunne, M. P. (2017). The effect of multiple adverse childhood experiences on health: A systematic review and meta-analysis. *The Lancet Public Health, 2*(8), e356–e366. https://doi.org/10.1016/S2468-2667(17)30118-4

ifo Institut (2023). Der ifo-»Ein Herz für Kinder«-Chancenmonitor: Wie (un-)gerecht sind die Bildungschancen von Kindern aus verschiedenen Familien in Deutschland verteilt? *ifo Schnelldienst 76*(4), 29–47. https://www.ifo.de/publikationen/2023/aufsatz-zeitschrift/der-ifo-ein-herz-fuer-kinder-chancenmonitor

Inkermann, N. (2025). *Globale Bildung in der Transformation. Eine hegemonietheoretisch inspirierte Analyse der Transformationsverständnisse von Bildungsakteur*innen des Globalen Lernens.* Wochenschau Verlag.

Inkermann, N. & Eis, A. (2022). *Konzepte politischer Nachhaltigkeitsbildung.* https://www.bpb.de/shop/zeitschriften/apuz/politische-bildung-2022/515537/konzepte-politischer-nachhaltigkeitsbildung/

IPBES (2019). Zusammenfassung für politische Entscheidungsträger des globalen Assessments der biologischen Vielfalt und Ökosystemleistungen der Zwischenstaatlichen Plattform für Biodiversität und Ökosystemleistungen. IPBES-Sekretariat Bonn.

IPCC. (2021). Zusammenfassung für die politische Entscheidungsfindung. In Naturwissenschaftliche Grundlagen. Beitrag von Arbeitsgruppe I zum Sechsten Sachstandsbericht des Zwischenstaatlichen Ausschusses für Klimaänderungen. Bonn. https://www.de-ipcc.de/media/content/AR6-WGI-SPM_deutsch_barrierefrei.pdf

Ivie, E. J, Pettitt, A., Moses, L. J. & Allen, N. B (2020). A meta-analysis of the association between adolescent social media use and depressive symptoms. *Journal of Affective Disorders, 275,* 165–174.

Iyengar, B. (2023). Adultification and the youth sports industrial complex. *Journal of Pediatrics Research Reviews & Reports,* 1–3. https://doi.org/10.47363/JPRRR/2023(5)155

JIMplus (2022). Fake News und Hatespeech. *Fake News und Hatespeech im Alltag von Jugendlichen.* Medienpädagogischer Forschungsverbund Südwest (mpfs). https://mpfs.de/app/uploads/2024/11/PM_JIMplus_2022_final.pdf

Josupeit, J., Schäfer, P., Tollmann, P., Leimann, J., Kaczmarczyk, D., Kausemann, C. & Quilling, E. (2024). Gesundheitsförderung mit Kindern und Jugendlichen: Der Ansatz der Gesundheitsförderungskultur. *Prävention und Gesundheitsförderung, 19*(1), 22–27. https://doi.org/10.1007/s11553-023-01013-y

Juhola, S., Filatova, T., Hochrainer-Stigler, S., Mechler, R., Scheffran, J. & Schweizer, P.-J. (2022). Social tipping points and adaptation limits in the context of systemic risk: Concepts, models and governance. *Frontiers in Climate, 4.* https://doi.org/10.3389/fclim.2022.1009234

Kaase, M. & Marsh, A. (1979). POLITICAL ACTION: A Theoretical Perspective. In S. Barnes & M. Kaase (Hrsg.), *Political action. Mass participation in five western democracies* (S. 27–56). Sage Publications.

Kalisch, R., Baker, D. G., Basten, U., Boks, M. P., Bonanno, G. A., Brummelman, E., Chmitorz, A., Fernàndez, G., Fiebach, C. J., Galatzer-Levy, I., Geuze, E., Groppa, S., Helmreich, I., Hendler, T., Hermans, E. J., Jovanovic, T., Kubiak, T., Lieb, K., Lutz, B., … Kleim, B. (2017). The resilience framework as a strategy to combat stress-related disorders. *Nature Human Behaviour, 1*(11), 11. https://doi.org/10.1038/s41562-017-0200-8

Kałwak, W., Ekelund, B., Gale, N., Peter, F. & Wortelboer, S. (Hrsg.). (2024). Climate crisis and the human factor: 10 psychological keys to unlocking climate action. Opinion paper of the EFPA's Expert Reference Group for Psychology and Climate Change. *European Federation of Psychologists' Associations EFPA AISBL.* https://doi.org/10.23668/psycharchives.15026

Kaman, A., Erhard, M., Devine, J., Napp, A.-K., Reiss, F., Behn, S. & Ravens-Sieberer, U. et. al. (2024). Mental health of children and adolescents in times of global crises: Findings from the longitudinal COPSY Study from 2020 to 2024, Preprint. ssrn.com/abstract=5043075

Kaushik, A., Kostaki, E. & Kyriakopoulos, M. (2016). The stigma of mental illness in children and adolescents: A systematic review. *Psychiatry Research, 243*, 469–494.

Keck, M. & Sakdapolrak, P. (2013). What is social resilience? Lessons learned and ways forward. *Erdkunde, 67*(1), 5–19. https://doi.org/10.3112/erdkunde.2013.01.02

Kenner, S. (2024). Klimawandel und Klimapolitik – ein Generationenkonflikt? Implikationen für eine transformative und adultismuskritische Bildung. In W. Beutel & M. Gloe (Hrsg.), *Konflikte.* 2. Jahrbuch Demokratiepädagogik & Demokratiebildung (S. 69–80). Wochenschau Verlag.

Kenner, S. (2023a). Schulen als Bildungs-, Sozialisations- und Erfahrungsräume für Transformation und nachhaltige Entwicklung? In S. Achour & T. Gill (Hrsg.), *Partizipation und politische Teilhabe mit allen: Auftrag politischer Bildung* (S. 76–86). Wochenschau Verlag.

Kenner, S. (2023b). Zwischen Information, Organisation und Diskussion. Bildung und digitale Partizipation in politischen Jugendinitiativen. In I. Heldt, W. Beutel & D. Lange (Hrsg.), *Demokratie auf Distanz* (S. 103–113). Wochenschau Verlag.

Kenner, S. (2022). Demokratie und Partizipation. In I. Baumgardt & D. Lange (Hrsg.), *Young Citizens – Handbuch politische Bildung in der Grundschule* (S. 320–326). Bundeszentrale für politische Bildung (BpB).

Kenner, S. (2021). Politische Bildung in Aktion. Eine qualitative Studie zur Rekonstruktion von selbstbestimmten Bildungserfahrungen in politischen Jugendinitiativen. Springer VS.

Kenner, S. (2020). Politische Bildung – Bildungsaufgabe mit Verfassungsrang? In M. P. Haarmann, S. Kenner & D. Lange (Hrsg.), *Demokratie, Demokratisierung und das Demokratische* (S. 31–48). Springer VS.

Kenner, S., Kleinschmidt, M. & D. Lange (2025). Inclusive Citizenship Education. A concept of an emancipatory education. In S. Kenner, M. Kleinschmidt, D. Lange, F. Reichert & C. Schröder (Hrsg.), *Inclusive Citizenship. Interdisziplinäre Perspektiven auf Bürgerschaft und politische Bildung* (S. 87–100). Springer VS.

Kenner, S. & Lange, D. (2025). Demokratie, das Demokratische und Demokratisierung als Kategorien emanzipatorischer Demokratiebildung. In W. Beutel, S. Kenner & D. Lange (Hrsg.), *Monitor Demokratiebildung. Band 1: Demokratiebildung. Eine Orientierung.* Wochenschau Verlag.

Kenner, S. & Lange, D. (2022a). Demokratiebildung als Querschnittsaufgabe. In W. Beutel, M. Gloe, G. Himmelmann, D. Lange, V. Reinhardt & A. Seifert (Hrsg.), *Handbuch Demokratiepädagogik* (S. 62–71). Wochenschau Verlag.

Kenner, S. & Lange, D. (2022b). Young Citizens – Was ist das Politische an der politischen Bildung? In I. Baumgardt & D. Lange (Hrsg.), *Young Citizens - Handbuch politische Bildung in der Grundschule* (S. 12–21). Bundeszentrale für politische Bildung (BpB).

Kenner, S. & Lange, D. (2019). Schule als Lernort der Demokratie. *Zeitschrift für Pädagogik und Theologie, 71*(2), 120–130. https://doi.org/10.1515/zpt-2019-0017

Kenner, S. & Nagel, M. (2022). Große Transformation mit jungen Change Agents? Partizipative politische Bildung für nachhaltige Entwicklung als Antwort auf multiple Krisen der Gegenwart. *Zeitschrift für Didaktik der Gesellschaftswissenschaften, 13*(2), 99–116.

Kenner, S. & Neuhof, F. (2024). Schulen als politische Orte: Einordnungen und Implikationen auf Grundlage explorativer Untersuchungen zu Erfahrungen politisch engagierter Schüler*innen. *POLIS, 28*(2), 7–11.

Kenner, S. & Singer-Brodowski, M. (2024). Politische Bildung und Bildung für nachhaltige Entwicklung – eine Annäherung in Spannungsfeldern. *Wochenschau. Politik und Wirtschaft unterrichten, Sonderausgabe Sekundarstufe I/II*, 8–12.

Kenner, S. & Szukala, A. (2025). Die Illusion der Neutralität. *bayerische schule: das Magazin des BLLV, 78*(2), 23–27.

Kersting, N. (2008). Innovative Partizipation: Legitimation, Machtkontrolle und Transformation. Eine Einführung. In N. Kersting (Hrsg.), *Politische Beteiligung. Einführung in dialogorientierte Instrumente politischer und gesellschaftlicher Partizipation* (S. 11–39). Springer VS.

Kleber, V. (2024). Mehr rechtsextreme Fälle an Schulen. tagesschau (20.04.2024). https://www.tagesschau.de/inland/gesellschaft/rechtsextremismus-schulen-100.html

Kleinschmidt, M., Kenner, S. & Lange, D. (2019). Inclusive Citizenship als Ausgangspunkt für emanzipative und inklusive politische Bildung in der Migrationsgesellschaft. In R. Natarajan (Hrsg.), *Sprache, Flucht, Migration: Kritische, historische und pädagogische Annäherungen* (S. 407–416). VS Verlag. https://doi.org/10.1007/978-3-658-21232-2

Klemm, K. (2022). *Entwicklung von Lehrkräftebedarf und -angebot in Deutschland bis 2035.* Aktualisierte Expertise mit Bezug auf die von der Kultusministerkonferenz (KMK) am 14. März 2022 veröffentlichte Berechnung »Lehrkräfteeinstellungsbedarf und -angebot in der Bundesrepublik Deutschland 2021–2035«. Verband Bildung und Erziehung. https://www.vbe.de/fileadmin/

user_upload/VBE/Service/Meinungsumfragen/22-03-31_Expertise_Klemm_Entwicklung_von_Lehrkraeftebedarf_und_-angebot_in_Deutschland_bis_2035-final.pdf

Kocka, J. (2008). Bürger und Bürgerlichkeit im Wandel. Aus Politik und Zeitgeschichte (ApuZ). Beilage zur Wochenzeitung Das Parlament, 9–10, 3–8.

Kotter, J. P. (1995). Leading change: Why transformation efforts fail. Harvard Business Review, May–June 1995. https://hbr.org/1995/05/leading-change-why-transformation-efforts-fail-2

Kultusministerkonferenz (2024). *Empfehlung der Kultusministerkonferenz zur Bildung für nachhaltige Entwicklung in der Schule* [Beschluss der Kultusministerkonferenz]. Kultusministerkonferenz.

Kultusministerkonferenz (2018). *Demokratie als Ziel, Gegenstand und Praxis historisch-politischer Bildung und Erziehung in der Schule* [Beschluss der Kultusministerkonferenz vom 06.03.2009 i. d. F. vom 11.10.2018]. Kultusministerkonferenz. https://www.kmk.org/fileadmin/Dateien/pdf/PresseUndAktuelles/2018/Beschluss_Demokratieerziehung.pdf

Kultusministerkonferenz (1973). *Zur Stellung des Schülers in der Schule* [Beschluss der Kultusministerkonferenz vom 25.05.1973]. Kultusministerkonferenz. https://www.kmk.org/fileadmin/Dateien/veroeffentlichungen_beschluesse/1973/1973_05_25_Stellung_Schueler.pdf

Lahad, M., Shacham, M. & Ayalon, O. (Hrsg.) (2013). The »BASIC Ph« model of coping and resiliency: Theory, research and cross-cultural application. Jessica Kingsley Publishers.

Landesschulamt Sachsen-Anhalt (Hrsg.) (2020). Krisenordner. Informationen und Handlungsleitfäden für Prävention und Krisenintervention an den Schulen in Sachsen-Anhalt (2. Auflage).

Landesschüler:innenvertretungen der Ostländer (2025). *Politische Bildung – Demokratie beginnt im Klassenzimmer*. Abschlusspapier zum Ostgipfel der Landesschüler:innenvertretungen von Berlin, Brandenburg, Sachsen, Sachsen-Anhalt, Thüringen und Mecklenburg-Vorpommern. https://lsr-brandenburg.de/2025/01/20/politische-bildung-demokratie-beginnt-im-klassenzimmer/

Lange, D. (2005). Was ist und wie entsteht Demokratiebewusstsein? Vorüberlegungen zu einer politischen Lerntheorie. In G. Himmelmann & D. Lange (Hrsg.), *Demokratiekompetenz. Beiträge aus Politikwissenschaft, Pädagogik und politischer Bildung* (S. 258–269). Springer.

Lass-Hennemann, J., Sopp, M. R., Ruf, N., Equit, M., Schäfer, S. K., Wirth, B. E. & Michael, T. (2023). Generation climate crisis, COVID-19, and Russia–Ukraine-

War: Global crises and mental health in adolescents. *European Child & Adolescent Psychiatry*, 1–14.

Lauder, W., Sharkey, S. & Mummery, K. (2004). A community survey of loneliness. *Journal of Advanced Nursing., 46*(1), 88–94.

Lee, Y., Jeon, Y. J., Kang, S., Shin, J. I., Jung, Y.-C. & Jung, S. J. (2022). Social media use and mental health during the COVID-19 pandemic in young adults: A meta-analysis of 14 cross-sectional studies. *BMC Public Health, 22*(1), 995. https://doi.org/10.1186/s12889-022-13409-0

LeFrançois, B. (2014). Adultism. In T. Teo (Hrsg.), *Encyclopedia of Critical Psychology* (S. 47–49). Springer. https://doi.org/10.1007/978-1-4614-5583-7_6

Lemke, J., Buddeberg, M. & Henke, V. (2024). Bildung für nachhaltige Entwicklung vor dem Hintergrund dystopischer Zukunftsperspektiven: Zum Umgang mit Klimaemotionen in schulischen Lernprozessen. *Theo-Web. Zeitschrift für Religionspädagogik, 23*(1), 168–190. https://doi.org/10.23770/tw0334

Lereya, S. T., Copeland, W. E., Costello, E. J. & Wolke, D. (2015). Adult mental health consequences of peer bullying and maltreatment in childhood: two cohorts in two countries. *The Lancet Psychiatry, 2*(6), 524–531.

Liebel, M. & Meade, P. (2023a). Adultismus. Die Macht der Erwachsenen über die Kinder – Eine kritische Einführung. Bertz und Fischer.

Liebel, M. & Meade, P. (2023b). Schule ohne Adultismus? Die Macht über Kinder herausfordern. In N. Leonhardt, A. Goldbach, L. Staib & S. Schuppener (Hrsg.), *Macht in der Schule. Wissen – Sichtweisen – Erfahrungen. Texte in Leichter Sprache, Einfacher Sprache und Fachsprache* (S. 203–217). Verlag Julius Klinkhardt.

Loades, M. E., Chatburn, E., Higson-Sweeney, N., Reynolds, S., Shafran, R., Brigden, A., Linney, C., McManus, M. N., Borwick, C. & Crawley, E. (2020). Rapid systematic review: the impact of social isolation and loneliness on the mental health of children and adolescents in the context of COVID-19. *Journal of the American Academy of Child & Adolescent Psychiatry, 59*(11), 1218–1239.E3. https://doi.org/10.1016/j.jaac.2020.05.009

Lob-Corzilius, T. & Weimann, E. (2021). Neonatologie und Pädiatrie. In C. Traidl-Hoffmann, C. Schulz, M. Herrmann & B. Simon (Hrsg.), *Planetary Health: Klima, Umwelt und Gesundheit im Anthropozän* (S. 194–203). Medizinisch Wissenschaftliche Verlagsgesellschaft.

Luhmann, M., Buecker, S. & Rüsberg, M. (2023). Loneliness across time and space. *Nature Reviews Psychology, 2*(1), 9–23.

Luszczynska, A., Benight, C. C. & Cieslak, R. (2009). Self-efficacy and health-related outcomes of collective trauma: A systematic review. *European Psychologist, 14*(1), 51–62.

7 Literaturverzeichnis

Ma, T., Moore, J. & Cleary, A. (2022). Climate change impacts on the mental health and wellbeing of young people: A scoping review of risk and protective factors. *Social Science & Medicine, 301*, 114888.

Madubuko, N. (2017). Empowerment als Erziehungsaufgabe: Verarbeitungsstrategien gegen Rassismuserfahrungen von binationalen Kindern und Jugendlichen. In K. Fereidooni & M. El (Hrsg.), *Rassismuskritik und Widerstandsformen* (S. 797–815). Springer VS.

Margaretha, M., Azzopardi, P. S., Fisher, J. & Sawyer, S. M. (2023). School-based mental health promotion: A global policy review. *Frontiers in Psychiatry, 14*, 1126767. https://doi.org/10.3389/fpsyt.2023.1126767

Maschong, H., Gutberlet, P., Oehmichen, N., Peter, F. & Schuschke, A. (2024). Politische Neutralität in gesellschaftlichen Krisensituationen? Zur Verantwortung von Schulen und Lehrkräften. *PsychArchives.* https://www.psycharchives.org/en/item/5c90b27b-d702-4076-9d7e-f06b6a4ca26c

Meadows, D. H. (1972). The limits to growth: A report for the club of Rome's project on the predicament of mankind. Universe Books.

Meadows, D. H., Randers, J. & Meadows, D. L. (2004). *The limits to growth: The 30-year update.* Chelsea Green Publishing.

McGorry, P. D., Mei, C., Dalal, N., Alvarez-Jimenez, M., Blakemore, S. J., Browne, V. ... Killackey, E. (2024). The Lancet Psychiatry Commission on youth mental health. *The Lancet Psychiatry, 11*(9), 731–774.

McPherson, K. E., Kerr, S., McGee, E., Morgan, A., Cheater, F. M., McLean, J. & Egan, J. (2014). The association between social capital and mental health and behavioural problems in children and adolescents: An integrative systematic review. *BMC Psychology, 2*(1), 1. https://doi.org/10.1186/2050-7283-2-7

Meadows, D. H. (1972). The Limits to Growth: A Report for the Club of Rome's Project on the Predicament of Mankind. Universe Books.

Medienpädagogischer Forschungsverbund Südwest (Hrsg.) (2024a). *JIM-Studie 2024. Jugend, Information, Medien. Basisuntersuchung zum Medienumgang 12- bis 19-Jähriger.* https://mpfs.de/studie/jim-studie-2024/

Medienpädagogischer Forschungsverbund Südwest (Hrsg.) (2024b). *KIM-Studie 2024. Kindheit, Information, Medien. Basisuntersuchung zum Medienumgang 6- bis 13-Jähriger.* https://mpfs.de/studien/kim/

Mende, J. (2009). »Let's change the World«? Bedingungen für eine kritisch-emanzipatorische politische Bildung. In J. Mende & S. Müller (Hrsg.), *Emanzipation in der politischen Bildung. Theorien – Konzepte – Möglichkeiten* (S. 112–134). Wochenschau Verlag.

Merry, S. N., Hetrick, S. E., Cox, G. R., Brudevold-Iversen, T., Bir, J. J. & McDowell, H. (2012). Cochrane Review: Psychological and educational interventions for preventing depression in children and adolescents. *Evidence-Based Child Health: A Cochrane Review Journal, 7*(5), 1409–1685.

Mihajlović, D. (15.09.2022). *Über Qualen der Wahl, Klassensprecher:innen und Demokratiebildung [Blog]. Bildung von morgen heute schon denken.* https://mihajlo vicfreiburg.com/2022/09/15/uber-qualen-der-wahl-klassensprecherinnen-und-demokratiebildung/

Ministerium für Bildung Sachsen-Anhalt (2018). *Maßnahmen zur Gewalt- und Suchtprävention an den Schulen in Sachsen-Anhalt.* https://www.bildung-lsa.de/files/eacd7b7082dbe1c50b0369248bb94d12/Ma_nahmeplan_Gewalt_und_Suchtpr_vention_Endfassung_f_r_den_Landtag_28.6.2018.pdf

MKJS Baden-Württemberg (Hrsg.) (2023). *Demokratiebildung Schule für Demokratie, Demokratie für Schule* (3. Auflage). https://km.baden-wuerttemberg.de/filead min/redaktion/m-km/intern/PDF/Publikationen/Schulartuebergreifend/2 023_Demokratiebildung.pdf

Mouffe, C. (2007). *Über das Politische. Wider die kosmopolitische Illusion.* Suhrkamp.

Nationale Akademie der Wissenschaften Leopoldina (Hrsg.) (2024). *Förderung der Selbstregulationskompetenzen von Kindern und Jugendlichen in Kindertageseinrichtungen und Schulen* [Stellungnahme]. https://doi.org/10.26164/leopoldi na_03_01157

Nationale Akademie der Wissenschaften Leopoldina/Rat für Nachhaltige Entwicklung (Hrsg.) (2021). *Klimaneutralität. Optionen für eine ambitionierte Weichenstellung und Umsetzung.* Positionspapier. https://www.leopoldina.org/pu blikationen/detailansicht/publication/klimaneutralitaet-optionen-fuer-ei ne-ambitionierte-weichenstellung-und-umsetzung-2021/

Negt, O. (2018). Gesellschaftspolitische Herausforderungen für Demokratiebildung. In S. Kenner & D. Lange (Hrsg.), *Citizenship Education. Konzepte, Anregungen und Ideen zur Demokratiebildung* (S. 21-25). Wochenschau Verlag.

Negt, O. (2009). *Der politische Mensch.* Steidl.

Niedermayer, O. (2005). *Bürger und Politik. Politische Orientierungen und Verhaltensweisen der Deutschen.* Springer VS.

Niessen, P., Peter, F. & Kantrowitsch, V. (2021). Klimaresilienz aufbauen. Ein Vier-Felder-Schema zur Entwicklung praktischer Handlungsoptionen in der Klimakrise. *Report Psychologie, 46*(10), 34–38.

OECD (Hrsg.) (2023). *PISA 2022 Ergebnisse (Band I): Lernstände und Bildungsgerechtigkeit.* wbv Media. https://doi.org/10.3278/6004956w

Ojala, M. (2023). Climate-change education and critical emotional awareness (CEA): Implications for teacher education. *Educational Philosophy and Theory, 55*(10), 1109–1120. https://doi.org/10.1080/00131857.2022.2081150

Ojala, M. (2015). Hope in the face of climate change: Associations with environmental engagement and student perceptions of teachers' emotion communication style and future orientation. *The Journal of Environmental Education, 46*(3), 133–148. https://doi.org/10.1080/00958964.2015.1021662

Ojala, M. (2013). Coping with climate change among adolescents: Implications for subjective well-being and environmental engagement. *Sustainability, 5*(5), 2191–2209. https://doi.org/10.3390/su5052191

Ojala, M. (2012). Hope and climate change: The importance of hope for environmental engagement among young people. *Environmental Education Research, 18*(5), 625–642. https://doi.org/10.1080/13504622.2011.637157

Ojala, M. & Bengtsson, H. (2019). Young people's coping strategies concerning climate change: Relations to perceived communication with parents and friends and proenvironmental behavior. *Environment and Behavior, 51*(8), 907–935. https://doi.org/10.1177/0013916518763894

Omer, H. & Haller, R. (2019). Raus aus der Ohnmacht: Das Konzept Neue Autorität für die schulische Praxis. Vandenhoeck & Ruprecht.

Otto, C., Reiss, F., Voss, C., Wüstner, A., Meyrose, A. K., Hölling, H. & Ravens-Sieberer, U. (2021). Mental health and well-being from childhood to adulthood: design, methods and results of the 11-year follow-up of the BELLA study. *European Child & Adolescent Psychiatry, 30*(10), 1559–1577.

Otto, I. M., Donges, J. F., Cremades, R., Bhowmik, A., Hewitt, R. J., Lucht, W., Rockström, J., Allerberger, F., McCaffrey, M., Doe, S. S. P., Lenferna, A., Morán, N., van Vuuren, D. P. & Schellnhuber, H. J. (2020). Social tipping dynamics for stabilizing Earth's climate by 2050. *Proceedings of the National Academy of Sciences, 117*(5), 2354–2365. https://doi.org/10.1073/pnas.1900577117

Park, A. & Vasishth, A. (2021). Exploring how the tone of written climate change communication influences coping strategies. *Journal of Student Research, 10*(3). https://doi.org/10.47611/jsrhs.v10i3.2141

Park, C. L. (2010). Making sense of the meaning literature: An integrative review of meaning making and its effects on adjustment to stressful life events. *Psychological Bulletin, 136*(2), 257–301. https://doi.org/10.1037/a0018301

Pascoe, M. C., Thompson, D. R., Jenkins, Z. M. & Ski, C. F. (2017). Mindfulness mediates the physiological markers of stress: Systematic review and meta-analysis. *Journal of Psychiatric Research, 95*, 156–178. https://doi.org/10.1016/j.jpsychires.2017.08.004

Patall, E. A., Yates, N., Lee, J., Chen, M., Bhat, B. H., Lee, K., Beretvas, S. N., Lin, S., Man Yang, S., Jacobson, N. G., Harris, E. & Hanson, D. J. (2024). A meta-analysis of teachers' provision of structure in the classroom and students' academic competence beliefs, engagement, and achievement. *Educational Psychologist, 59*(1), 42–70. https://doi.org/10.1080/00461520.2023.2274104

Peplau, L. A. & Perlman, D. (1982). Loneliness: A sourcebook of current theory, research, and therapy. Wiley Interscience.

Peter, F. (2024). Präventionsfeld pädagogische Fachkräfte. In S. Schneider (Hrsg.), *Gesundheitsrisiko Klimawandel. Neue Herausforderungen für Sport, Beruf und Alltag* (S. 343–348). Hogrefe.

Peter, F. (2023). Schulen als Resilienzzentren. *Pädagogische Führung, 6/*2023, 207–210.

Peter, F., Calvano, C., Asbrand, J., Simion, F. & Dohm, L. (2023). Junge Menschen ohne Lobby? Eine Bestandsaufnahme zur Berücksichtigung der Interessen von Kindern und Jugendlichen in Deutschland. *report psychologie, 48*(5), 35–39.

Peter, F., Dohm, L. & Krimmer, M. (2023). Psychische Konsequenzen der Klimakrise. Mehrfachbetroffenheit von Kindern und Jugendlichen angesichts sich verändernder Lebensbedingungen. *Monatsschrift Kinderheilkunde, 171*(2), 130–137. https://doi.org/10.1007/s00112-022-01670-x

Peter, F. & Petermann, D. (2021). Kinder und Jugendliche als Risikogruppe in der Klimakrise. Umwelt- und Klimaveränderungen in der Interaktion mit sensiblen Entwicklungsphasen. In M. Scherer, J. Berghold & H. Hierdeis (Hrsg.), *Klimakrise und Gesundheit. Zu den Risiken einer menschengemachten Dynamik für Leib und Seele* (S. 159–178). Vandenhoeck & Ruprecht. http://dx.doi.org/10.13109/9783666407710.159

Peter, F. & Rimkus, S. (2024). Beratung junger Menschen zum Umgang mit sozialökologischen Krisen. In K. Schuchardt & N. Grewe (Hrsg.), *Praxishandbuch Beratung in der Schule. Grundlagen, Methoden, Beratungsanlässe* (S. 263–284). Wolters Kluwer.

Plötner, M., Moldt, K., In-Albon, T. & Schmitz, J. (2022). Einfluss der COVID-19-Pandemie auf die ambulante psychotherapeutische Versorgung von Kindern und Jugendlichen. *Die Psychotherapie, 67*(6), 469–477.

Pohl, K. (2019). *Politische aktive Bürgerinnen und Bürger - ein Leitbild für die politische Bildung?* In Onlineplattform der Bundeszentrale für politische Bildung (BpB). https://www.bpb.de/lernen/politische-bildung/299121/politische-aktive-buergerinnen-und-buerger-ein-leitbild-fuer-die-politische-bildung/

Quervain, D. de, Coynel, D., Aerni, A., Amini, E., Bentz, D., Freytag, V., Gerhards, C., Papassotiropoulos, A., Schicktanz, N., Schlitt, T., Zimmer, A. & Zuber, P. (2021). *Swiss Corona Stress Study: Survey in high school students, March 2021.* OSF. https://doi.org/10.31219/osf.io/fswck

Quintelier, E. & van Deth, J. W. (2014). Supporting democracy: Political participation and political attitudes. Exploring causality using panel data. *Political Studies, 62*(1), 153–171.

Rasfeld, M. (2021). FREI DAY: Die Welt verändern lernen! Für eine Schule im Aufbruch. oekom.

Ravens-Sieberer, U., Kaman, A., Erhart, M., Otto, C., Devine J., Löffler, C., Hurrelmann, K., Bullinger, M., Barkmann, C., Siegel, N. A., Simon, A. M., Weiler, L. H., Schlack, R. & Hölling, H. (2023) Quality of life and mental health in children and adolescents during the first year of the COVID-19 pandemic: results of a two-wave nationwide population-based study. *European Child & Adolescent Psychiatry, 32*, 575–588. https://doi.org/10.1007/s00787-021-01889-1

Reinhardt, S. (2018). Politik Didaktik. Handbuch für die Sekundarstufe I und II (Fachdidaktik). Cornelsen.

Reiter, E., Pollack, D. & Siegel, J. (2023). Parentification, Infantilization, and Adultification: How Might They Impact a Family Law Case? *New York Law Journal.* https://www.law.com/newyorklawjournal/2023/07/26/parentificati on-infantilization-and-adultification-how-might-they-impact-a-family-law-case/

Richardson, K., Steffen, W., Lucht, W., Bendtsen, J., Cornell, S. E., Donges, J. F., Drüke, M., Fetzer, I., Bala, G., von Bloh, W., Feulner, G., Fiedler, S., Gerten, D., Gleeson, T., Hofmann, M., Huiskamp, W., Kummu, M., Mohan, C., Nogués-Bravo, D., ... Rockström, J. (2023). Earth beyond six of nine planetary boundaries. *Science Advances, 9*(37), eadh2458. https://doi.org/10.1126/sci adv.adh2458

Richter, S. (2013). *Adultismus: Die erste erlebte Diskriminierungsform? Theoretische Grundlagen und Praxisrelevanz* (KiTaFachtexte). https://www.kita-fachtexte. de/fileadmin/Redaktion/Publikationen/KiTaFT_richter_2013.pdf

Rikner Martinsson, A. & Ojala, M. (2024). Patterns of climate-change coping among late adolescents: Differences in emotions concerning the future, moral responsibility, and climate-change engagement. *Climatic Change, 177*(8), 125. https://doi.org/10.1007/s10584-024-03778-3

Ritz, M. (2008). Adultismus – (un)bekanntes Phänomen: »Ist die Welt nur für Erwachsene gemacht?«. In P. Wagner (Hrsg.), *Handbuch Kinderwelten. Vielfalt als Chancen – Grundlagen einer vorurteilsbewussten Bildung und Erziehung* (S. 128–136). Herder.

Robert Bosch Stiftung (2023a). Das Deutsche Schulbarometer: Aktuelle Herausforderungen aus Sicht der Lehrkräfte. Ergebnisse einer Befragung von Lehrkräften allgemein- und berufsbildender Schulen. https://www.bosch-stiftung.de/de/storys/immer-mehr-kinder-sorgen-sich-um-finanzielle-situation-ihrer-familie

Robert Bosch Stiftung (2023b). Das Deutsche Schulbarometer: Aktuelle Herausforderungen aus Sicht von Schulleitungen. Ergebnisse einer Befragung von Schulleitungen allgemein- und berufsbildender Schulen. Robert Bosch Stiftung. https://www.bosch-stiftung.de/sites/default/files/documents/2023-01/2023-%2001-18_Deutsches_Schulbarometer_5_Schulleitung_FACTSHEET.pdf

Rockström, J., Gupta, J., Qin, D., Lade, S. J., Abrams, J. F., Andersen, L. S., Armstrong McKay, D. I., Bai, X., Bala, G., Bunn, S. E., Ciobanu, D., DeClerck, F., Ebi, K., Gifford, L., Gordon, C., Hasan, S., Kanie, N., Lenton, T. M., Loriani, S., ... Zhang, X. (2023). Safe and just Earth system boundaries. *Nature*, 1–10. https://doi.org/10.1038/s41586-023-06083-8

Roth, R. (2018). Gesellschaftliche Mitgestaltung durch demokratisches Engagement und Partizipation. In S. Kenner & D. Lange (Hrsg.), *Citizenship Education. Konzepte, Anregungen und Ideen zur Demokratiebildung* (S. 229–243). Wochenschau Verlag.

Rysina, A. & Leven, I. (2024). Leben in der digitalen Informationsgesellschaft. In M. Albert, G. Quenzel, F. de Moll & Verian (Hrsg.), *Shell-Jugendstudie. JUGEND 2024. Pragmatisch zwischen Verdrossenheit und gelebter Vielfalt* (S. 167–184). Beltz.

Sanchez, A. L., Cornacchio, D., Poznanski, B., Golik, A. M., Chou, T. & Comer, J. S. (2018). The effectiveness of school-based mental health services for elementary-aged children: A meta-analysis. *Journal of the American Academy of Child & Adolescent Psychiatry*, 57(3), 153–165. https://doi.org/10.1016/j.jaac.2017.11.022

Santini, Z. I., Koyanagi, A., Tyrovolas, S., Mason, C. & Haro, J. M. (2015). The association between social relationships and depression: A systematic review. *Journal of Affective Disorders*, 175, 53–65. https://doi.org/10.1016/j.jad.2014.12.049

Schäfer, S., Greber, H., Sülflow, M. & Lecheler, S. (2024). A matter of perspective: An experimental study on potentials of constructive journalism for communicating a crisis. *Journalism & Mass Communication Quarterly*, 101(3), 774–796. https://doi.org/10.1177/10776990221095751

Schäfers, B. (2018). Krise. In J. Kopp & A. Steinbach (Hrsg.), *Grundbegriffe der Soziologie* (S. 245–247). Springer Fachmedien. https://doi.org/10.1007/978-3-658-20978-0_49

Schneider, H., Stange, W. & Roth, R. (2009). *Kinder ohne Einfluss? Eine Studie des ZDF zur Beteiligung von Kindern in Familie, Schule und Wohnort in Deutschland.*

https://www.lpb-bw.de/fileadmin/Abteilung_III/jugend/pdf/ws_beteili
gung_dings/ws10/partizipationsstudie_zdf_2009.pdf

Schreiber, J.-R. & Siege, H. (2016). *Orientierungsrahmen für den Lernbereich Globale Entwicklung im Rahmen einer Bildung für nachhaltige Entwicklung.* Engagement Global gGmbH. https://www.globaleslernen.de/sites/default/files/files/link-elements/orientierungsrahmen_fuer_den_lernbereich_globale_entwicklung_barrierefrei.pdf

Schröder, R. (1995). *Kinder reden mit! Beteiligung an Politik, Stadtplanung und Stadtgestaltung.* Beltz.

Schubert, K. & Klein, M. (2020). *Das Politiklexikon.* Dietz. Lizenzausgabe Bonn: Bundeszentrale für politische Bildung. Krise: https://www.bpb.de/kurz-knapp/lexika/politiklexikon/17759/krise/; Armut: https://www.bpb.de/kurz-knapp/lexika/politiklexikon/17101/armut/

Schukajlow, S., Achmetli, K. & Rakoczy, K. (2019). Does constructing multiple solutions for real-world problems affect self-efficacy? *Educational Studies in Mathematics, 100*(1), 43–60. https://doi.org/10.1007/s10649-018-9847-y

Seligman, M. (2011). *Flourish.* Free Press.

Seligman, M. (2018). PERMA and the building blocks of well-being. *The Journal of Positive Psychology, 13*(4), 333–335. https://doi.org/10.1080/17439760.2018.1437466

Shamrova, D. P. & Cummings, C. E. (2017). Participatory action research (PAR) with children and youth: An integrative review of methodology and PAR outcomes for participants, organizations, and communities. *Children and Youth Services Review, 81,* 400–412. https://doi.org/10.1016/j.childyouth.2017.08.022

Sher, L. (2019). Resilience as a focus of suicide research and prevention. *Acta Psychiatrica Scandinavica, 140*(2), 169–180. https://doi.org/10.1111/acps.13059

Singer-Brodowski, M. (2018). *Non-formales und informelles Lernen für Nachhaltigkeit in Wert setzen – Executive Summary.* https://www.bne-portal.de/bne/shared docs/downloads/files/experteninterviews_executive_summaries_non_formales_1.pdf?__blob=publicationFile&v=2

Singer-Brodowski, M., Wanner, M., Blum, J., Taigel, J. & Schmitt, M. (2020). Kritisch-engagiertes Lernen für die sozial-ökologische Transformation. In J. Eicker, A. Eis, A.-K. Holfelder, S. Jacobs, S. Yume & Konzeptwerk Neue Ökonomie (Hrsg.), *Bildung Macht Zukunft. Lernen für die sozial-ökologische Transformation?* (S. 182–188). Wochenschau Verlag.

Spitz, R. A. (1946). Anaclitic depression: An inquiry into the genesis of psychiatric conditions in early childhood II. In *Psychoanalytic Study of the Child, 2,* 313–342.

Stange, W. (2010). Partizipation von Kindern. *Aus Politik und Zeitgeschichte (APuZ)*, 38, 16–24.

Stange, W. (2002). Was ist Partizipation? Definitionen – Systematisierungen. Deutsches Kinderhilfswerk e. V. https://www.kinderrechte.de/fileadmin/Redaktion-Kinderrechte/4_Praxis/4.6_Beteiligungsbausteine/4.6.1_Grundlagen/4.6.1.1_Theorie/Baustein_A_1_1.pdf

Stange, W., Jansen, B. B. & Brunsemann, C. (2022). *Kriterien guter Jugendbeteiligung in der Umweltpolitik. Bestandsaufnahme und Empfehlungen [Policy Paper].* Bundesministerium für Umwelt, Naturschutz, nukleare Sicherheit und Verbraucherschutz. https://waldemar-stange.de/wp-content/uploads/2022/05/Policy-Paper-BMUV-Kriterien-guter-Jugendbeteiligung.pdf

Steare, T., Muñoz, C. G., Sullivan, A. & Lewis, G. (2023). The association between academic pressure and adolescent mental health problems: A systematic review. *Journal of Affective Disorders, 339,* 302–317. https://doi.org/10.1016/j.jad.2023.07.028

Stefanou, C. R., Perencevich, K. C., DiCintio, M. & Turner, J. C. (2004). Supporting autonomy in the classroom: ways teachers encourage student decision making and ownership. *Educational Psychologist, 39*(2), 97–110. https://doi.org/10.1207/s15326985ep3902_2

Steffen, A., Akmatov, M. K., Holstiege, J. & Bätzing, J. (2018). Diagnoseprävalenz psychischer Störungen bei Kindern und Jugendlichen in Deutschland: eine Analyse bundesweiter vertragsärztlicher Abrechnungsdaten der Jahre 2009 bis 2017. *Berlin: Zentralinstitut für die kassenärztliche Versorgung in Deutschland (ZI).* https://www.versorgungsatlas.de/fileadmin/ziva_docs/93/VA_18-07_Bericht_PsychStoerungenKinderJugendl_V2a_2022-01-15.pdf

Stubbe, T. C., Schaufelberger, R., Krieg, M., Kleinkorres, R. & Schlitter, T. (2023). Schullaufbahnpräferenzen am Übergang in die Sekundarstufe und der Zusammenhang mit leistungsrelevanten und sozialen Merkmalen. In N. McElvany, R. Lorenz, A. Frey, F. Goldhammer, A. Schilcher & T. Stubbe (Hrsg.), *IGLU 2021. Lesekompetenz von Grundschulkindern im internationalen Vergleich und im Trend über 20 Jahre* (S. 231–248). Waxmann.

Suresh, R., Alam, A. & Karkossa, Z. (2021). Using peer support to strengthen mental health during the COVID-19 pandemic: A review. *Frontiers in Psychiatry, 12,* 714181. https://doi.org/10.3389/fpsyt.2021.714181

Swar, B. & Hameed, T. (2017). Fear of missing out, social media engagement, smartphone addiction and distraction: Moderating role of self-help mobile Apps-based Interventions in the Youth. *Proceedings of the 10th International Joint Conference on Biomedical Engineering Systems and Technologies,* 139–146. https://doi.org/10.5220/0006166501390146

7 Literaturverzeichnis

Taylor, S. E., Klein, L. C., Lewis, B. P., Gruenewald, T. L., Gurung, R. A. R. & Updegraff, J. A. (2000). Biobehavioral responses to stress in females: Tend-and-befriend, not fight-or-flight. *Psychological Review, 107*(3), 411–429. https://doi.org/10.1037/0033-295X.107.3.411

Thüringer Ministerium für Bildung, Jugend und Sport (2019). *Thüringer Bildungsplan bis 18 Jahre.* https://bildung.thueringen.de/fileadmin/bildung/bildungsplan/thueringer_bildungsplan_18_dasnetz.pdf

Ting, C. H. & Chen, Y. Y. (2020). Chapter 8 – Smartphone addiction. In C. A. Essau & P. H. Delfabbro (Hrsg.), *Adolescent Addiction* (2. Auflage, S. 215–240). Academic Press. https://doi.org/10.1016/B978-0-12-818626-8.00008-6

Toska, A., Fradelos, E., Petsios, K., Papagiannis, D., Dafogianni, C., Albani, E. & Saridi, M. (2024). Risk factors threatening children's safety in the school environment. *Magna Scientia Advanced Research and Reviews, 12*(1), 142–151. https://doi.org/10.30574/msarr.2024.12.1.0169

Tsang, S. K. M., Hui, E. K. P. & Law, B. C. M. (2012). Self-Efficacy as a positive youth development construct: A conceptual review. *The Scientific World Journal,* 2012, e452327. https://doi.org/10.1100/2012/452327

Turner, R. J. & Brown, R. L. (2010). Social support and mental health. In T. L. Scheid & T. N. Brown (Hrsg.), *A handbook for the study of mental health: Social contexts, theories, and systems* (Nr. 2, S. 200–212). Cambridge University Press.

Unfallkasse Berlin (Hrsg.) (2014). *FOSIS - Handlungsempfehlungen zur Gesundheitsförderung im Unterricht. Modul 2: Klassenklima.* https://www.unfallkasse-berlin.de/fileadmin/user_data/sicherheitundgesundheitsschutz/schulen/fosis/modul2/ukb_fosis-handlungsempfehlungen_modul_2_klassenklima.pdf

UNESCO (o. J.). *Hochwertige, inklusive und chancengerechte Bildung für alle.* https://www.unesco.de/themen/bildung/

UNICEF (1989). *Konvention über die Rechte des Kindes.* https://www.unicef.de/informieren/ueber-uns/fuer-kinderrechte/un-kinderrechtskonvention#pdf

United Nations (2018). *A broken social elevator? How to promote social mobility.* https://www.oecd.org/en/publications/broken-elevator-how-to-promote-social-mobility_9789264301085-en.html

Universität Bielefeld (2023). *Sozialstudie 2023/24 zum Thema Gerechtigkeit.* [Studie im Auftrag der Bepanthen-Kinderförderung]. https://abchealthcaregmbh.sharepoint.com/sites/Allgemein/Freigegebene%20Dokumente/Forms/AllItems.aspx?id=%2Fsites%2FAllgemein%2FFreigegebene%20Dokumente%2FPressematerial%5FSozialstudie%20Gerechtigkeit%202023%2D24%5FPK%20Bepanthen%20Kinderf%C3%B6rderung%5F2024%2D07%2D02&p=true&ga=1

van Deth, J. W. (2009). Politische Partizipation. In V. Kaina (Hrsg.), *Politische Soziologie. Ein Studienbuch* (S. 141–162). Springer VS.
Verba, S. & Nie, N. H. (1972). Participation in America. Political democracy and social equality. University of Chicago Press.
Vereinte Nationen (2015). Transformation unserer Welt: die Agenda 2030 für nachhaltige Entwicklung. Resolution der Generalversammlung, verabschiedet am 25. September 2015. https://www.un.org/Depts/german/gv-70/band1/ar70001.pdf
Vereinte Nationen (1992). *Agenda 21*. Übersetzt und veröffentlicht vom Bundesministerium für Umwelt, Naturschutz und Reaktorsicherheit. https://www.bmuv.de/fileadmin/Daten_BMU/Download_PDF/Nachhaltige_Entwicklung/agenda21.pdf
Vodafone Stiftung Deutschland (2018). *ENGAGIERT ABER ALLEIN. Wie sich junge Menschen durch die Online-Welt navigieren und welche Unterstützung sie dafür suchen.* https://www.vodafone-stiftung.de/wp-content/uploads/2019/04/Vodafone_Stiftung_Engagiert_aber_allein_18_01.pdf
Vus, V., Syurina, E., Bruckner, T., Fradelos, E., Papathanasiou, I. V., Omelchenko, L. & Vaculich, T. (2021). Youth and Mental Health: Life satisfaction, wellbeing, and societal participation in the context of a transitioning state. *Wiadomosci Lekarskie, 74*(7), 1687–1694.
Wang, J., Mann, F., Lloyd-Evans, B., Ma, R. & Johnson, S. (2018). Associations between loneliness and perceived social support and outcomes of mental health problems: A systematic review. *BMC Psychiatry, 18*(1), 1–16.
Wang, M. T. & Sheikh-Khalil, S. (2014). Does parental involvement matter for student achievement and mental health in high school? *Child development, 85* (2), 610–625. https://doi.org/10.1111/cdev.12153
Weintrobe, S. (2024). Silencing is the real crime: Youth and elders talk about climate. *The Psychoanalytic Study of the Child, 77*(1), 341–355. https://doi.org/10.1080/00797308.2023.2287380
Weise, S. & Asbrand, J. (2026). Psychische Belastungen und Erkrankungen in der Schule. In M. Avci-Werning & C. Gawrilow (Hrsg.), *Schulpsychologie. Handbuch für ressourcenorientierte Psychologie in der Schule*. Springer. In Vorb.
Wempe, C. (2019). Krisen und Belastungen, Krisenreaktionen bei Kindern und Jugendlichen. In C. Hempe (Hrsg.), *Krisen und Krisenintervention bei Kindern und Jugendlichen* (S. 19–53). Kohlhammer.
Werner-Seidler, A., Perry, Y., Calear, A. L., Newby, J. M. & Christensen, H. (2017). School-based depression and anxiety prevention programs for young people: A systematic review and meta-analysis. *Clinical Psychology Review, 51*, 30–47. https://doi.org/10.1016/j.cpr.2016.10.005

Whitlock, J. (2023). Climate change anxiety in young people. *Nature Mental Health, 1*, 297–298. https://doi.org/10.1038/s44220-023-00059-3

Wick, K., Schwarz, M., Schwager, S., Gläser, A., Kirschner, H., Muehleck, J., ... Berger, U. (2023). Zusammenhang von sozialer Teilhabe, globalem Selbstwert sowie physischer und psychischer Gesundheit in einer repräsentativen deutschen Stichprobe. *PPmP – Psychotherapie Psychosomatik Medizinische Psychologie, 73*(03/04), 121–129.

Wickramaratne, P. J., Yangchen, T., Lepow, L., Patra, B. G., Glicksburg, B., Talati, A., Adekkanattu, P., Ryu, E., Biernacka, J. M., Charney, A., Mann, J. J., Pathak, J., Olfson, M. & Weissman, M. M. (2022). Social connectedness as a determinant of mental health: A scoping review. *PloS One, 17*(10), e0275004. ttps://doi.org/10.1371/journal.pone.0275004

Widmaier, B. (2022). *Extremismuspräventive Demokratieförderung*. Wochenschau Verlag.

Wissenschaftlicher Beirat der Bundesregierung Globale Umweltveränderungen (2011). *Welt im Wandel. Gesellschaftsvertrag für eine Große Transformation. Berlin.* https://www.wbgu.de/de/publikationen/publikation/welt-im-wandel-gesellschaftsvertrag-fuer-eine-grosse-transformation#sektion-downloads

Wohnig, A. (2020). Demokratisierung durch Kooperationen? Politische Bildung, Schule und außerschulische Jugendarbeit. In M. P. Haarmann, S. Kenner & D. Lange (Hrsg.), *Demokratie, Demokratisierung und das Demokratische* (S. 157–176). Springer.

Wohnig, A. (2018). Die Entwicklung politischer Partizipationsfähigkeit in politischen Lernprozessen. In B. Ziegler & M. Waldis (Hrsg.), *Politische Bildung in der Demokratie. Interdisziplinäre Perspektiven* (S. 191–212). Springer.

Wohnig, A. (2017). Zum Verhältnis von sozialem und politischem Lernen. Eine Analyse von Praxisbeispielen politischer Bildung (Bürgerbewusstsein). Springer.

Wolf, K. & Schmitz, J. (2024). Scoping review: longitudinal effects of the COVID-19 pandemic on child and adolescent mental health. *European Child & Adolescent Psychiatry, 33*(5), 1257–1312.

Wolff, M. & Hartig, S. (2006). Beteiligung von Kindern und Jugendlichen in der Heimerziehung. *Empfehlungen des Projektes »Beteiligung-Qualitätsstandards für Kinder und Jugendliche in der Heim erziehung«*. Herausgegeben vom Sozialpädagogischen Institut (SPI) im SOS-Kinderdorf e.V. https://d-nb.info/1003252583/34

World Commission on Environment and Development (1987). *»Our Common Future«. Report of the World Commission on Environment and Development (A/42/427)*. United Nations. https://digitallibrary.un.org/record/139811

World Health Organization (2019). *Psychische Gesundheit - Faktenblatt*. Regionalbüro für Europa der Weltgesundheitsorganisation. https://www.dv-idee.at/assets/PDFs/Faktenblatt-WHO_Psychische-Gesundheit.pdf

World Health Organization (2004). *ICD-10: international statistical classification of diseases and related health problems: Tenth revision* (2. Auflage). World Health Organization. https://iris.who.int/handle/10665/42980

Wright, M. T., Block, M. & von Unger, H. (2008). Partizipation in der Zusammenarbeit zwischen Zielgruppe, Projekt und Geldgeber. *Das Gesundheitswesen, 70*(12), 748–754.

Wullenkord, M. C. & Ojala, M. (2023). Climate-change worry among two cohorts of late adolescents: Exploring macro and micro worries, coping, and relations to climate engagement, pessimism, and well-being. *Journal of Environmental Psychology, 90*, 102093. https://doi.org/10.31234/osf.io/g9pm7

Yamaguchi, S., Foo, J. C., Nishida, A., Ogawa, S., Togo, F. & Sasaki, T. (2020). Mental health literacy programs for school teachers: A systematic review and narrative synthesis. *Early Intervention in Psychiatry, 14*(1), 14–25.

YEP – Stimme der Jugend (Hrsg.) (2025). *YEP-Jugendbericht Mental Health*. YEP – Youth Empowerment Participation. https://yep-works.org/wp-content/uploads/2025/04/20250401_Mental-Health_Jugendbericht_Download.pdf

Youniss, J. & Yates, M. (1997). *Community service and social responsibility in youth*. The University of Chicago Press.

Zell, E. & Stockus, C. A. (2024). Social support and psychological adjustment: A quantitative synthesis of 60 meta-analyses. *American Psychologist, 80*(1), 33–46. https://doi.org/10.1037/amp0001323

Zimmerman, M. A., Stoddard, S. A., Eisman, A. B., Caldwell, C. H., Aiyer, S. M. & Miller, A. (2013). Adolescent Resilience: Promotive factors that inform prevention. *Child Development Perspectives, 7*(4), 215–220. https://doi.org/10.1111/cdep.12042

Zurba, M., Baum-Talmor, P., Woodgate, R. L., Busolo, D., Park, A., Mendritzki, E. & Binkley, L. (2024). »I start to doubt whether any of my actions will matter«: Youth activists' experiences and expressions of the emotions associated with climate change. *Climatic Change, 177*(6), 100. https://doi.org/10.1007/s10584-024-03757-8

Hinweis: Die Onlinequellen im vorliegenden Buch wurden am 03. Februar 2025 zuletzt aufgerufen und geprüft.